JN289324

移行期
中国の中小企業論

駒形哲哉 [著]

税務経理協会

目　次

序　章　本書の課題と概要……………………………………1

1　体制移行論としての中国中小企業論……………………………3
2　本書の基本スタンスと視点………………………………………9
3　各章の概要紹介……………………………………………………11

第1章　なぜ中小企業なのか──企業区分尺度の収斂が意味すること…17

1　3つの企業区分──所有制・地理・規模………………………20
2　「中小企業」の意味………………………………………………22
3　もともと高かった重要性…………………………………………23
4　国有企業改革と中小企業──「なぜ中小企業なのか」への回答……27
5　中小企業管轄部門の設立と変化…………………………………37
6　「中小企業促進法」の制定と施行──初めての包括的企業規模別法……40

補論　統計でみる中国・中小企業──────────49
1　ようやくできた定義──規模別区分の根拠について…………51
2　地域別中小企業の量的把握………………………………………51

第2章　郷鎮企業が村を変えた
──天津郊外村にみる村営企業の役割と地域変容………57

1　事例地域の概要──地理的条件と歴史ならびに基底的条件……59
2　M村の基本状況……………………………………………………65

i

   3　村の産業構造の変遷と企業設立……………………………………73
   4　集団所有制（村営）企業を核とする発展の意義と限界……………91
   5　中国における市場観の変化と企業家創出，地域発展メカニズムの変容……98

補論1　漸進的移行の担い手──「資本」になりきれない経営体──────105
   1　移行を促進する主体……………………………………………………107
   2　社会安定を支える主体…………………………………………………109
   3　2種類の経営体と経営者の補完的役割………………………………112
   4　コミュニティ事業体からの転換──天津市B区T鎮W村の事例……113

補論2　地域経済のなかの郷鎮企業──研究概観──────────────119

第3章　「異端」から「主役」へ
　　　　　──市場経済形成のリーディングエリア・温州……………127

   1　温州経済の基本状況……………………………………………………130
   2　「温州モデル」の形成過程とその背景…………………………………131
   3　産業連関と市場…………………………………………………………134
   4　温州の地域産業発展と体制移行への含意……………………………141

補論　体制移行と研究手法の映し鏡──「温州モデル」研究の系譜───151
   1　観察的研究………………………………………………………………153
   2　現代経済学的手法の導入………………………………………………154
   3　新『温州模式研究』とその背景…………………………………………156

第4章　「王国」の再興──天津・自転車産業の事例……………159

   1　天津における自転車産業の形成と発展………………………………161
   2　国有1社（集団）体制の凋落…………………………………………164
   3　市場構造の変化…………………………………………………………166
   4　天津自転車産業の再編と再興…………………………………………169

5　天津における自転車産業の分布 ………………………………………… 171
　　6　王慶坨鎮における産業集積 …………………………………………… 175
　　7　生産量急増の2000年の生産台数急増について ……………………… 178
　　8　自転車工業会の役割―販路・情報・技術 …………………………… 180
　　9　産地の展開と方向 ……………………………………………………… 181
　　10　天津自転車産業にみる体制移行と産業集積 ………………………… 182

補論　ペダルのない自転車 ―電動自転車の可能性―――――――187

　　1　電動自転車の発展と位置付け ………………………………………… 190
　　2　天津の電動自転車産業 ………………………………………………… 191
　　3　展　　　望 ……………………………………………………………… 194

第5章　産地市場の「秘密」―紹興・合繊産業の事例 …… 197

1　紹興の条件と合繊織布業の生成 ………………………………………… 199
2　「軽紡城」の形成 ………………………………………………………… 201
3　地域産業にとっての「軽紡城」の機能 ………………………………… 202
4　地元政府投資による織布メーカー・染色加工工場の形成 …………… 205
5　紹興合繊産業形成・発展の構成要素ならびに産地の今後 …………… 209

第6章　産業集積の「興亡」
　　　　―瑞安・靴下加工とウールセーター産業の事例 …………… 213

1　瑞安における靴下加工業の集積形成 …………………………………… 216
2　瑞安の産業集積の変遷―場橋のウールセーター産業 ………………… 222
3　産地としての変化と個別企業の戦略 …………………………………… 226

第7章　借金の保証人をつくる —信用保証制度の現状……… 231

1　なぜ中小企業信用保証制度が必要なのか？……………………… 234
2　信用保証の基本スキーム ………………………………………… 235
3　中国における中小企業信用保証制度の歩み …………………… 236
4　中小企業信用保証制度の事例 …………………………………… 239
5　温州における民間金融の「発展」と推移 ……………………… 248
6　中国の信用保証制度の展開が示すこと ………………………… 251

終　章　移行期・中国の中小企業論 —その射程 ……………… 259

1　なお濃い非公有制企業論の色彩 ………………………………… 262
2　非公有制企業論から市場競争主体としての中小企業論へ …… 263
3　移行期における非公有制中小企業発展の特質 ………………… 265

資　料：1　中小企業促進法 ─────────────────273
　　　　2　主な中小企業政策 ───────────────281

あ と が き ────────────────────────287
索　　　引 ────────────────────────293

序章

本書の課題と概要

2000年から「中国版中小企業白書」が刊行されている

序章　本書の課題と概要

1 体制移行論としての中国中小企業論

（1）高まる中小企業の重要性

　中国が計画経済から市場経済への移行を開始してすでに4半世紀が過ぎた[1]。中国における計画から市場への移行過程は，計画経済期から引き続く（連続性をもつ）課題と，市場経済化の過程で新たにあらわれた課題とを併せもち，そのいずれにも中小企業が深くかかわっている。

　計画経済といえば，生産の担い手（企業）は，規模が大きく公有制であることを意味する「一大二公」を旨としていた。だが，中国の現実は，とくに企業規模の構成において，その他の多くの旧社会主義国とは異なっていた。農村工業や都市の中小規模の集団所有制（公有制の一種）経営体群が，国有企業群による計画経済の補完作用を広範に果たし，そして，1978年末を境として，中国経済が市場化過程に入ると，自営業も含めて中小規模の経営体群の重要性は，さらに高まっていった（中国政府によって与えられた規模の定義は次章で述べるとして，以下では，これら経営体群を一応「中小企業」とよぶ）。

（2）雇用主体としての中小企業

　たとえば雇用創出面での中小企業の重要性は，人口・労働過剰の中国では計画経済以来一貫して存在している。とりわけ戸籍制度により移住が長きにわたって厳しく制限されてきた中国では，居住地域内で働く場を創出することが切実な課題となっていた。それゆえ地域と中小企業とのかかわりはきわめて密であった。生活の場と生産の場との一体化は，とくに農村ではコミュニティの性質を色濃くもつことにつながった。

　そして計画経済から市場経済への移行期には，さらに一連の国有企業改革の結果，排出される労働力の受け皿として，非公有制企業の役割が重視されるようになっている。非公有制企業は初期資本の調達事情などから，その圧倒的大多数が中小企業であり，中小企業問題は公有から非公有へという国民経済の担い手の転換と絡んでいる。

人々が生活を営むその基盤となる雇用面で，中小企業の果たす役割は大きいが，中小企業の雇用面での役割は，以上のように計画経済からの連続性と新たな側面とを併せもっている。

（3）供給主体としての中小企業

中小企業はまた供給主体としても，計画経済時代から一貫して重要な役割を担ってきた。失敗に終わったものの，1958年から実施された製鉄運動，そしてその後の郷鎮企業につながる，70年から展開された「五小工業」(小型鉄鋼，セメント，機械，化学肥料，炭坑) などは中小企業の振興を国民経済発展戦略に位置付けたものである。

1978年時点でも―もちろん現在と規模区分が異なっているので比較には慎重でなければならないが―，工業企業数の99.6％，工業生産額のほぼ4分の3は中小企業が占めてきた[2]。ただし，計画経済時代には国有大中型企業群の補完的役割に甘んじた中小企業群は，国民経済の市場化の過程を経て，もはや補完的役割にとどまることなく，主役の地位を獲得するに至っている。量的パフォーマンスをみれば，中小企業は今や，生産総額で国内総生産の半分以上を占め，中国における工業生産増加額の約70％，輸出総額の60％を占めている[3]。

（4）市場経済の担い手・企業家の自己実現の場

また，1970年代末からの改革開放は，国民経済の成長と再生産のメカニズムが計画原理から市場原理に転換される過程であったが，市場経済化は，その担い手たちに対して，計画経済とは異なる役割を要求する。

市場経済において企業はもはや単なる雇用の場，供給の担当者ではなく，市場経済の存続と発展には，潜在的需要を発見し，リスクをとって，これを自らのものとすることで自己実現をはかる企業家の存在を必須とする[4]。そして，企業は市場条件の変化に対し迅速かつ弾力的に対応できなければならない。そうした主体が非公有制企業群として生成し，その大部分が中小企業である。これらは体制移行期に国有企業をはじめとする公有部門から排出される労働力の

吸収先，および新規労働力の吸収先としての役割が期待されてきたが，非公有制中小企業群の生成は，単なる雇用の受け皿の拡大ではなく，潜在的市場機会を自らのものとすべくリスクを負うと同時に，積極的に自己実現を目指す企業家の顕在化過程でもある。非公有制中小企業群は，そうした企業家に担われ，市場環境の変化に迅速に対応しうる主体なのである。

なお，非公有制の拡大と企業家の顕在化は，既存の公有制部門の外側に新規創業として新たに起こっただけでなく，個々の公有制企業それ自体の所有制転換によっても進展してきた。

（5）公有制企業設立と計画経済の基盤の再編利用

ただし，中国の市場経済の形成は，非公有制企業群によってのみ推進されてきたわけではない。本論でも述べるように，多様な地域構成をもつ中国のなかで，特定の地域で非公有制経営体が先行して発展し，それが市場経済化をある面で先導したことは事実である。ただし，その市場経済の形成には，公有制企業群が，大きな役割を果たしたことを見落としてはならない。

改革開放の初期からある段階までは，各レベルの地方政府（末端の村レベルを含む）が財政収入拡大と雇用・所得水準の向上を目的として盛んに公有制企業を設立した。これは民間資本の蓄積が乏しい段階での産業形成という意義をもち，また，公有制企業間の競争が地域間で激しく展開されたことが，市場経済創出の一要因になったのである[5]。農村と都市の所得面での改革（農作物買付価格引き上げと請負制導入，賃金引き上げとボーナス支給）が膨大な内需を創出しながら，他方，イデオロギーや法制面で非公有制の経済活動が保障されず，また，農村末端では経済情報や人材が党・行政に集中する傾向があった。公有制は，ストックの所有に関する権利と責任の曖昧さ（経営結果に対する責任の所在の不明確さ）をもちながら，「不足の経済」の環境の下で，ある程度それを不問に付したままでの発展を可能にした。さらに地方の役人の考課要素に経済開発の成果が加わったことは，現在に至るまで開発主義の風潮が中国の隅々まで覆うことにつながっている。

改革開放以後の公有制企業の設立は，財の供給と雇用・所得水準の向上という面で，国民経済・地域経済の発展に多大な貢献をした。とりわけ農村部での貢献は顕著であった。しかし，市場環境が売り手市場から買い手市場に変化するにつれ，ストックの所有に関する権利と責任を明確にして，「資本」により近づけていかなければ，経営体としての存続が困難になってきた。ここでいう「資本」とは，単なる事業資金の意味ではなく，事業資金が回収できるかどうか不確実ななかで，事業にのりだし，そして利潤を伴って事業資金を回収することを繰り返そうとする事業体を意味する。市場経済化は，新たな担い手＝非公有制企業の出現を要請するだけでなく，従前の主体それ自体の変革をも迫ることになったのである。

　さらに，非公有制企業群は，全く新たな資源を利用しているわけでは必ずしもなく，公有制部門で蓄積された技術者・技能者を利用しているし，計画経済以来形成された国有企業の素材・設備供給によって，高価な素材・設備の輸入を一定程度まで節約しつつ，低廉な（国内市場や中低級品輸出市場の要求する精度には合致した）供給を実現した面ももつのである。

（6）地域の変容

　生活の場と生産経営の場（職場）との近接・一体化は，中国では，1958年以来の「戸籍制度」という制度的規制により人為的性質を帯びた点で，日本での地域における，中小企業の地域との密着性とは異なる面をもった。もちろん，農村では，この制度的規制はコミュニティの伝統と共鳴する部分もあった。しかし，「経済改革」と名づけられた制度変更により市場経済化が進むにつれ，制度的，人為的要素で構成された，地域における生活と生産経営の場の近接・一体化構造には，根本的変化が起こっている。その変化は，空間的距離の分離（たとえば村の外で就業するようになること）としてあらわれると同時に，働く形態の変化（たとえば被雇用者から企業家への転身）も伴っている。

（7）企業間関係の形成と産業集積の競争力

　市場化過程では，中小企業を主体とする社会的分業関係が企業の自律性にもとづいて構築され，計画経済時と比較して，産業の組織構造に大きな変化が発生している。

　計画経済時代には，関連業種が一経営体に統合される形で「一条龍」とよばれる一貫システムの形成が志向されることはあっても，同業者が多数，特定地域内で「無政府的に」競争するなどということは，それこそ計画経済の対極に位置するものとして回避された。地方の公有制企業による利益率の高い産業への参入競争が地域間で激しく展開され，それが市場経済創出の一要因になったことは事実であるが[6]，1つの郷鎮政府や村などが，同一生産物を生産する企業を域内に自ら複数設立することは，一定程度制御された。

　ところが，非公有制企業（名義を借りただけの名目的公有制企業も含む）の設立が活発化してくると，特定地域内で，ある特定の製品の生産へ多数の企業が参入するという現象が発生した。特定地域内での特定品目の生産の発展如何では，その生産をめぐる上流・下流に関連する産業が誘発されたり，そうした上下流の生産と相互促進的に発展したりするということが起こった。このような多数の同業種・関連業種の企業が特定地域に集まっている状態を，周知のとおり「産業集積」という。

　近年，中国は世界の工場として注目を集めているが，今や単なる廉価な労働力だけではなく，特定地域に形成された産業集積のもつ機能も，また中国を世界の生産拠点たらしめる要素となっている。中国の産業集積としては，外資を中心とする華南や華東地域のIT・家電産業のそれがよく知られている。しかし，産業集積は地場中小企業群によっても多数形成されており，地場の非公有制企業群による産業集積の形成は，まさに，「一大二公」の対極に位置し，中国が計画経済から市場経済へ移行していることの証ともいえる。

　個々の中小企業では困難であっても，中小企業が特定地域に多数集まることで，規模の経済性が発揮されることがある。また，特定地域に，相互に補完機能をもつ多様な生産能力が形成されれば，個々の中小企業は自らがもたない機

能を容易に利用しうる。個々の企業が孤立して存立しているよりも，近接していることにより，企業間に相互作用が生じるゆえの効果は，「外部経済」効果とよばれる[7]。

そして中小企業の集積が，同様の生産能力をもつ巨大工場を1つ形成するのと決定的に違うことは，類似した生産機能や異なる生産機能をもつ企業が必要に応じてさまざまに組み合わさって，多様かつ可変的な需要に対応することが可能になるという「動態的有益性」をもつことである[8]。

近接した企業間で取引が繰り返されれば，相互理解と信頼も醸成されているので，取引費用も削減される。また，同一生産を行なっている場合には互いに競争関係にある一方で，製品の需要や技術に関する情報が企業間で伝わりやすい。さらに，共通の投入財を需要する企業が集まることで，投入財生産に規模の経済性が働くため，域内に投入財の生産が誘発される可能性が生まれるし，専門的な人材が集まることで企業が人材を確保しやすくなる[9]。上記のような集積の効果のゆえに，域内への新たな参入が促進されるとともに，生産要素の調達がますます容易になる可能性がある。

非公有制企業群は資本の制約から主に中小・零細経営体として創業され，それらは顕在化した膨大な需要に迅速に対応するために，必然的に分業によって対応することとなったということも，中国における中小企業の集積形成の1つの側面である。

大摑みにいえば，中小企業間の協力と競争が，中国の産業集積の内的メカニズムを構成しているということになろう[10]。ある研究は，西側では大企業によって担われる生産まで，中小企業群による集積が代替しているとしており，また1990年代後半から激化した集積間の競争もまた，低廉な"メイドイン・チャイナ"の競争力を構成していると指摘するのである[11]。

この競争力と関連して，たとえば本論の事例で扱う産業の多くでは，おおむね，集積の先頭企業群が，先進国水準でみればなお中低級品を生産しており，ある程度の品質を確保したうえで圧倒的価格競争力をもって，中低級品市場を外延的に拡大していることが示されている。

（8）資金供給制度改革の要請

　体制移行の中国における中小企業群の急速な発展は，担い手の交代，生産組織の変化とともに，金融制度面での改革を要求している。資金が経済の血液だとすれば，体制移行下での中小企業の発展により，従来の国有大中型企業向け融資といういわば動脈の血流だけでなく，中小企業向けの毛細血管の形成が必要とされる。本書では十分な展開ができていないが，現実には，圧倒的大多数の中小零細企業群は，銀行融資以外の手段で資金を賄っており，民間資金の蓄積が進んだ地域では，正規金融機関を経由しない方法での，いわば血液の「体外循環」が形成されてきたのである。

　今，中国では身体改造を伴う成長が続いており，それゆえその改造と成長の牽引役である中小企業を論じることは，中国の体制移行をある一側面から論じることにもなるのである。そこで，本書では，公有制から非公有制への国民経済の生産経営主体の転換を起点とし，それを生産組織の転換とクロスさせながら，中国の中小企業の検討を行なうことになる。そしてその際，計画経済や公有制経済の成果がいかに再編利用されているかという点にも注意を払っている。なぜなら，非公有制企業の急成長の過程では，さまざまな形で計画経済期に形成された技術や人的資源が活用されてきたからである。

2 ｜ 本書の基本スタンスと視点

（1）基本スタンス─現場の知見からの論理抽出

　本書の最大の冒険は，中小企業の視角から中国の体制移行を論じるという課題を，可能な限り著者が実際に調査を行なった事例から説き起こそうとする点にある。著者は，1980年代末から現場を訪れる機会を得て，他の同業研究者からすれば甚だ遅々としたペースながら，現地での知見を蓄積してきた。調査は当初個人的なルートで細々と行なう一方で，90年代半ばにJETROアジア経済研究所のプロジェクトに参加する機会を得て，範囲を広げることができ，さら

に現職場で，国際共同研究である「3Eプロジェクト」[12]への参加を許されたことで大幅に増えた。本書でも3Eプロジェクトでの中小企業に焦点を絞った調査の成果を多く利用させていただいている。もちろん巨大な中国における体制移行を，限られた地域に対する著者の限られた知見から論じようとすることの限界は十分承知しており，事例から抽出しうる限りの検討である点は予めお断りしておきたい[13]。この点はしたがって本書の限界でもある。

また，著者なりの関心（と能力の制約）から，中国研究の主流となっているアンケート，仮説提示と計量的検証という手法はとっていない（もちろんこれらの手法をとる研究にも，その前提には綿密な現地調査がある）[14]。本書では，聞き取りの積み重ねと，それらの再構成によってなにがしかを提示することを試みている。

（2）基本視点―個別企業の生産経営過程の反復と他企業の生産過程の反復との絡み合い

本書でとくに意識しているのは，個別企業の生産経営過程の反復が，他の企業との競争や分業と不可分の関係にあり，個別企業の生産経営過程の反復は，さらには競争や分業を媒介として，産業部門ないし企業群総体の生産経営過程の反復と不可分の関係にあるという点である。

計画経済から市場経済への移行につれ，この不可分の関係が，上記の生産経営主体の転換を伴いながら，もはや国家の計画ではなく，これら個別生産経営主体の自律的な展開にもとづいて織りなされるようになっている。しかもこの一連の過程の中心にあるのが，本来的に分業関係のなかで存立する中小企業なのである。技術や労働力を含む生産要素がどこからどのように調達されるのか，そしてそれらがどのように結合されているのか―という点で発生している巨大な変化は，同時に地域経済の構造変化とも密接にかかわっている。

また，次の各章の概要紹介に示すように，本書が，中小企業内部の経営統治や管理システムよりも，もっぱら企業間関係や部門間関係のありように注目しているのも，上記の理由による。そして，前記のように計画経済期に形成され

た技術や人的資源に注目しているのも，個別企業が生産経営活動を開始し，反復・成長していくために，生産要素をどこから調達しているのかを考えれば，必然的にそこに辿りつくからである。

3 各章の概要紹介

以上のような前置きのうえに，第1章以降の内容を簡単に紹介しておこう（括弧内は調査地と調査年月）。章立ては著者なりの考えで編成しているが，それぞれの章はほぼ独立の内容をもっている。また章によっては必要に応じて補論を付している。

まず**第1章「なぜ中小企業なのか―企業区分尺度の収斂が意味すること」**では，中国で中小企業に注目することの意味を，新中国以来の歴史的経緯をふまえて概観する。1998年に「中小企業司」という中小企業専門の役所が初めて設置されたが，中小企業の重要性は，実は90年代末に突如高まったわけでもない。では，なぜこの時期に中小企業専門の役所が生まれ，それはどのような役割を担っているのだろうか。この問題提起を起点に，毛沢東時代からの中小企業の一貫した重要性について確認し，体制移行により，企業区分の重点が地理的区分，管轄別区分から規模別区分へと移ってきたことを，この部分では示す。さらに中小企業促進法の内容とその実施経過についても簡単に述べる（北京市＝2001年3月，2003年8月，天津市＝2001年3月，2004年8月，遼寧省瀋陽市＝2000年11月，2005年3月）。

また，第1章には**補論「統計でみる中国・中小企業」**を設け，中国の「中小企業」についての定量的把握から，中国版「中小企業白書」が「経済成長のポイント」と位置付けた「中小企業」と，「非公有制企業」との関係を簡単に考察している。

第2章「郷鎮企業が村を変えた―天津郊外村にみる村営企業の役割と地域変容」では，ある1つの村に焦点をあて，村営企業の動向を中心に，1970年代末から2001年に至るまでのこの村の経済の変化を追跡する。経済改革初期の中小

企業の代表格は「郷鎮企業」とよばれる農村企業体であり，この郷鎮企業の発展こそが，マクロ的には国民経済の資本蓄積構造を変え，ミクロ的には地域経済の構造を変える牽引車となった。その意味で，中小企業と移行との関連は，まず郷鎮企業をめぐって論じられる必要がある。本章では，この郷鎮企業の形成と発展をミクロ・セミミクロのレベルから時系列的に追い，地域経済の変容を合わせて考察することにより，公有制企業の役割とその時限性を示す（天津市＝1990年6月，7月，92年3月，94年3月，2001年11月）。

　公有制に時限性があるとしても，現実にはその制度改革は容易ではない。そのため，第2章にも補論を付けている。**補論1「漸進的移行の担い手—『資本』になりきれない経営体」**では，天津の他の事例に山東省淄博市の事例も加えて，地域との紐帯が切れずに資本になりきれない事業体の，移行期における役割と問題について述べる（天津市＝2001年3月，2003年11月，山東省淄博市＝2002年3月）。さらに**補論2「地域経済のなかの郷鎮企業—研究概観」**では，郷鎮企業と地域との関連に関する研究を大まかに紹介している。

　第3章「『異端』から『主役』へ—市場経済形成のリーディングエリア・温州」では，中国において温州が，なぜ「中小企業の里」なのか，温州経済はなぜどのように発展し，中国の体制移行にどのような意義をもつのかについて論じる。

　改革開放の成果は，広大な中国全土に均一にもたらされたわけではなく，むしろ移行の促進は計画経済が機能しなかった地域からもたらされた。浙江省温州市は，古くから商品経済の伝統をもち，計画経済期にもそれが途絶えることなく存続し，しばしば社会主義イデオロギーとぶつかりながらも，巧みにそれをかいくぐって，中国の市場経済化を先導した。温州の経済発展は経済改革当初から非公有制中小企業によるものであったといってよい。独自の情報と流通のネットワークにより市場を先行して占拠したのが温州の企業群であった。また近接者の成功に次々に追随することにより，温州にはさまざまな産業集積が形成された。非公有制中小企業による発展を特徴とする温州経済ではあるが，ただし，その発展には，公有制部門に蓄積された技術や技能の再編・利用という側面もあり，温州の発展は，歴史的に涵養された企業家のエッセンスと，そ

うした蓄積とのコラボレーションであったことに注意を喚起したい。さらに，非公有制経済発展地域からの資本移出のもつ意義について，瀋陽における温州資本を中心に指摘する（浙江省温州市＝2000年9月，2001年7月，8月，2002年8月，2003年8月，遼寧省瀋陽市＝2005年3月）。

ところで，温州経済研究の変遷は，中国における経済学研究や中国全体の体制移行の状況と密接に関連している。そこでこの章には，**補論「体制移行と研究手法の映し鏡―『温州モデル』研究の系譜」**を用意している。

第4章「『王国』の再興―天津・自転車産業の事例」では，天津の自転車産業の事例を取り上げる。現在日本のスーパーや通信販売などで安く販売されている自転車のほとんどは中国製であり，中国製自転車はわれわれの生活に非常に身近なところにある。その中国では天津製の自転車が，今世紀に入って急速に生産シェアを伸ばしている。

実は，天津はもともと上海と並びブランド国有自転車メーカーを有する二大自転車産地の1つであった。しかし，1990年代に入ると，市況の変化と競争の激化に対応できず，国有メーカーは急速に衰退し，天津は自転車産地として終わったかに思われた。ところが2000年の上海自転車展示会で内外の関係者は，新生・天津の台頭を認識することになる。90年代の10年間に何があったのか，国有1社体制から中小企業主体の構造への変容，産業集積の形成と集積の発展について，制度変更（規制緩和），内発的要素（国有企業における技術蓄積等），外資の役割，域外資本の流入と域外との分業関係に留意しながら述べる（天津市＝2004年9月，11月）。すなわち，国有企業の分解がもたらした産地再編と集積の果たす役割を論じることが，本章の主な課題であり，広域分業の可能性もあわせて指摘する。

ところで，中国の自転車産業において現在電動自転車の生産が急速に伸びており，「原動機付」か否か曖昧なまま発展してきた。そこで本章には**補論「ペダルのない自転車―電動自転車の可能性」**を付けている。

続く**第5章「産地市場の『秘密』―紹興・合繊産業の事例」**では，零細卸売業者間の競争が枢要な役割を果たす，地域産業連関について論じる。世界の繊

維大国である中国のなかで，浙江省紹興市は繊維産業の中心地の1つを形成している。紹興市には，アジア最大といわれる繊維市場があり，テナントビルタイプの繊維市場では，数千の零細な私的経営の卸売業者が入居して，ポリエステルなどの生地が取引されている。この市場の存在がこの地域の織布工場を支えており，同業者や関連する業種の企業群が空間的に集中する一大集積を形成しているのである。

この章では，この地域に繊維の産業集積が形成されたのはなぜか，そしてこの集積地が拡大再生産されてきたのはなぜかという問いを設定し，前者の問いについては政府の役割に，後者の問いについては，競争と情報の搬入に留意して答える（浙江省紹興市＝2000年8月）。

第6章「産業集積の『興亡』―瑞安の靴下加工とウールセーター産業の事例」では，先行成功者への追随によって形成された産業集積が，過当競争のなかでいかなる構造変化を遂げたかについて，温州市下の地方都市・瑞安の靴下加工産業とウールセーター産業の事例で論じる。

前者は国内市場向け出荷の過当競争から，零細企業群が，輸出ルートを開拓して抜け出した企業の外注先として統合されていくというもので，企業間関係により柔軟な生産組織が形成された事例である。ただし，外注先企業群が集中立地する地域は，集積間競争では劣位に立たされているようである。

後者は，模倣追随による集積が，過当競争のなかで機能しなくなり，一方で劣弱企業の淘汰，他方で有力企業の資本の集積が進み，当該地域ではウールセーター産業がなお主要産業の一角を占めながらも，その存立形態が大きく変化した事例である（浙江省温州市＝2000年9月，2001年7月，2003年8月）。本章では，集積の論理というよりも，競争の論理や地域経済の産業構造変化の要素を再確認することになる。

第7章「借金の保証人をつくる―信用保証制度の現状」では，現下の中小企業政策の最重要課題の1つである資金供給の問題を扱う。著者らが，非公有制中小企業の顕著に発展する現場を訪れて，最も戸惑ったのは，中小企業の急速な発展，物的供給面での役割の大きさと，中小企業の資金供給に対する正規金

融の役割の小ささという，モノベースとカネベースとの間の甚だしいギャップの存在である。「競争」と「信用」（金融）は，市場経済発展の両輪でありながら，中国の非公有制中小企業の発展は正規金融機関からの資金供給の道を半ば閉ざされてきた。これに対し，中国政府が採った策は，日本のような中小企業専門金融機関を設立することよりも，信用補完制度（信用保証制度）の設立と拡充を先行させることであった。そこで本章では，中小企業金融のなかでも信用保証制度にしぼって，いくつかの事例を大摑みにする。

終章「移行期・中国の中小企業論―その射程」では，先立つ記述をふまえて，中小企業の展開を通じて中国の体制移行の現段階をどのように把握できるかを，中国・中小企業論の射程としてまとめた。すなわち，中国の中小企業論の射程を，「非公有制」をめぐる議論と「中小規模」をめぐる議論とが重なり合い，非公有制中小企業群が，自らの生産経営の反復（再生産）に方向づけられ，激しい競争のなかで，計画経済や公有制経済による蓄積を再編・利用しつくす過程と位置付けた。

そして巻末には中小企業促進法の条文と主な中小企業政策の概要紹介を付けている。

以上が本書各章の概要である。

（注）
1) とはいえ，現在のような展開が，当初から意図されていたわけでは決してない。ただし，個人的には1990年代の「社会主義市場経済」より遥か以前，84年5月の国有工業企業の自主権拡大および同年10月の12期3中全会における「経済体制改革に関する決定」で，市場経済化の方向は不可逆的になったと考えている。
2) 国務院全国工業普査領導小組弁公室・国家統計局工業交通物資統計司編（1987）『中国工業経済統計資料』中国統計出版社，p.185。
3) 中国情報局「中国情勢24」（http://news.searchina.ne.jp）2004年7月10日。
4) W.ブルス，K.ラスキ（佐藤経明，西村可明訳）（1995）『マルクスから市場へ 経済システムを模索する社会主義』岩波書店，第5章，第10章。塩川伸明（1992）「社会主義改革論の挫折」『社会主義経済学会報』第30号，p.32。未開発の営利機会の発

見という意味ではカーズナー的な市場観というべきであろう。Israel M.Kirzner（1973），*Competition and Enterpreneurship,* The University of Chicago （カーズナー著・田島義博監訳（1985）『競争と企業家精神―ベンチャーの経済理論―』千倉書房）。

5）今井健一（2002）「中国の公企業民営化」今井健一編『中国の公企業民営化―経済改革の最終課題』JETROアジア経済研究所，pp.4-5。

6）今井健一（2002）前掲論文，pp.4-5。

7）中国の産業集積研究の枠組みとしての既存理論のレビューは陳雪梅（2003）『中小企業集群的理論輿実践』経済科学出版社，第1章参照。

8）渡辺幸男（2001）「もの作りと中小企業」渡辺幸男・小川正博・黒瀬直宏・向山雅夫『21世紀中小企業論』有斐閣アルマ，p.153。

9）丸川知雄（2001）「中国の産業集積」関満博編『アジアの産業集積』JETROアジア経済研究所，pp.30-31。

10）ただし，集積の持続性・発展性は個別資本の運動によってのみもたらされるものではなく，国や地元自治体の産業形成や制度整備が一定の役割を果たすことは，後論するとおりである。

11）李春林・戴吉林（2004）「集群化中国製造的制度特徴輿競争力」『学術研究』7期，pp.13-19。

12）日本の経済産業省（日本貿易振興機構・日中経済協会・NEDO）と中国の旧・国家経済貿易委員会のイニシアティブの下，慶應義塾大学と清華大学を実施機関として1999年度から2003年度にかけて実施された国際共同研究プロジェクトである。経済・エネルギー・環境の3分野にわたり，これらの英語の頭文字をとって「3E」と名づけられた。著者は2000年より経済分野の「中小企業発展政策研究」グループ（主査＝渡辺幸男慶應義塾大学教授）への参加を許された。

13）文献のサーベイを含めたより包括的・総合的研究は，機会をあらためて発表したい。

14）たとえば園部哲史・大塚啓二郎（2004）『産業発展のルーツと戦略』知泉書館などを参照されたい。

第 1 章

なぜ中小企業なのか
―企業区分尺度の収斂が意味すること

人民公社期にできた農業機械工場
（天津郊外農村）

行政改革で1つの役所に幾つもの
看板がかかる（蘇州）

第1章 なぜ中小企業なのか

はじめに

　「世界の工場」と称される中国では，輸出の6割を中小企業が—そこには外資がかなり含まれているものの—担っている。また，中国では現在全企業数の99％以上が中小企業で，GDPの5割を中小企業が稼ぎ出し，工業増加額の7割以上，雇用機会の4分の3以上が中小企業によって創出されているという[1]。中国経済にとって，中小企業はまさに必要不可欠の存在となっているのである。

　ところで，1998年以前，中国には中小企業専門の所轄官庁が存在していなかった。正確にいえば，小さなセクションがあるにはあったのだが，98年の行政改革を経て，日本の経済産業省に相当する「国家経済貿易委員会」が成立した後，傘下に中小企業を管轄する「中小企業司」が設置され，そして2002年6月に，日本の中小企業基本法に相当する「中小企業促進法」が成立した。2003年の再度の行革で，「国家経済貿易委員会」の機能は新設の「商務部」と「国家発展と改革委員会」に受け継がれ，中小企業司は後者の傘下に入った。このように中国においては中小企業政策そのものが「新生事物」であるかのように一見映る。

　たしかに，中国では，かつて行政指令型の計画経済体制が採られ，ほかの社会主義国と同様に，大規模で公的所有の企業—いわゆる「一大二公」が望ましいと考えられてきた。しかし，現実には中国の企業の圧倒的大多数はすでに計画経済の時代から中小規模で，中小企業のプレゼンスはもともと非常に高かったのである。そこで本章では，なぜ近年あらためて中小企業の役割が重視されるようになったのかについて，計画経済から市場経済への移行の視点から述べる。さらに中小企業促進法の内容とその実施経過についても簡単に述べる（中小企業促進法の条文については巻末資料参照）。

1 3つの企業区分
―所有制・地理・規模

　企業の区分といえば，通常は業種区分や規模の大小を想起する。ところが，中国においては，2003年2月に7業種について新たに規模区分が公表されるまで，企業の区分は複雑であっただけでなく，3種類もの異なる区分がそれぞれに意味をもって存在してきた。

　まず第1は所有形態による区分である。国有か集団所有か，あるいは外資系企業か，個人経営あるいは私営企業なのかという所有制の別が，生産要素の調達や参入範囲の面で，差別性をもたらした。しかも，「国有」の内部も，中央か地方か，さらに所轄官庁の別によって細かく分かれていた。第2は地理的区分である。これは都市部の企業なのか，農村部の企業なのかということである。そして第3が企業規模の大小にもとづく区分である。このような複雑な区分は後の記述にかかわってくるので，少し説明しておこう。

　第1の所有形態による区分というのは，中国が社会主義計画経済をつくるうえで，初期の段階では，必要な資金を調達する能力をもつ主体が国以外に考えられなかったこと，それから計画経済を運営していくために，公的所有のほうが都合がよかったためである。国が直接，工場設備などの資本を所有すれば，その利用も処分も思いのままになることは容易に理解できよう。それから，社会主義のイデオロギー面でも，企業の私的な所有・経営は搾取を生むという政治的理由から制限されてきた。

　次に，第2の地理的区分というのは，「社会主義計画経済」なるものが都市に工業，農村に農業という機械的立地原則をもっていたことから発生している。都市部が計画経済の工業生産を担い，農村部は都市部から供給される農業生産財を使って農業に専念する，あるいは農産物加工程度はやるということが想定されていた。ところが，中国の場合，毛沢東期には急速に発展したいという欲求が強かったにもかかわらず，社会主義の先輩の旧ソ連よりも国民経済の生産力が低すぎた。そこで農村部に主に農業生産をサポートする，化学肥料や農業機械修理，機械のための鉄，水利建設用のセメント，建築材料などを生産する

表1－1　「中小企業基準暫定規定」による企業規模区分（2003年2月19日）

業　種	区　分	従業員数(人)	年間売上(元)	総資産(元)
工　業	中小規模 ：中規模	≦2,000 ≧300	≦3億 ≧3,000万	≦4億 ≧4,000万
建　設　業	中小規模 ：中規模	≦3,000 ≧600	≦3億 ≧3,000万	≦4億 ≧4,000万
小　売　業	中小規模 ：中規模	≦500 ≧100	≦1億5,000万 ≧1,000万	― ―
卸　売　業	中小規模 ：中規模	≦200 ≧100	≦3億 ≧3,000万	― ―
交通運輸業	中小規模 ：中規模	≦3,000 ≧500	≦3億 ≧3,000万	― ―
郵 政 事 業	中小規模 ：中規模	≦1,000 ≧400	≦3億 ≧3,000万	― ―
宿泊飲食業	中小規模 ：中規模	≦800 ≧400	≦1億5,000万 ≧3,000万	― ―

（注）中小企業基準暫定規定第5条にもとづき，従業員数は現行統計制度中の年末就業人員に代える。工業企業の売上高は，現行統計制度中の年間製品売上収入に代える。建築業企業の売上高は，現行統計制度中の年間工事決算収入に代える。卸売業と小売業は現行統計制度中の年間売上高に代える。交通運輸と郵政業，宿泊業と外食業企業の売上高は現行統計制度中の年間営業収入に代え，資産総額は，現行統計制度中の資産合計に代える。

さまざまな工場がつくられた。これが序章で触れたいわゆる「五小工業」である。

　第3の規模別区分については，建国以来4つの段階を経て[2]，2003年2月に7業種にわたる規模区分（表1－1）が公表された。それまでは基本的に1988年の「大中小型工業企業劃分標準」にしたがい，その内部は甚だしく複雑に分かれていた。工業部門だけでも20ほどの小さい部門それぞれに，生産能力あるいは固定資産取得価格にもとづき，特大，大型その1，大型その2，中型その1，中型その2，小型という区分があり，20ほどある工業の小部門のなかから機械工業だけをとってみても，さらに30種類以上の細かい部門ごとに別々に規模区分が定められてきた。これらの細かい区分は60ページに及ぶパンフレットにまとめられており[3]，中小企業専門という役人でさえ，企業規模の区分を全て把握することは困難であった。このように工業の部門ごとに別々に規模区分があるのは，計画経済が各工業部門を1つのまとまりとして，営まれてきた

ことと関連していたのである。

2 「中小企業」の意味

　一般的にいって，計画経済と大企業とは相性が良く，中小企業は市場経済と相性の良いものと理解できる。その理由は以下のとおりである。

　そもそも現実に成立した社会主義の計画経済というのは，とくに旧ソ連と中国の場合，政治経済ともに自立した国家を築くために，自国に欠けていた重工業を急速に形成しようという目的で運営されたものである。つまり，実態として，国それ自体が1つの大きな組織，いわば1つの企業のようなもので，限られた資源を集中して利用し，確実に重点産業を形成していくことが，大切なことであった。国それ自体が1つの企業であるから，個別の企業は単に計画指令を実行するだけで，むしろコンビナートのような大組織のほうが生産規模も大きく，計画指令の執行も合理的に行なわれると考えられた。それゆえ計画経済それ自体としては，中小企業がたくさん存在する必要性はなかったのである。

　一方，市場経済は，計画経済と違って変化に富んでいる。大企業は内部にたくさんの階層的組織があり，意思決定を間違う可能性は低いだろうが，その代わり，決定までに時間がかかり，意思決定した時には，もう市場は変化してしまっている恐れもある。その点，中小企業は，人的資源は乏しいかもしれないが，階層的組織が少なく，また間違うリスクがあるかもしれないものの，決定は機敏である。

　さらに重要なことは社会的分業における意味である。中小企業は経営資源が限られているため，特定の機能に専門化する傾向がある。特定の製品を生産する際，専門化された企業群が市場を介して統合されたほうが，一企業内に全ての工程を抱え込むより，安くすむ場合があり，また需要の変化に弾力的に対応できるということが指摘できる。

　このような中小企業の性質と役割は中小企業のもつ特質のごく一部にすぎないが，中小企業とは変化のある環境，すなわち市場経済において，その役割を

発揮するものといえる。したがって，中国で中小企業の役割が近年とくに重視されるようになったのは，1つには，中国が計画経済から市場経済への移行過程を歩み，本当に市場経済になってきたことを示すものといえる。

3 もともと高かった重要性

（1）計画経済以来一貫して存在した雇用圧力

ただし，中国で中小企業の役割が重視されるようになったことを説明するには，もう少し歴史的背景をみていく必要がある。

というのも，中小企業の重要性は過去においても決して低くなかったからである。失敗に終わったものの，1958年から実施された製鉄運動，そして70年から展開され，その後の郷鎮企業につながる，既述の「五小工業」(小型鉄鋼，セメント，機械，化学肥料，炭坑) などは中小規模の事業体の振興を国民経済発展戦略に位置付けたものである。70～72年の間，全国生産量に対する「五小工業」のシェアは，鉄鋼6.6％，原炭31.7％，セメント58.8％，化学肥料69.5％に達した[4]。

1978年時点でも―もちろん現在と規模区分が異なっているので比較には慎重でなければならないが―，工業企業数の99.6％，工業生産額のほぼ4分の3は中小企業が占めてきたのである[5]。

ここで，少し歴史的過程を振り返ってみよう。

建国の際，外国資本や国民党，官僚らがもっていた規模のわりと大きな企業は接収されて，計画経済を担う国有企業の基盤となったが，そのほか当初，多く存在した零細な私的な商工業は1950年代半ばから，公有制の一種である集団所有制と称する企業に改組されていった。これらの多くは主に都市部門の中小企業を形成した（「公私合営」は1949年から始まったが50年代半ばに本格化）。

1958年からは周知の人民公社が農村に成立するが，この人民公社というのは，いろいろな役割を担っていた。58年から60年までは，「大躍進」政策が打ち出され，そこでは主に農村部で中小企業の役割が重視された。「大躍進」は中国

の生産力の起点があまりに低く，都市工業のみに依存した計画経済では先進資本主義国に容易には追いつけないので，労働力の豊富な農村のあらんかぎりの資源を投入して水利建設を行ない，農業生産力を高めようとして，同時に鉄鋼増産運動を展開したものである。この過程で人民公社では多くの小規模企業が設立され，60年には全国の工業企業総数の46％を人民公社の企業が占めた[6]。人民公社の企業体は「社隊企業」とよばれる。

しかし，この大躍進政策は，農民の疲弊を招き，大量の使い物にならない鉄屑を生産して終わった。加えてこの時期には，自然災害にも襲われ，農村では多数の餓死者が出たといわれる。そこで1960年から，農村を中心に大量に設立された小規模企業の整理が始まり，農村での企業展開は一旦終息する。

他方，今度は都市で計画経済の混乱に対応して小規模な企業が設立されていく。1966年に文化大革命がおこり，国民経済は混乱に陥るが，67年ころから都市の町企業である「街道企業」がその隙間をついて発展し，さらに行政機関や大企業が付属施設として小さな工場や商店を開業し，従業員の家族も小規模な商工業を起こし始めたのである[7]。

また，1970年になると農村における雇用の創出と農業の近代化を実現するために，再び社隊企業設立，主に工場の設立が打ち出された。上記のように，これは5業種の小さい工業ということで「五小工業」とよばれた。機械（トラクター・農機具），化学肥料，鉄鋼，セメント，石炭を生産する小規模工場が人民公社に設立されていったのである。このとき都市工業からの技術移転が行なわれたが，「下放」によって都市部から農村に送りこまれてきた知識青年らが企業の設立に貢献したケースもあったとされ，都市近郊の農村では都市工業の下請けに従事して，その後の地域経済の発展の基礎を築く農村企業もあった[8]。

生産力水準がなお低位で広大な農村人口を抱える中国において，農村工業の振興は，都市工業だけの計画経済では毛沢東の野心的発展願望を満たすことができず，実際に国民経済の運営も成立しなかったことをあらわしている。毛沢東にとって，生産活動を行なうのに必要な投入要素は，通常想定される資本と労働ではなく，労働のみであり，しかも人口＝労働力であった。したがって，

急速な経済発展への希求は必然的に「生めよ増やせよ」という人口増加政策につながったが，それがゆえに，中国では計画経済の時代にすでに過剰労働力が深刻な状況になっていた。中国では戸籍制度によって人々の移住が制限され，とくに農民は農業生産のために，生まれた土地に縛り付けられていた。しかし，純粋に農業をやっていただけでは，働き口も所得も十分ではなかったので，農村工業が農村の雇用と所得の大切な源泉になりつつあったのである。

（2）非国有・非公有制企業の発展

1976年に毛沢東が亡くなると，若干の過渡期を挟んで78年12月に大きな政策転換が図られた。これに伴い，非公有制企業を認めざるを得ない状態が進行していく。

まず都市部では，毛沢東時代に都市部の口減らしのために農村に下放されていた知識青年たちが帰ってくるものの，受け入れた側は当初かれらには働き口を用意することができなかった。都市部の集団所有制企業の雇用吸収にも限界があった。そこでプライベート経営は資本主義だからイデオロギー的に許容できないともいっていられなくなり，1970年代末から小規模な個人経営を許可することになる。とはいえ，たくさん人を雇うと資本主義だということで，雇うのは7人までという制限を課した[9]。こうしたことを背景に，82年には個人営業が，憲法のなかで「社会主義公有制の補充」として認められた。

一方，農村でも人民公社の集団農業から請負制に移行し，請負制が農家レベルに定着していくにつれ，過剰労働力が一層顕在化する。なかには才覚を生かして経済作物の専業経営をやったり，流通に従事したりする者も出てきた。そこで農村でも個人経営を許可することになった。

さらに1970年からの五小工業で再び発展しつつあった農村企業体の発展によって，農村では劇的な変化が起こった。すでに述べたように，請負制が農家レベルまで普及すると，大量の過剰労働力が顕在化し，しかも戸籍制度の制限で容易に都市部へは移住できないため，地元農村―郷鎮や村がこれまでの社隊企業の蓄えや地元政府・自治体としての信用を背景とする借金で，積極的に企

業を起こすようになった。そして国有企業が見逃していた需要を見つけて発展していったのである。これらの企業体は基本的に全て中小規模であった。1984年には，地元政府が起こした企業に，個人営業のほか，農民が何人かで出資し合って設立した私営型企業も認め，これらをまとめて「郷鎮企業」とよぶようになった。

　郷鎮企業の発展は，日本の全人口を上回る1億3,000万人の雇用を農村に生み出し，農民の所得の3分の1を担っており，いまや中国のGDPの3割を占め，輸出の半分近くに直接間接に貢献している。

　郷鎮企業の発展は，同じように社会主義計画経済から市場経済への移行を実施している旧ソ連と比較してみると，重要な意味をもっていることがわかる。すなわち，旧ソ連の場合，都市工業が計画経済を担うことができたために，農村企業体は必要なく，それゆえ計画経済から市場経済への移行の際，改革がダイレクトに都市の国有企業に及んだ。これに対し，中国では生産力水準が低すぎて都市工業が農村に農業生産財を供給する能力を欠いていたため，かえって農村企業体が発展するきっかけが生まれ，そして市場経済への移行を始めたときに，農村部の需要と供給がともに増大して国民経済のパイを拡大したので，旧ソ連のような国民経済の急激な落込みを招かずにすんだのである。

　かつては資本主義の尻尾などといわれた私的経営は，都市でも農村でも急速に広がっていった。とくに小売業の圧倒的大部分は零細な個人経営が占めるようになったし，農村に立地する郷鎮企業の場合，私的経営が公認された段階ですでに企業総数の3分の2は個人経営やグループ出資の私的経営で，1980年代後半になると郷鎮企業の従業員数の半分以上は私的経営が占めるようになる。

　以上のように私的経営型の企業が非常に大きなプレゼンスを示すようになって，前述のような私的経営の雇用を7人までに制限するというのは，実態に合わなくなってきた。このような実態の進展を受けて，1988年には，雇用者8人以上を「私営企業」と定義して，その存在と発展を許容するようになった。なお，これらは全て共産党の会議を通じて認められていき，憲法の改定を伴うような大ごとだったのである。

（3）「調整弁」としての中小企業・非国有企業

　本章において，ここまで明示的に出てきたのは，主に所有制と地域にもとづく区分だけであることが示すように，1990年代に至るまで，3区分のなかで企業規模区分の影は薄かった。規模区分については，工業部門について固定資産額や設備保有量にもとづいて定められた煩雑な基準が，改定を経つつも継続し，2003年にようやく非工業部門も含む簡素な基準が定められた（注2参照）。これがまさに中国における「中小企業」がおかれてきた環境を端的に表している。

　あえて所有制区分と規模区分をかみ合わせると，大企業のほとんどは国有企業で，中小企業の圧倒的大部分が非国有企業という区分が成立していた。そして，国有企業のほうが計画経済を担う主役で，非国有企業は計画経済の枠外に位置していた。なかには国有企業の下請けなどで国有企業と分業関係にあった非国有企業も都市近郊の郷鎮企業を中心に存在したが，経済体制が市場経済とよばれなかった1990年代初頭までは，非国有企業のほうは，経済が過熱すると，国有企業と原料や資金，市場を争うとして批判の対象となり，発展を抑制される存在であった。そして非国有企業≒中小企業は計画経済の枠外にあって，計画経済を担う国有企業としばしば対立するものであり，「経済の調整弁」として位置付けられてきたのである。

4 ┃ 国有企業改革と中小企業
　　　——「なぜ中小企業なのか」への回答

　この節では，近年になって規模別区分が前面に出てきた理由について述べる。予め結論めいたことを述べると，経済のメカニズムが根本的に変化したことと，他の2つの区分の意味が相対的に低下したということになる。

（1）中小企業発展促進の認識

1-1　「国民経済の重要な力量」としての中小企業

　既述のように，1998年の行政改革を経て，日本の中小企業庁に相当する中小企業司が設置され，中国は中小企業政策に本格的に乗り出した。

これと並行するように，この役所と中国社会科学院工業経済研究所中小企業研究センターによる編集で，2000年から「中小企業白書」が出版されている（正式な書名は『中国中小企業の発展と予測』）。この「中小企業白書」では，政府が中小企業を政策上支持する理由について，以下の5点をあげている[10]。

　第1は，中小企業が，新たな経済成長のポイントであり，国民経済発展の重要な力量だということ。第2に，中小企業が雇用創出の源になっていること。以下，第3は，日常生活に密着した市場で，機敏かつ活発な経営を行なっていること，第4は，輸出生産の主力だということ，そして第5が，農業支援，農村財政の重要な財源となっているということである。

　このうちとくに重要なのは第1点と第2点，つまり経済成長と雇用への貢献だと思われる。国民経済における位置付けに関して，上記「中小企業白書」によれば，中国の中小企業は，全企業数の99％以上，工業生産額の3分の2以上，税引き前利潤の5分の2を占め，まさに第1点でいうところの「国民経済発展の重要な力量」となっている。また，90年代の工業部門の付加価値生産の伸びに対する中小企業の寄与率は76.6％と非常に高く，中小企業は「経済成長ポイント」であるという表現は間違いではない。

　なお，第3の点については，中小企業には国の資金を当てにできない私的企業が多く，これらは少ない資金で開業できる産業で，多くが身近に需要がある生産・経営から始めているということによる。

　第4点の輸出は，経済成長とも連関していて，輸出額に占める中小企業のシェアは60％にも達しているけれども，ここには外資系企業によるものがかなり含まれていると考えられる。また，5番目の農業支援や農村財政の財源というのは，郷鎮企業の多くが中小企業だからという理由による。

　さて，第2の理由，すなわち雇用については，確かにその4分の3以上を中小企業が創出していることが指摘できる。ただこの点については，既述のように，中国は一貫して過剰労働力の問題に悩まされており，「中小企業」というタームを使ってはいなくても，中小企業規模の企業に対する雇用吸収源としての重要性は以前から十分高かった。農村工業化（社隊工業，郷鎮企業の設立），都市部

における中小規模の集団所有制企業の設立，都市・農村における個人経営の許容，さらには私営企業の公認は，多かれ少なかれ雇用創出を目的としてきたのである。

1-2 市場経済化が要請した中小企業

ならば，なぜ近年になって，中国政府は「中小企業」という規模別概念を前面に出して，中小企業の重要性を強調し，中小企業向け政策を打ち出すようになったのであろうか。

これはすなわち冒頭に記したように，1つには中国で市場経済化が進んできたこととかかわっている。社会主義といえば計画経済がセットになったものと考えられてきたが，1990年代前半には指令性計画はほとんどなくなり，以来，政府は「計画管理」という言葉を使わなくなって，それに対応する事柄を「マクロ管理」と称するようになる。

もともと，計画経済の時代には，市場の変化への対応ということは不要だったから，計画経済の主体となっていた国有企業などは，生産プロセスを何でも自社内に抱え込む構造を有していた。たとえば工作機械産業は比較的内製率の高い産業であるが，とくに中国の工作機械メーカーのなかには，近年まで自分で作れるものはほとんど全て内製していたところがある。興味深いのは規模の大きな企業だけでなく，規模の小さいものでも国有企業の場合，内製率を高めることが志向されたことである。計画経済の下では原料や部品の専門化された市場がないので，何でも抱え込む傾向があったのである。規模のわりに内製率の高い企業構造は，分業の利益を放棄してしまっているから，効率という観点から望ましくなく，市場経済であれば変動への対応力を欠くことになる。改革開放以後，少しずつ市場経済の要素が国民経済に入ってくるにしたがって，その弊害が指摘されるようになってきた。ところが，産業連関をもつ部門が別々の官庁の管轄にあって，企業間のヨコの連絡が欠落していたため，企業間関係の調整はなかなか進展しなかった。それでも，市場経済化が進むにつれ，やはり分業の効率性がはっきりと認識されるようになってきたのである。

1980年代半ばから国有企業にも市場原理が少しずつ導入され，90年代以降，

国民経済が基本的に市場メカニズムで運営されるようになり，企業経営の成果が以前に比べて厳しく問われるようになったので，これにしたがい，企業は外注によるコストの節約，投資の節約を図り，需要変動に対応するようになった。外注パートナーを選ぶ際に，立地による区分や所有制を問うことは，個別の企業が市場競争に打ち勝ち利益を得るためには，意味のないことになってきたのである。たとえば現在では，国有の自動車完成車メーカーに部品を納めているサプライヤーのなかにはたくさんの私営企業も含まれている。

また，日本の経済発展に下請け中小企業の存在があったこと，台湾，香港などが中小企業を主体に発展したことなどの経験が存在していて，かねてから中国はこうした経験に注目していたし，また，大企業主体に発展してきた韓国の景気が1990年代半ばから低迷し，アジア通貨危機で甚大な影響を蒙った一方，中小企業主体の産業組織をもつ台湾では影響が比較的軽かったことにも，中国は関心をもったようである。こうした観察をふまえ，産業組織上の中小企業の重要性を中国政府は改めて認識したようである[11]。とはいえ，分業の効率性に対する認識から，中小企業があらためて重視されるようになったというのは，間違いではないにしても，アジア通貨危機の件は，説明としては後づけの感があり，これだけで十分な説得力をもつものではない。

（2）国有企業改革が提起した中小企業発展促進

近年，政府があらためて中小企業重視の姿勢を打ち出した決定的要因は，中国経済の市場化そのものにある。国有企業や郷鎮企業を含む集団所有制企業といった公有制企業群の設立と生産経営活動が不足していた財の供給を増やしたことが，市場経済を創出する役割を果たしたことは，第2章以下でも言及するように，計画経済から市場経済への移行期の初期段階のポイントであって，大いに強調されるべき点である。

他方，移行過程において，供給量の拡大そのものが市場環境の変化を生み，同時に非公有制企業への規制緩和が，さらなる企業間競争と公有対非公有の経営メカニズム間競争も生み出した。

国有企業を計画執行主体から市場メカニズムのプレーヤーに転換させる改革は，1980年代半ばから進展してはきたが，かたわらで台頭してきた非国有企業と比べて，国有企業のほうは政府による経営への関与が大きく，経営マインドが弱かったことに加えて，従業員の住宅の提供や退職者への年金支給，さらには医療費負担など，競争上，多くのハンディを背負っていた。このため，とくに非国有企業と直接競合する分野にある国有企業は競争で劣勢に立たされた。

従来であれば，政府も非国有企業の参入を制限し，財政支出で企業の赤字を補填するところであったが，それでは財政的に立ち行かなくなるので，1993年ころから国有企業の構造改革を加速させた。具体的には，政府の出資部分を確定して，無秩序な赤字補填をやめ，政府は出資者ではあっても，原則，直接経営にかかわらないようにして，所有と経営との分離を図るというもので，事実上，政府の事業部門だった国有企業を，「株式会社」や「有限責任会社」といった，自己資本をもつ，ルール化された企業形態に変更していく法律「企業法」ができた。株式会社や有限責任会社のような企業形態を中国では「現代企業制度」とよぶが，以後，全てではないものの，中国企業のなかにこのような企業制度をとるところが公有・非公有を問わず増えてきている。

国の出資を確定するということは，他方で国以外の所有者が存在することを前提にしている。従来，「社会主義」と名乗り，計画経済を行なうために，国有企業が国民経済の支配的プレゼンスを維持しなければならず，国有企業そのものは当然全て国の資産であった。ところが，国有企業のなかで国の出資を確定するということは，国の責任の範囲を定めることになるだけでなく，国以外の誰かが国有企業の部分的所有者になれ，国有企業の資産の売買が視野に入ってくることを意味する。

1980年代の地方政府に対する分権化に伴って中小規模の国有企業が数多く設立され，80年代半ばからは請負い制やリースの導入や合併の推進などにより，中小規模の国有企業に対する改革が行なわれてきたが，国有企業のなかでも業績が厳しかったのは中小の地方国有企業であった。そして1995年には「抓大放小」(大企業に重点をおき，小企業を自由化する) 政策が提起された。このような90

年代の転換によって，中小国有企業の売却処分が可能になって，96年以降，小型国有企業の売却によるリストラが進行している。一方で非国有企業にも，株式会社や有限責任会社の形態をとるところが増えてきて，経営形態としては国有も非国有も同じ方向に収束しつつある。

さて，市場経済化が進んでくると，非国有企業と直接競争することになった部門では，もはや経営を続けることができない国有企業があらわれ，そうでない国有企業も市場経済に適応しようとする改革を加速したが，それは一面でリストラの様相を強くしてきた。もともと「中国は社会主義だから失業などない。失業は資本主義に固有のものである」という建前から，仕事のない労働者を「仕事を待つ人」ということで「待業者」とよんできたが，1993年の現代企業制度導入と歩調を合わせるように，94年頃から中国も堂々と「失業」という言葉を使うようになった。また，一時帰休をあらわす「下崗」（シアガン）という言葉も生まれた。

「下放」されていた若者が帰ってきた改革開放の初期の失業率（当時は「待業率」）は都市だけで5％近くに達していた。その後失業率は一旦下がり，1990年代前半までは都市だけでは2％台で収まってきた。失業を，職を待つ「待業」とよんできたのには，社会主義には失業はないという建前のほかにも理由があった。当時は失業の8割方は就業年齢になったのに仕事のない若者だったので，本当に就職待ちだったのである。しかし，90年代前半に国有企業を市場経済の軌道にのせる改革が始まると，失業者の中身が変わってきた。今まで職をもっていた人が職を失うようになったのである。90年代後半から大量の余剰人員が排出され，失業率はじりじりと上昇していった。とはいえ，都市だけではなお3％台だったのだが，これまでと違うのは，すでに述べたように，初めから職がないのではなく，今までもっていた仕事（業）を失う人（＝失業者）が大量に発生し始めたことである（2004年の都市部失業率は4.2％）。

中国の政府がもっとも恐れたのは失業者が溢れて社会安定が損なわれることであった。社会安定のためには雇用創出が不可欠だが，1990年代後半の新規雇用はもっぱら非国有企業，とりわけ個人経営・私営企業，外資系企業によって

創出されている。国有企業改革が加速した90年代の数字を確認しておくと,1990年から99年までの雇用数の伸び率は,国有企業がマイナス2％であるのに対し,個人経営はプラス13％,私営企業の伸びはプラス32％と非常に高く,外資系企業のプラス28％とともに,90年代の主要な雇用吸収源になっていることがわかる[12]。

このように,中国では社会安定のためには所有制にこだわっている場合ではなくなってきたのである。

ここであらためて,企業規模と所有制とを重ねてみる。旧区分にもとづく1998年の工業企業の数字でみると,中小企業のうち4分の3は個人経営・私営企業で,中小企業は工業部門では主に労働集約型・消費財生産部門に多いが,このような業種構成は私営企業のそれとも重なっている[13]。すなわち,国有企業改革を契機とする中小企業の重視は,個人経営・私営企業の多くが中小規模であったという意味合いが強いと思われる。

ところで,先に述べた個人経営・私営企業の数の中には農村企業体も含まれている。1億3,000万人の雇用を生み出した農村の郷鎮企業でも,この同じ時期に大きな変化が発生していた。大変な成功を収め経営活動領域を都市にまで広げる企業が出現する一方,農村の地方政府・自治体が設立した企業体が,やはり国有企業と同じような悩みに直面し,経営不振に陥る企業が増え,雇用吸収力を失ってきた。また,郷鎮企業群は競争への対応として資本労働比率を高めた。郷鎮企業のうち,公的な所有形態である集団所有制企業の1990年代の雇用吸収はマイナス8％近くとなっている。農村政府・自治体の場合,経営不振になった企業の残した債務の責任をとらされることは,国よりももっと直接的で大変な負担になるので,農村でも公有制企業を個人に売却したり,株式化で所有を多元化したりする改革が進んだ。

(3) 個人経営・私営企業発展の積極的意味

以上,雇用問題を中心にみてきたが,個人経営・私営企業については,それらが大きなプレゼンスをもつようになったことの,積極的側面を考えなければ

ならない。

　社会主義のイデオロギーのために，個人経営・私営企業（とくに私営企業）は長くその政治的地位を認められず，1980年代末になっても，なお「公有制経済の補充」という地位に甘んじてきた。

　しかし，私営企業は国有企業にはないフレキシブルな経営メカニズムをもっていた。つまり，大企業と中小企業との対比と同じようなことが，国有企業と私営企業との間にもあてはまる。国有企業では，国の必要性にしたがって企業が設立され，経営者が政府から派遣されたり政府の意向で決まったり，労働者は一旦採用されれば，生活が保障され，万一リストラになっても，なおある程度の生活水準が一定期間保障されたりしてきた。経営資金に困ればある程度，政府の後押しで銀行から融資が受けられた。一方，私営企業は，経営者が自らの意思で企業を起こし，自ら需要を発見しつつ，リスクをとって経営し，そのリスク負担に応じて相応の所得を得て，労働者のほうも働きに応じた分配を受ける。労働者は自分の生活を完全に自分で面倒みなければならないし，働きが悪ければ首にもなる。それゆえ経営者も労働者も必死に働く。

　こうしてみると，国有企業の従業員にはリスクを避け安定を求める人が向いていて，私営企業経営者にはリスクは大きくとも自己実現を求める人が向いているように思われる。改革開放はそうした潜在的意識をもつ人々を表舞台に立たせた。リスクが大きいというのは，変動のある市場経済そのものであるから，私営企業はまさに市場経済の申し子ということができる。かつて個人経営や私営企業が資本主義だとして抑圧されていた時代にも，自己実現を求めリスクを負う勇気のある人はいた。だが，彼らは，政府機関や大学・研究機関，国有企業や街道企業，集団所有制郷鎮企業などの公有制部門に隠れていた。また，一般の農民のなかにも多くの企業家予備軍が潜在的に存在していた。ただ，かつては自営業をやらなければならないというのは，地域的にそうしなければ生活が成り立たないほど計画経済の基盤が弱いか，公有制企業に雇ってもらえない訳ありの者だった。

　しかし，雇用創出のための規制緩和にしたがい，1980年代から少しずつ，そ

して90年代になると大量に，リスクをとって自己実現を求める人々が顕在化するようになった。国有企業や大学・研究機関から独立して起業する人，農民で親戚・友人からお金を借りて起業する人などが多くあらわれた。市場経済化が進展した90年代に，個人・私営企業の市場経済のプレーヤーとしての量的比率と重要性が高まってきたのは，こうした自己実現を求める人々を解放するプロセスと国有企業改革とが重なったという背景もある。

　たとえば東北地域など国有企業主体地域での移行の難しさは，自らリスクをとって自己実現を目指す担い手（＝企業家）の蓄積が乏しいか，もしくはその解放を政府が妨げている点，あるいはそれらが相互に絡み合っている点にあると考えられる。

　ところで，中央政府の政策選択については，現状追認にすぎないという見方も可能である。たとえば個人経営にしても大量の従業員を雇用する私営企業にしても，本来禁止していたものが，実際に出てきてしまったので，これを後から認めたにすぎないということである。しかし，イデオロギーと現実の必要性とのバランスをとりながら，段階的に折り合いをつけてきたやり方は，中国のように多様で広大な国にはふさわしいとも思える。

　当初は僅かな自己資金で起業した私営企業が急成長して規模が拡大し，大量の雇用を創出するようになるにつれ，共産党政権としても，もはや私営企業を社会主義市場経済体制の内部に取り込まないわけにはいかなくなり，1997年の15回党大会で「非公有制経済は社会主義市場経済の重要な組成部分」と認知した。これは所有制による区分の意味を相対的に低下させ，市場経済における企業規模別政策の必要度を相対的に上昇させることになった。99年の全人代ではそれが憲法に書きこまれ，さらに2004年の全人代では，私有財産権の保護や，私営企業家の共産党入党に道を開く「3つの代表」思想を憲法に明記する改定案が通過した。なお，中小零細企業の法的保障としては，97年に「パートナーシップ企業法」，99年に「個人独資企業法」が公布されている。

　また，2001年11月に実現したWTO加盟も一定の作用をもっている。WTO加盟で注目されているのは，中国資本が生き残れるのかどうかという点である。

WTO ルールは内外無差別の原則に立っているし，中国市場になだれ込んでくる外国勢を迎え撃つにあたっては，成長著しい私営企業を，所有制を楯に差別することには利がない。また，WTO 加盟への対応として国有企業は一層のリストラを進めており，所有制別区分の意義はほとんど消失している。鄧小平はかつて「黒猫でも黄猫——黄色い猫でも，鼠を捕りさえすれば良い猫だ」と述べた。黄猫の部分は後に白猫にいいかえられたが，国有企業でも私営企業でも，都市の企業でも農村の企業でも，中国資本として雇用を増やしてくれさえすれば良い企業なのである。

中国の市場経済への移行において，雇用創出が重要な課題となっており，それゆえ非公有制の中小企業の振興が必要とされているが，中国の市場経済化が国際化とも並行して進行していることから，技術水準の向上に対する中小企業の貢献にも大きな期待が寄せられている。これに関しては，創業の際に技術などの生産要素を出資に換算することが許されているほか，ハイテクプロジェクトに対して補助金・利子補給制度が設置されている（主要政策については巻末資料参照）。

中小企業の重視は，たとえば2001年8月に上海で APEC の中小企業フォーラムを中国中小企業対外合作協調センターと上海市経済貿易委員会が主催していることや，2004年10月に広州で，中小企業展覧会が開催されていることなどにもあらわれている。

ただし，雇用創出，技術開発とその製品化の担い手の多くは，新規創業であれ既存企業であれ，非公有制企業であり，中小企業振興は非公有制企業振興と重なっている。2003年10月の共産党16期3中全会の決定（社会主義市場経済体制を完全にすることに関する若干の決定）に含まれていた「非公有制経済の発展を奨励，サポートし，誘導する」ことが，2005年2月に国務院から「個体私営等非公有制経済の発展を奨励・サポートし誘導することに関する若干の意見」として公布されている[14]。

第1章　なぜ中小企業なのか

5 ‖ 中小企業管轄部門の設立と変化

　本章「はじめに」で述べたように，中小企業の重要性の高まりに伴い，中央レベルに「中小企業司」が設置され，これにしたがって，地方レベルにおいても中小企業管轄部門が設立された。

（1）中央レベル—中小企業司

　中小企業司は，国家経済貿易委員会企業司が，1998年に企業改革司，監督司，中小企業司に分かれて成立したもので，経済貿易委員会時代は，綜合処，法規処，改革発展処の3セクション，15人から成っていた。

　中小企業司は，中小企業政策の策定に対して，草案作成という重要な役割を有している。このほか金融サービスの推進，社会化サービス体系の設立と健全化，国際協力と交流の強化を主要職務としている。

　既述のように同司は2003年3月の全人代で決定した機構改革により，国家発展と改革委員会所属となった。同委員会の基本職能を反映して，同司には中小企業に関する中長期計画の職能が加わった。さらに，非国有経済の管理職能も新たに加わった。

　内部セクションは，綜合処，政策與規劃処，融資担保処，非国有経済処，服務與創新処の5処，スタッフ25人に拡張され，また，非国有企業を含めて，企業規模区分にしたがって政策を策定する意図と，信用保証制度と社会化サービス体系の充実が現下の重点課題であることが明確にあらわれる組織編成になっている。

（2）地方レベルにおける政府部門の分業関係と方向

2-1　中小企業管理系統一本化の方向

　中央レベルの中小企業司に対応する中小企業専門管轄部門として，各地方レベルには，経済委員会ないし経済貿易委員会傘下の中小企業処が一般に成立し，さらに再編が進んで，地方政府直属の中小企業局が成立している（省レベルの

一部では中小企業庁が成立)。中央レベルと各地方レベルの中小企業管轄部門との間には，いわゆる行政隷属関係はなく，業務指導－被指導関係にあり，地方レベルの中小企業管轄部門の人事，予算は各レベルの政府に属する。

地方レベルの企業管理体制は，まさに上述の3種の企業区分法のうちの所有制と地理区分を反映したものであった。都市部の公有制工業企業（とくに国有企業）を主管＝経済委員会ないし経済貿易委員会，農村部の郷鎮企業（主に集団所有制郷鎮企業）を主管＝郷鎮企業局というテリトリー区分により，中小企業処は，当初実質的には都市部公有制（特に国有）工業中小企業を政策対象にするにすぎない存在であった。さらに商業企業，外資系企業については管轄が別途存在した。しかし，公有制企業の改革（売却，民営化），非公有制企業の新規創業，農村の都市化により，中小企業処や郷鎮企業の政策対象テリトリーは実態にそぐわないものになった。公有制企業の改革任務は残るものの，上述の脈絡から，企業管理体系の一本化が現実の進行によって要請されることになったのである。

とりわけ，郷鎮企業管轄部門については，中国では地域発展格差が大きく，地域開発手段としての郷鎮企業の意義はなくなったわけではないが，上記の事情から「郷鎮企業」という概念それ自体が全国一律に成立するものではなくなってきており，地方レベルでは，著者の知る限りでは，他部門とともに，中小企業部門として一本化される場合が多い[15]。

しかし，地方レベルの中小企業管轄部門の一本化のルートは，それぞれの地域の情況によってさまざまである。以下，かつて計画経済の中心を担った瀋陽のケースと，計画経済の基盤が弱く当初から事実上の非公有制企業の発展をみた温州のケースについて紹介しよう。

2-2 瀋陽市の事例―非公有制企業管轄部門としての中小企業局

遼寧省瀋陽市は，第1次5ヵ年計画以来，中国の計画経済を支え，2002年段階でなお域内生産額の半分近くを公有が占める地域である。1998年以降，中小企業というよりもむしろ民営経済の発展促進という形で，非公有経済振興が本格的に図られたが，当初は民営経済の発展促進と中小企業振興とはやや交錯し

た形で進行した。

瀋陽では1998年2月,民営経済の発展を促進する「民営経済発展領導小組」(以下,領導小組) と「民営経済発展工作委員会」(以下,「工作委員会」) が成立した。

領導小組は市長を組長とし,副組長には人代副主任,政協副主席,市委員会副書記がなり,市の45部局のトップがメンバーとなった組織で,その下に具体的執行部門として設置されたのが工作委員会である。同委員会はリストラ中心の行政改革のなかでも例外的に新設された。

他方,1999年初めに旧経済貿易委員会の中に,主に国有企業を対象とする中小企業発展処が設置され,さらに,同処を中心に,工作委員会,郷鎮企業局などを加え,中小企業の発展を促進する協調指導グループが成立した。民営経済振興の中核を担う領導小組では,経済貿易委員会の主任は1メンバーにすぎないが,中小企業の発展を促進する組織の設置に関しては経済貿易委員会(中小企業発展処) が中核を担い,工作委員会がそれに参加するというクロスした関係になっていた。

2001年11月末,行政改革の結果,集体経済弁公室と上記の「民営経済発展工作委員会」とが合併して,中小企業局が成立し,上記のような複雑な関係が解消され,中小企業管理は,中小企業局に一元化されることとなった(ただし,一部国有企業はなお国有資産管理委員会や経済貿易委員会の管轄に残されているようである)。この事例は,制度改革を行なった中小企業を含め,主に非公有制経済を包括する部門として中小企業管轄部門が想定されていることも示している。なお,同じ遼寧省の鞍山市のケースでは中小企業局は「非公有制経済発展局」というもう1つの看板をもっている。

2-3 温州市の事例―「中小企業」が当然の地域での地理区分一体化

一方,浙江省温州市の場合は,もともと企業のほとんどが非公有制中小企業であったことから,中小企業専門の管轄部門をもたず,また,元来多くの地域が農村エリアに属し,企業の多くが同市郷鎮企業局の管轄下にあった。このため,温州における中小企業管轄部門は事実上,郷鎮企業局であった。しかし,温州の郷鎮企業は農業との関連がもともと薄く,郷鎮企業局は近年,工業企業

管轄だが管理すべき対象（公有制企業）が急減した経済貿易委員会と事実上一体となって農村部（都市化した広範な領域を含む）の企業の管轄部門となってきた。そして組織再編により，ついに郷鎮企業局は経済貿易委員会に吸収されたが，企業管理の実質的イニシアティブは，2001年7月に行なった聞き取りでは，元の郷鎮企業局側にあると考えられた[16]。

なお，温州の中小企業政策策定を担っているのは，市の経済研究センターとの2枚看板を掲げる市共産党委員会政策研究室である。同委員会では，中央の政策は尊重するが，もともと非公有制中小企業を主体とする温州では，中小企業振興は事実上先行して行なわれており，温州の実情にあわせた政策を策定すると述べている。

政策策定は以下のような過程を経て行なわれる。同委員会が，調査研究—主に工商聯（人民代表大会，政治協商会議へ代表を送り出している），業種協会（各産業の代表的企業が会長），中小企業促進会（温州市にある中小企業団体組織）などの声を汲み上げ，議会や，企業の現場での調査聞き取りにより課題を把握・検討したうえで，政策原案を作成し，トップに上げ，トップからのコメントをふまえて修正する。非常に専門的な判断を伴う案件については，必要に応じて関係部門にまわされたうえで，最終的に同委が草案を作成し，市（人代・人代常委）の採決にかけることになる[17]。

6 「中小企業促進法」の制定と施行
—初めての包括的企業規模別法[18]

（1）中小企業促進法の性格—日本の中小企業基本法との背景の違い

中小企業促進法（7章44条，以下，「促進法」）は，1999年よりその起草準備が開始され，2002年6月29日に成立，2003年1月1日より施行されている（巻末資料参照）。既述のように，中国は「一大二公」を追求した計画経済期を経験しているが，中国において中小企業は企業数や雇用の面で大きな比率を占め，生産と雇用面で一貫して重要な意味をもってきた。中小企業の発展促進についての条例としては，すでに2000年に「中小企業の発展を奨励し促進することに関

する若干の政策意見」が出されていた。しかし，規模別区分にのみもとづく中小企業を対象とする包括的法としては促進法が初めてのものである。ここには，中国の市場経済化をめぐる2つの側面がかかわっており，同法はそれらを反映するものとなっている。

2つの側面とは，第1に計画から市場への移行と産業政策であり，第2に，WTO体制下での競争対応であり，促進法は，移行と国際競争への対応（24条その他）の同時展開を象徴する内容となっている。

中国の中小企業のおかれている環境は，日本における中小企業基本法が制定された時期から1990年代初頭までの状況とは異なっている。日本の中小企業は，特定大企業との取引関係の下におかれ，加えて国内市場が守られていたこともあって，国際市場との競争に直接さらされることが相対的に少なかったといってよい。これに対して中国の中小企業の場合，確かに非公有制企業間での分業と外注の利用は活発であるものの，特定大企業に系列化され，特定企業との固定的取引関係がその企業の生死を握るといった状況は，まだそれほど多くないと判断される。さらに，中国の中小企業は外資系企業にも開かれた国内市場において，競争にさらされることになっているのである。

（2）中小企業促進法の対象

では，促進法が対象としているのはどのような企業なのであろうか。

促進法は，地域や所有制など従前の企業区分にかかわらない，無差別の競争促進的性質をもち，市場経済化促進のなかで，雇用を拡大し（第1条），国民経済の技術レベルを高めていく方向を示している。その際，外資系企業は法の対象から排除されておらず（第2条），促進法は，中小企業全般の創業を奨励している（第23条）だけでなく，外資にも平等な競争条件を与え，外資による新規中小企業設立を奨励して（第27条）上記の目的を果たそうとしている。同法は，産業構造の調整を進めながら，雇用を増やし，国民経済の発展に資すれば（加えて中小規模であれば）どんな企業でもその対象とする点で，生産力をあげさえすれば何でもよいとした鄧小平の「白猫黒猫論」の延長線上にあるといえよう。

そして現代の経済における生産力の向上が技術水準の向上と密接に連関していることから，技術革新に対するサポートが謳われている（第29～31条）。

　一方，「移行」という側面からみれば，国内の非公有制中小企業の発展を促進し，他方，残った公有制中小企業改革を進めようという方向とも解される。中国の中小企業発展促進は，多分に非公有制企業の発展促進とオーバーラップしており，実際の中小企業振興策は，たとえば温州のような地域では改革開放以後まもなく，そして瀋陽のような国有企業集中地域においても15回党大会以後，すでに非国有企業・非公有制企業振興策として実施されている。

　多くが「中小企業」である地場資本の非公有制企業は，資金調達面で公有制企業や外資系企業に劣っているだけでなく，中国国内において外資系企業よりも参入制限が厳しい[19]。地場資本の非公有制中小企業は，大企業対中小企業という視点から平等な競争条件を必要としているというよりは，現段階ではむしろ公有制企業や外資系企業との間での平等な条件を必要としている。2005年2月公布の「個体私営等非公有制経済の発展を奨励・サポートし誘導することに関する若干の意見」はこのような差別から非公有制企業群を部分的に解放し，その発展を促進しようというものである。

（3）中小企業促進法の実施状況
3-1　対策費予算化の実現

　中小企業促進法が定める資金サポート（第2章），創業支援（第3章），技術革新（第4章），市場開拓（第5章），社会サービス（第6章）のうち，最大の懸案は財政支出を直接的に伴う部分であった。とくにこれら支援の多くは，資金サポート（第2章）に記載されている「中小企業の発展を支援する専用資金」の実現にかかっていた。

　2002年6月の「促進法」成立にもとづき，2003年度には中小企業対策費が予算化された。2002年度の予算までは，中小企業関連としては「科技型中小企業技術創新基金」（ハイテク中小企業向け支出項目）のみが設置されていたが，2003年に新たに「中小企業専項資金」（科目番号6116，金額5,000万元）が中央財政に

第1章　なぜ中小企業なのか

設置された。この項目には科技型中小企業技術創新基金を含むあらゆる中小企業発展促進対策費項目が入っている。5,000万元という金額の小ささが示すように，資金は主に研修補助などよび水的な役割に限定される。資金サポートに含まれる信用保証に関しては，1990年代初頭から地方における私営企業による自発的展開が始まり，99年前後から，公的信用保証機関が地方政府によって設立されてきた。ただし，その財源には限界があり，民間資本の導入が志向されているという（信用保証制度については第7章参照）。

3-2　促進法を受けた地方政府の対応—天津の場合

促進法の施行を受けて，各地方政府はどのような対応を行なっているのであろうか。ここでは1例として天津市のケースをみてみよう。

天津で中小企業を管轄する部門は，経済貿易委員会の中小企業処である。

2004年上半期現在，天津市における「限度額以上」（全国有＋年間売上500万元以上の非国有）の中小企業数は4,915社で，全市の限度額以上の企業数の99.9％以上を占める。4,915社の上半期売上げ総額は1,387.6億元（前年同期比＋29％），利潤は118.8億元であった。上半期の中小企業の経済状況は市工業企業全体のそれより良いといい，中小企業は市工業の売上げの40％以上，利潤の35％程度[20]，従業員総数の75％程度を占める。

促進法施行を受け，天津市では，啓蒙普及活動と関連条例策定によって，中小企業発展促進を図っている。

啓蒙普及活動とは，報告会，フォーラム，研修班の実施，『天津日報』『天津晩報』『市場報』などへの特集記事の掲載である。そして，関連条例としては，「国有中小企業の制度改革への民営の積極的参加を奨励・誘導することについての実施意見」，「個体私営経済の発展を促進し誘導することについての実施意見」などを制定ないし制定の予定である。

加えて，具体的措置として，①中小企業発展基金の設立，②信用保証制度の設立，③社会化サービス体系の設立，④参入障壁の緩和・撤廃，⑤負担軽減（「乱収費，乱罰款」項目撤廃）を実施しているという。同市が中小企業政策としてとくに注力しているのは，以下の3点である。

①資金調達難の解決，支援強化
- 市財政から2.5億元を信用保証制度の基金へ繰り入れ，さらに2004年から2008年まで毎年2,000万元ずつ信用保証基金の規模を拡大すると同時に，中小企業社会サービス体系の建設に用いる。
- 2004年上半期に，財政局と経済貿易委員会は，技術改造を促進し，製品レベルの向上，生産規模の拡大，流動資金の解決を図ることを目的に，製品の販売に見通しのある100社を選んで重点的に資金サポートを行なった。
- 国家財政の中小企業発展基金を利用する（中小企業経営者の訓練と課題研究のため）。

②国有中小企業の改革にさらに力を入れる
- 市の重点産業・重点商品基地について情報提供，企業創設，製品のポジショニング面でサービスを提供する（投資を増やすように情報を与え，利子補給を行ない，信用保証を整備して，技術改造，創新を進める）。
- 国有・集団所有制企業の制度改革を加速，推進する。

③大企業と中小企業との間の協力関係のプラットフォームを提供する（中小企業を三星電子，LG電子，JETROなどの調達会議に参加させている）。

以上の施策状況から，困難が予想された中小企業向け財政支出の確保が実現していることがわかる。また，政府が中小企業の企業間関係形成に関与することが示唆されている点は興味深い。

（4）中小企業関連法としての郷鎮企業法

上記の促進法の内容ならびに中小企業司の組織と任務から，郷鎮企業局ならびに促進法に先行して成立している郷鎮企業法との重複を指摘せざるをえない。中小企業促進法審議時にも，全国人民代表大会常務委員会委員から郷鎮企業法との関連についての問題提起があり，結局両法の衝突はなく並行実施できるとの結論になったというものの，郷鎮企業法は「パートナーシップ企業法」，「個人独資企業法」とともに，中小企業関連法として認識されている[21]。

第1章　なぜ中小企業なのか

　地理的概念を基礎におく「郷鎮企業」は，もともと，重工業の急速な建設を目的とする計画経済における資本蓄積メカニズムの補完機能をもつ社隊企業を出発点としている。そして計画経済から改革開放に転じた後も，一定期間（そして程度の差はあれ今なお）①戸籍制度による労働移動制限，②農作物（主に食糧と綿花）増産の国策としての展開，③財政調整制度の未整備という制度条件が存在してきた。そして③のゆえに①②を支えるためにも，財源と雇用を創出する地域産業振興を図る必要があったことに，移行初期の低級日用品や建材に対する超過需要という市場条件が加わって，郷鎮企業は1990年代前半まで急速な成長を遂げてきた。

　郷鎮企業法は，このような背景により，1980年代初頭から構想（当時は社隊企業）され，1993年から正式に起草作業に入って96年10月に成立した。同法によれば，郷鎮企業とは，農民または農村自治体を主体として設立・運営され，農業支援義務を負う企業体とされている（「郷鎮企業法」第2条）。

　しかし，第1に農村を含む沿海地域や大都市において1990年代初頭以降，労働需要が急速に拡大するにしたがい，労働移動制限が緩和され，戸籍制度自体が変化しつつあり，第2に，90年代後半，コンスタントに4億5,000万トン以上の食糧生産を確保することが可能になると同時に生産者価格の維持が困難になって，農業生産義務が減少し，さらに第3には，現在，財政調整制度の整備が始まっている。第3点は，なお緒についたばかりだが，郷鎮企業が全国的に必要とされた制度条件は，急速に消失しつつある。

　1990年代初頭までは，一定規模の資金調達には個人レベルよりも農村政府・自治体のほうが有利であり，市場情報がその構成員を経由してもたらされるケースも多かった。このことから，政府・自治体出資企業が存立可能としていたが，皮肉にも郷鎮企業法が成立した頃には，中国の市場環境は売り手市場から買い手市場へと変化し，経営責任の所在が曖昧で企業家マインドを欠いたこれらの企業群は，競争に敗退していったのである。それゆえ，所有制別区分や地理的区分にもとづく企業管理が，なお一定期間残存するにせよ，長期的には企業区分は規模別（そして業種別）に収斂していくと考えられるのである。

(注)

1) 中国情報局「中国情勢24」(http://www.searchina.ne.jp) 2004年7月10日
2) 規模区分は、まず1950年代に従業員数にもとづいて決められ (3,000人以上が大企業、500〜3,000人が中型、500人以下が小型)、次いで62年に固定資産額にもとづく区分が制定された。さらに78年に年間生産能力にもとづく区分に変わり、88年に固定資産額または設備数量にもとづく区分となった。2003年に新区分が制定されるまでの間、84年には一部非工業部門の区分が制定され、92年に新たな工業部門に区分が設定され、99年には資産総額と年間売上げにもとづく区分が制定された(王鉄軍編著(2004)『中国中小企業 融資28種模式』中国金融出版社、pp.6-7)。90年代の改定にもかかわらず、2003年までは88年区分を基本としてきた。
3) 張彦寧主編 (1988)『《大中小型工業企業劃分標準文件》資料匯編』企業管理出版社。
4) 陳乃醒主編 (2000)『中国中小企業 発展與預測 (1999)』民主與建設出版社, p.31。
5) 国務院全国工業普査領導小組弁公室・国家統計局工業交通物資統計司編 (1987)『中国工業経済統計資料』中国統計出版社, p.185。
6) 同上書, p.114。
7) 汪海波 (1998)『中華人民共和国工業経済史 (1949年10月〜1998年)』山西経済出版社, pp.459-460。
8) 汪海波 (1998) 同上書, p.461。
9) 正式には1981年に「城鎮非農業個体経済に関する若干の規定」として国務院から公布された。1〜2人の助手的技能者、3〜5人の見習いで最大7人という内訳になっている (陳乃醒主編 (2000) 前掲書, pp.34-35)。
10) 陳乃醒主編 (2000) 前掲書, pp.13-17。
11) 同上書, pp.3-12。
12) 張厚義他編 (2002)『中国私営企業発展報告 (2001)』社会科学文献出版社, p.12。
13) 陳乃醒主編 (2000) 前掲書, p.20。
14) 国家発展和改革委員会中小企業司編 (2005)『鼓励支持和引導非公有制経済発展相関政策法規』機械工業出版社, pp.13-18。
15) たとえば、先に述べた天津市の場合でも、集団所有制郷鎮企業の民営化が進み、郷鎮企業局の機能は農業委員会の下に吸収されており、中小企業局の設立準備が進展しているといわれている。
16) 遼寧省瀋陽市における中小企業管轄部門と所有制別企業管轄との統合過程については、拙稿 (2004)「遼寧省の市場経済発展と企業改革・中小企業―瀋陽の事例から」

仲田正機他編『東北アジアビジネス提携の展望―中小企業協力の課題を探る日中共同研究―』（文眞堂，小林元裕氏との共同執筆）を参照されたい。なお，中央レベルでは農業部郷鎮企業局の業務指導系列にある各地方レベルの郷鎮企業局と，国家発展と改革委員会中小企業司の業務指導系列にある地方レベルの中小企業管轄部門との統合には，人事管理面で複雑な問題を解決する必要があるようである。

17) 政策研究室によれば，温州における現下の政策課題は土地政策であるという。政策研究室の調査が，業界団体にも属さない膨大な数の零細業者の声をどこまで把握しているかは不明であるものの，ある零細企業経営者は「政府の政策には期待していない」としつつも，「もし政府が何かやってくれるとすれば」という問いに，「融資と土地取得環境の改善」をあげている（2003年9月5日J圧鋳造模具廠W廠長からの聞き取り）。

18) 本節の記述は，主に国家発展和改革委員会中小企業司における聞き取り（2003年9月2日）および全国人大常委会法制工作委員会（2002）『中華人民共和国中小企業促進法釈義』（中国法制出版社）による。

19) 中国の80余りの産業のうち，外資の参入が認められていたのが60余りであったのに対し，個体私営企業の参入が認められていたのは40余りであったという（陳乃醒主編（2002）『中国中小企業発展輿預測（2002～2003）』経済管理出版社，p. 3）。ただし，関連政策法規をみる限りでは，個体私営など非公有制企業の参入規制が明示されているというよりも，参入や当該部門への投資に行政許可が必要で，許認可制によって事実上，個体私営企業が排除されている場合が多いように思われる（国家発展和改革委員会中小企業司編（2005）前掲書参照）。

20) 売上げ，利潤に占める中小企業の比率は全国平均より低い。

21)「中小企業促進法」の成立に伴い，出版されたパンフレットには，中小企業促進法とともに，郷鎮企業法，パートナーシップ企業法，個人独資企業法が収録されている（『中華人民共和国中小企業促進法，中華人民共和国郷鎮企業法，中華人民共和国合伙企業法，中華人民共和国個人独資企業法』中国法制出版社，2002年6月）。中小企業促進法と郷鎮企業法との関連についての議論は同パンフレットp.29参照。

第1章【補論】

統計でみる中国・中小企業

国家発展と改革委員会が主管する月刊誌『中国中小企業』

第1章【補論】 統計でみる中国・中小企業

1 ようやくできた定義
―規模別区分の根拠について

　本論でも述べたとおり、中小企業の基準については、ごく最近まで、1988年の区分が基本的に用いられてきたが、2003年2月19日、改訂規模区分が公表された。従前の区分が、工業部門中心で、しかも生産能力や固定資産取得価格にもとづき細分化されたものであったのに対し、新区分は、7部門にわたり、従業員数、年間売上げ、総資産額の3基準（3基準は工業、建設業のみ）から規模をはかるものとなっている（表1－1参照）。

　中小企業司によれば、区分策定は、37カ国の区分を参照したとのことで、中国の企業統計のうちでもっとも整っている指標である年間売上げを、これらの国々で中小企業に区分される企業群の年間売上げに照らし、これに中国の雇用事情、労働生産性を加味して決定したという。この結果、全工業企業数に占める中小企業の比率は約99.1％となった。

　ただし、たとえば工業部門の従業員数2,000人以下が中小企業というこの区分基準は、他国と年間売上げを比較するうえで、昨今問題となっている為替レート換算の問題を含んでいる。加えて、規模の境目は、たとえば日本の場合、資本調達能力（直接金融の能力）を根拠に決まっているが、中国ではそれを諸外国の中小企業比率という外部要因で決めている。このことは、規模区分が、促進法でも謳っているはずの、競争上不利か否かという、中小企業の質的概念を必ずしも反映していないという問題をも含んでいるのである。

2 地域別中小企業の量的把握

　2003年2月の規模別区分の公表を受けて、『中国統計年鑑』2004年版には、新たな規模別区分にもとづく工業企業の統計が1級行政区別について記載された。表補1－1に示すように、2002年と比べると企業数が増加している一方で、新区分への移行により、大企業は4分の1以下の1,984社に激減し、中小企業比率が高まっている。

表補1-1　2003年工業企業規模別地域別状況

	大型		中型		小型		中小企業比率	
	企業数(社)	工業総生産額(当年価格:億元)	企業数(社)	工業総生産額(億元)	企業数(社)	工業総生産額(億元)	企業数(%)	工業生産額(%)
2002年	8,752	51,128.32	14,571	14,189.19	158,234	45,458.97	95.2	53.8
2003年	1,984	48,914.24	21,647	47,065.22	172,591	46,291.76	99.0	65.6
北京	44	1,493.24	407	1,257.17	3,568	1,059.96	98.9	60.8
天津	46	1,576.77	435	1,238.04	4,860	1,234.81	99.1	61.1
河北	101	2,047.72	917	1,818.35	6,905	1,842.69	98.7	64.1
山西	57	1,011.24	550	866.52	3,006	561.55	98.4	58.5
内蒙古	31	511.10	224	457.25	1,398	387.35	98.1	62.3
遼寧	95	3,040.87	715	1,645.16	6,032	1,426.93	98.6	50.3
吉林	31	1,613.13	314	607.49	1,939	441.64	98.6	39.4
黒龍江	49	1,976.16	330	497.64	2,188	436.18	98.1	32.1
上海	74	4,152.36	1,105	2,957.19	9,919	3,233.46	99.3	59.9
江蘇	207	5,141.52	2,448	6,226.07	21,207	6,669.16	99.1	71.5
浙江	122	2,300.14	2,227	4,903.18	23,177	5,660.92	99.5	82.1
安徽	59	1,081.98	494	884.08	3,605	643.96	98.6	58.5
福建	40	1,053.09	814	1,982.91	8,354	1,917.74	99.6	78.7
江西	25	583.14	301	440.26	2,725	448.93	99.2	60.4
山東	264	5,264.31	2,311	4,938.80	13,602	5,176.44	98.4	65.8
河南	111	1,823.47	908	1,537.34	8,072	2,004.84	98.8	66.0
湖北	66	1,410.17	637	1,181.87	5,568	1,438.07	98.9	65.0
湖南	56	892.36	478	719.20	5,433	999.90	99.1	65.8
広東	182	6,204.03	3,110	8,149.50	21,202	7,159.93	99.3	71.2
広西	25	370.13	374	604.86	2,472	461.44	99.1	74.2
海南	2	79.62	54	117.46	563	136.38	99.7	76.1
重慶	43	602.53	356	600.21	1,842	385.26	98.1	62.1
四川	68	1,226.13	775	1,169.78	4,605	991.51	98.8	63.8
貴州	23	317.62	201	367.89	1,905	292.13	98.9	67.5
雲南	26	615.37	339	583.88	1,630	357.93	98.7	60.5
西蔵	0	0.00	12	9.80	313	11.59	100.0	100.0
陝西	63	915.51	357	610.18	2,073	353.57	97.5	51.3
甘粛	30	641.31	153	259.49	2,701	246.71	99.0	44.1
青海	9	143.00	47	62.53	344	42.37	97.8	42.3
寧夏	14	158.12	83	126.04	321	68.65	96.7	55.2
新疆	21	668.30	171	245.08	1,062	199.76	98.3	40.0

(出所) 国家統計局編 (2004)『中国統計年鑑』中国統計出版社 2004年版、p.517。

第1章【補論】 統計でみる中国・中小企業

ただし，中国の統計上の制約があり，公表された統計では，国有企業と年間売上げ500万元（日本円で約6,500万円）以上の企業しか捕捉されていない。たとえば農村には工業部門だけでも627万の経営体が存在している（2002年）が，そのほとんどが年間売上げ500万元未満で，中小企業としては捕捉されていない。年間売上げ500万元未満の零細企業群は，「集団所有制企業」，「私営企業」（被雇用者8人以上）ならびに「個人営業」（個体工商業戸＝被雇用者7人以下）という所有制別統計には反映されるが，零細企業群として統一的に統計を把握することが，現行の統計制度では困難である。このような制約を伴う統計であるが，この統計から，中小企業重視の意味を確認しておきたい。

中小企業比率をそれぞれの行政区における生産額構成比と企業数構成比について算出してみると，私営企業や外資など非国有企業の発展が著しいとされる地域で中小企業比率が高く，中小企業比率の高い地域のなかでも広東・江蘇・浙江は年間売上げ500万元以上の企業数自体が多く，大企業の数でもそれぞれ2位，3位，4位であり，これらの地域では工業生産そのものが活発である。

図補1-1は，中小工業企業の生産額が工業生産額に占める割合と，中国政府

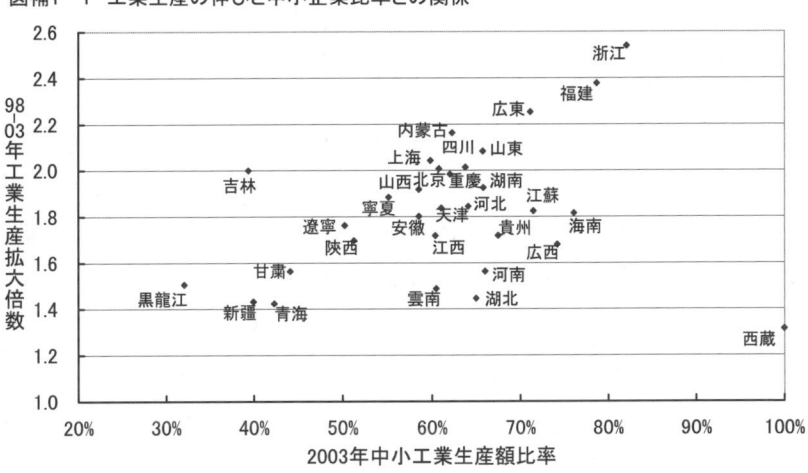

図補1-1 工業生産の伸びと中小企業比率との関係

(出所) 国家統計局編『中国統計年鑑』中国統計出版社, 2000年版, p.410, 2003年版, p.62, 2004年版, p.60, p.514, p.517。

が中小企業振興を本格化させた1990年代末からの5年間の工業生産の拡大倍数（2003年の工業総生産額／1998年の工業総生産額）を，31の1級行政区について散布図にあらわしたものである。

　大企業が1社もなく分布から大きく外れた西蔵を除けば，プロットの形状からは，中小企業比率が高いほど，1級行政区単位での工業生産の伸びが大きい傾向があることが読み取れる。
　試みに，この工業総生産額に占める中小企業比率（2003年）と工業生産拡大倍数との関係を回帰式で書いてみると以下のようになった（括弧内の数字はt値）。

●中小企業比率と工業生産拡大倍数との関係
$$Y = 1.060 + 1.300 X$$
$$(4.734) \quad (3.566)$$
$$R = 0.5588 \quad 調整済 R^2 = 0.2877$$

（X：2003年の中小工業生産額比率　Y：2003年の工業総生産額／1998年の工業総生産額　n＝30：西蔵を除く1級行政区）

　中小企業と所有制との関係については，非公有制企業とは重なりが大きいと考えられる。また，産業部門との関係については，中小企業の細かい工業部門構成データが現段階では得られないが，小資本での参入が相対的に容易であるという漠然とした想定から，中小工業生産額比率と軽工業生産額比率は正比例関係にあると想定した。試みに，西蔵を除いた30行政区の2003年のデータから計算した相関係数は，中小工業生産額比率と非公有制工業生産額比率との間で0.745，同じく軽工業生産額比率との間で0.802，非公有制工業生産額比率と軽工業生産額比率との間で0.641となっている。
　そこで，工業総生産額に対する非公有制工業生産額比率ならびに軽工業生産額比率についても，同様に下記のように計測した。

第1章【補論】 統計でみる中国・中小企業

●非公有制比率と工業生産拡大倍数との関係

$$Y = 1.361 + 1.183 X$$
$$(16.721) \quad (6.459)$$
$$R = 0.7736 \quad 調整済 R^2 = 0.5841$$

（X：2003年の非公有制＝国有と集団所有を除く工業生産額比率　Y：2003年の工業総生産額／1998年の工業総生産額　n＝30：西蔵を除く1級行政区）

●軽工業生産額比率と工業生産拡大倍数との関係

$$Y = 1.483 + 1.204 X$$
$$(11.572) \quad (2.998)$$
$$R = 0.4930 \quad 調整済 R^2 = 0.2160$$

（X：2003年の軽工業工業生産額比率　Y：2003年の工業総生産額／1998年の工業総生産額　n＝30：西蔵を除く1級行政区）

　これらの計測結果（t値はいずれも1％有意）を比較してみると，Xの係数をみる限りでは，中小工業比率が工業生産の拡大にもっとも大きな影響をもつことが看取できるが，計測の説明力（R^2）からみると，非公有制工業比率のほうが大きいこともみてとれる。中国の体制移行が公有制から非公有制への転換を内容としていることは，第1章本論でも述べたとおりである。また，中小企業白書は，中小企業を「成長のポイント」と位置付けたが，この計測結果は，各地域の経済振興にとって，中小企業というよりも，むしろ非公有制への転換と振興が，現段階では，より普遍的な課題となっていることも示唆しよう。中小企業振興はあくまでも，非公有制企業振興の基礎のうえに展開されるものなのである。

　ただし，こうした計測結果は，中国の体制移行と経済成長の議論を所有制に集束させてしまう可能性も含んでいるが，非公有制の企業群がなにゆえに急激な発展を遂げることができたのかを分析するには，この点の検討だけでは不十分だと考えている。本書を通じて主張したい点もここにあるといってよい。

第2章

郷鎮企業が村を変えた

―天津郊外村にみる村営企業の役割と地域変容

造花工場が村の発展を支えた
（天津郊外農村の造花工場内）

農村で作られた造花が日本にも
輸出されている（天津郊外農村）

第2章 郷鎮企業が村を変えた

はじめに

　1980年代から90年代前半に至るまで「郷鎮企業」とよばれる農村企業体が，中国農村の産業構造を劇的に変え，国民経済の成長と市場経済の創出に貢献してきた。なかでも郷鎮・村のイニシアティブによって設立された集団所有制企業が，生産額や雇用の面で大きなシェアをもってきた。ところが，90年代半ば以降，市場化と競争の激化につれて，集団所有制形態による発展に限界があらわれ，所有権の変更を伴う改革が全国的に実施されるに至っており，市場化と競争の激化が地域経済の発展メカニズムの変容をもたらしている。

　本章では，固有の制度的枠組みの条件下にある地域経済の発展メカニズム，とくに地域の蓄積・分配メカニズムが，市場化の過程でどのように変化しつつあるのか，またそれは何を意味しているのかといった点を，1990年以来複数回（各複数日）の調査機会をもった天津市郊外村の事例を通じて論じる[1]。事例村は，集団所有制（村営）企業の設立を手段として，村の総資金の蓄積と分配をコントロールしつつ，戸籍制度により移住が制限された村民の雇用・所得・福祉の向上をはかる「地域内総所得最大化」のメカニズムを有してきた。しかし，中国経済の市場化過程で，市場環境の変化や村の内外の「個別企業の利潤最大化」メカニズムとの直接・間接の競争に直面し，村内の蓄積・分配メカニズムは，集団所有制（村営）企業を基軸とし，村を資源配分主体とするものから，非集団所有化・個別化しつつあるのである。

1　事例地域の概要
——地理的条件と歴史ならびに基底的条件

　中国において，都市と農村とは行政区画によって地理的に区分されている。天津市の場合，全域が都市部となる中心6区と，都市部と農村部とを包摂する海浜3区，郊外4区，周辺1区4県とから成る。後者の下には行政区画として，街道（都市部）と郷・鎮（農村部）があり，郷・鎮の下に行政村が置かれている。したがってこの郷・鎮—村の地域が主として農村部となる。

以下ではまず調査村の属する鎮と調査村の概要について述べる。

（１） J鎮の概要と発展簡史

　J鎮は天津市中心区部の周囲に位置する郊外区の１つにある。同鎮は2001年現在，19の村から構成され，面積は106平方km，戸籍人口は５万5,000人余り，外来人口が約２万人である。社会総生産額（各生産経営体の粗売上額の合計に近似）は25億元，うち農業が7,430万元，工業が12.08億元を占める。鉄道沿線に位置する村では引込み線を敷設し，倉庫業を営むところもあり，これが社会総生産額のうち1.63億元を占める。農業は水稲，トウモロコシ，高粱など食糧生産を主としてきたが，近年ではビニールハウス野菜栽培，畜産，養殖業などが発展している。

　同鎮は唐代から軍需食糧の集散地となり，清末・民国初以降，稲作耕地の開墾が進展して，1930年代末からは日本軍の華北統治のための食糧供給地となった。日本の敗戦・撤退後，国共内戦を経て，1948年12月，同鎮の地域は「解放」（共産党の支配下に入ること）された。58年８月に人民公社が成立した後，若干の行政区画変更を経て元の区分に回帰し，83年４月，人民公社制度が改革されて郷に，さらに翌84年３月，鎮となった[2]。そして83年から84年初めにかけて集団農業経営制度が改訂され，農家単位の生産請負制が実施された。請負制実施と並行して，食糧生産一本槍の作付け規制も緩和された。

　J鎮では人民公社設立以後，「社隊企業」とよばれる農村企業体の設立が始まった。その契機は，1950年代末の大躍進政策の失敗と３年連続の自然災害とが重なって，農村労働力の過剰が著しくなり，農民が生活のために工業・副業生産に従事したことにあったという。その後1963年には自然災害に遭った農村を支援するため，都市部から一部の加工生産任務が移転された。この時，都市部の技術者が農村に派遣され，社隊企業の技術的基盤を形成した。とはいえ，65年段階では同鎮の社隊企業は「生産大隊」経営企業が７つ，「生産隊」経営企業が９つ存在するに止まり，従業員数は合計してわずか130人であった[3]。また，60年代に毛沢東が農業機械化をよびかけたことから，トラクターが一部

の大隊に導入され，60年代末には国営であったトラクターや農機具の管理が人民公社に移管された。さらに国有企業による農業機械の生産も発展した。こうしたことに対応し，農機具修理・下請加工工場も設立された。ただし，75年の段階では鎮内の社隊企業はわずか18社で，従業員数は，なお同鎮の労働人口の10％余りにすぎなかった[4]。

　J鎮において農村企業体が発展したのは全国的状況と同様，1980年代以降である。人民公社制度の改革と重なるように1984年に社隊企業は「郷鎮企業」と改称され，その包摂範囲を拡大した。80年代から90年に至るまで郷鎮工業企業は33社から149社に増加し，労働人口に占める従業員数比率は80年代の25％から90年代には50％以上に高まった。

　同鎮では従来，鎮営・村営の集団所有制経済を中心としてきたが，近年では個人経営・私営セクターの発展が著しい。1991年から2001年にかけて，全鎮の社会総生産額が名目値で4倍弱に拡大したのに対し，個人経営・私営セクターの生産額は40倍（8億元）になっている。また，集団所有制経済の改革も進展している。鎮内約800社のうち，鎮営・村営の集団所有制の工業企業は120社で，このうち90社がリースや資産売却（部分売却を含む），社区成員による分有制の導入により，従来の鎮・村の直営から転換している[5]。

（2）M村の概要と簡史

　M村は，天津市郊外区J鎮にある19村の1つで，天津市の都市中心部から車で約1時間，鎮人民政府所在地からも車で10分たらずのところにある。

　M村の歴史は，民国の初め頃，軍閥が荒地を稲作地として開墾したことから始まる。その後1940年に日本の企業が農場を開いて小作農家を募集し，集まった農民が定住して村落が形成された。この村落が48年冬，共産党によって解放され，農場の名前をとってM村となった。56年の農業合作社化，58年の人民公社化（J人民公社M大隊）を経て，84年4月，再びM村に戻って現在に至る[6]。

　村の総面積は2000年末現在4,000畝（約267ha），人口は2,307人である。大都市近郊ならびに沿海地域の立地条件を生かして工業化に成功したが，1990年代

半ば以降，発展形態の転換期を迎えている。2000年現在，労働力1,075人の90％以上が非農業部門に就業しており，その過半は村営工業部門に就業している。住民1人当たり所得水準は，鎮内19村の上位3分の1に位置する[7]。

（3）農村発展メカニズムの規定要因

　中国農村の企業と地域経済との連関を考える場合，最小かつ最重要な単位は村である。それは，戸籍制度による移住制限と財政的自立という制度枠組みが，いずれも村レベルを基礎として存在してきたからである。

　1958年に戸籍制度が実施されて以来，農民は生まれた生産大隊（＝後の行政村）を離れて移住することが著しく制限されてきた。これは生産力水準の低い中国において，計画経済の下で重工業建設を急速に遂行するために不可欠な制度であった[8]。改革開放以後，地域間で労働需要に顕著な差異が生じたことと農業生産力が向上したことを受けて，移住制限は大きく緩和されているが，基本的には戸籍制度は存続している。

　図2－1は聞き取りをもとに，J鎮とM村の位置付けならびに相互の関係を簡略化して示したものである。鎮は国家機関の末端として人民政府が設置され，幹部らは公務員としての処遇を受ける。調査のなかで唯一数値が得られた1991年のJ鎮の財政収入状況によると，鎮財政は国家財政の末端として，一般会計支出の約半分が鎮の上級に位置する区から交付されている。支出の残りは税金への上乗せ徴収と鎮営企業からの利潤上納金で賄っているが，鎮営企業の利潤上納の財政収入に占める割合は5％にも満たない。

　一方，行政村の幹部は公務員ではなく，「農村基層自治組織」の指導者にすぎない。J鎮とM村との間には，財政資金面での関係が存在しておらず，M村は域内建設・公共サービスのための諸経費を自らで賄わなければならなかったのである。また，鎮と行政村との間には人事上の関係もほとんどなく，党や行政の「指導」という関係で結ばれているだけである[9]。なお，人民公社時代から現在に至るまで，公社＝郷鎮レベルと大隊＝村レベルとの資金的関係は，他の地域においても基本的にJ鎮とM村との関係と類似したものであったよう

第2章　郷鎮企業が村を変えた

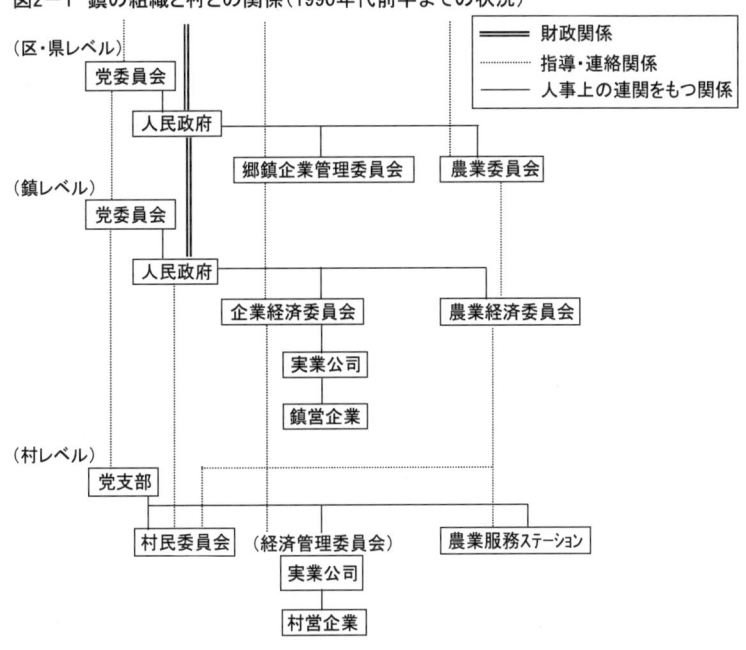

図2-1　鎮の組織と村との関係（1990年代前半までの状況）

（区・県レベル）
- 党委員会
- 人民政府

（鎮レベル）
- 党委員会
- 人民政府
- 郷鎮企業管理委員会
- 農業委員会
- 企業経済委員会
- 農業経済委員会
- 実業公司
- 鎮営企業

（村レベル）
- 党支部
- 村民委員会（経済管理委員会）
- 農業服務ステーション
- 実業公司
- 村営企業

凡例：
══ 財政関係
⋯⋯ 指導・連絡関係
── 人事上の連関をもつ関係

（出所）郊外区，J鎮，M村における聞き取りにより作成。

である。

　したがって，村レベルでは，財源は生産大隊時代であれば集団蓄積金に，人民公社制度改革以後であれば，農民に対する賦課金か，あるいは村営事業の利潤上納（ないし利潤配当）に求めるほかなかったのである。

　このような事情は，村の指導層の重点任務を，上から下りてくる政治関連の指令や農業生産指標を達成することから，企業設立による財政資金の調達へと変えることになった。そして，戸籍制度により移住を制限された村民の雇用・所得・福祉水準の向上も主要課題となった。村の指導層自身も戸籍の制約を受けており，他の村民と共通の関心をもち，村の経済建設を牽引して，公共サービスの財源を自己調達しなければならなかったのである。一方で，こうした課題にこたえることができれば，指導者としての地位（ならびに集団資産の事実上の処分権）を維持でき，名声が得られた。逆に，経済発展を導けない指導層は

その地位にとどまることができなかった。

　図2-2は、1978年から93年までの村民平均所得の拡大率と指導層（資料の制約により党支部書記と村民委員会主任のみ）の交替状況（人数）との関連をみたものである。党支部書記と村民委員会主任の両方を経験している場合、あるいは時期をおいていずれかに再任されている場合には、いずれも重複を省いて数えている。この図からは、所得水準の急速な向上を実現している村では、相対的に後れをとっている村に比して指導層の交替が少ないことがうかがわれる[10]。

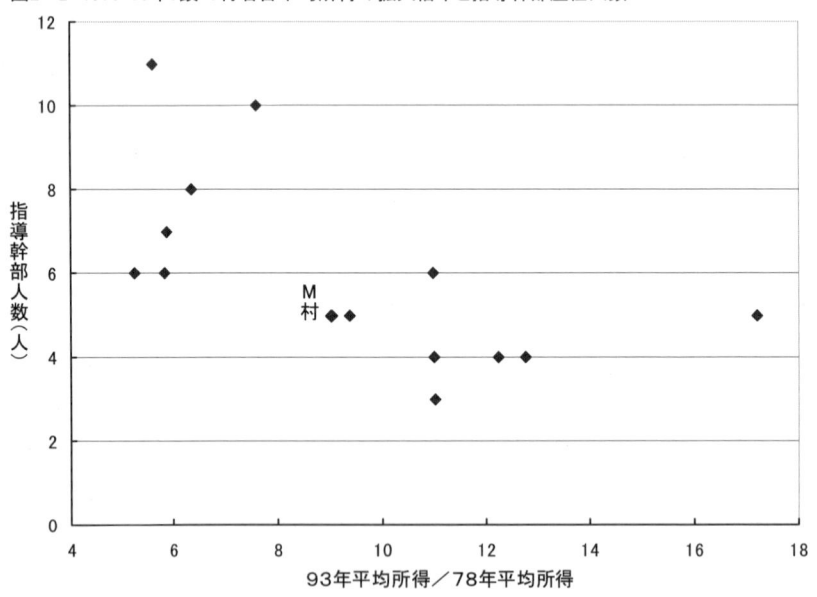

図2-2　1978-93年J鎮16村名目平均所得の拡大倍率と指導幹部歴任人数

（注）1978-93年の指導幹部の欄は、指導幹部の在任期間が78年で終わっている者を含まない。
　　　M村のプロット部分には同村を含めて3村のプロットが重なっている。

　以上みてきたように1980年代以降、党中央ならびに中央政府の農村政策が変更されると、各行政村の指導層は、戸籍制度で移住を制限された村民の雇用・所得・福祉水準の向上と財源創出のため、村営企業の設立に積極的に取り組むようになり、また村民もその発展に強い関心を寄せてきたのである。それゆえ地域的特性の差異はあるものの、全国的状況をみても、村レベルの企業体は企

業数で郷鎮レベルのそれを圧倒，雇用・生産額においても拮抗してきたのである。J鎮は，人民公社の時代から主として現在の村に相当するレベル（生産大隊）で企業体が運営されてきたという点で，村営主体という特徴をより強く有する地域であるといえる[11]。

2 ｜ M村の基本状況

本節では，村営企業の動向を中心とする産業構造の変化を検討する次節に先立ち，村の組織構造とその変化ならびに人口動向を紹介し，次いで人民公社期にはカナメと位置付けられ，村の経済の説明変数であった農業部門が，非農業部門の従属変数に転換していくプロセスについて論ずる。

（1）組織構造とその変化

1983年から84年にかけてJ鎮では人民公社の「政社分離」が実施され，J人民公社M大隊はJ鎮M村となった。

生産大隊期には，大隊長が一般行政と経済活動の管理を一元的に行なっていたが，人民公社の「政社分離」以後，一般行政と経済活動の管理とが分離された。M村では「共産党支部」を頂点に，行政を司る「村民委員会」，新規企業の設立と既存企業の管理を行なう「M実業公司」（以下，実業公司），農業生産を支援する「農業服務ステーション」（機能については後述）という3つの部門を擁する組織構造が形成された（図2-3）。人事面では党と行政部門ならびに経済部門とは相当の重複がある。実業公司の総経理（社長に相当）は党支部副書記が兼任し，実業公司の意思決定は，実業公司総経理のほか党支部書記，村会計，実業公司傘下企業の責任者（工場長）から構成される「経済管理委員会」において行われていた。

しかし，2000年前後に，この組織構造に若干変化が生じた。実業公司は従来いわば投資会社で，村の事業会計部分を構成し，村営企業の設立と運営によって，村の集団所有制経済を発展させる主体であった。ところが，後述するよう

図2−3　組織機構図

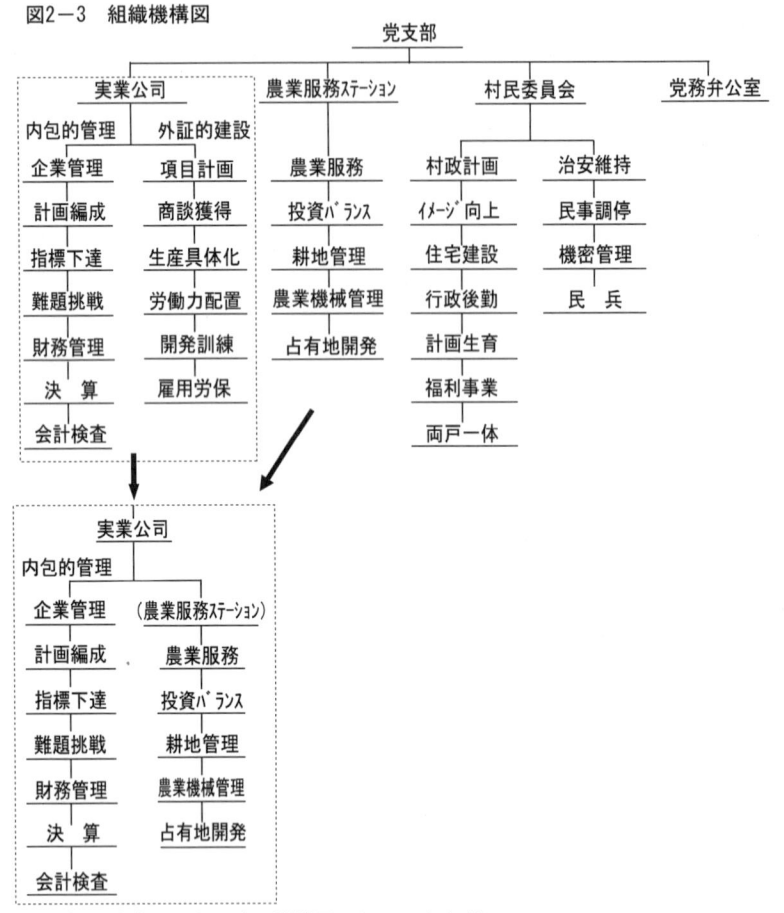

```
                        党支部
    ┌──────────┬─────────┬────────┬────────┐
  実業公司    農業服務ステーション  村民委員会   党務弁公室
┌────┬────┐      │        ┌────┬────┐
内包的管理 外証的建設   農業服務    村政計画  治安維持
企業管理  項目計画    投資バランス  イメージ向上 民事調停
計画編成  商談獲得    耕地管理    住宅建設  機密管理
指標下達  生産具体化   農業機械管理  行政後勤  民　兵
難題挑戦  労働力配置   占有地開発   計画生育
財務管理  開発訓練             福利事業
決　算   雇用労保             両戸一体
会計検査
```

```
            実業公司
      ┌──────┴──────┐
    内包的管理
   ┌────┬─────(農業服務ステーション)
   企業管理   農業服務
   計画編成   投資バランス
   指標下達   耕地管理
   難題挑戦   農業機械管理
   財務管理   占有地開発
   決　算
   会計検査
```

（出所）M実業公司弁公室の機構図による。一部加筆。

な状況変化により，現在では村営企業を設立する予定はなく，むしろ投資会社としての役割から撤退する方向にある。また，実業公司はかつて企業部門のみを管轄していたが，現在では農業服務ステーションの機能を吸収し，企業と農業の2部門をともに管轄するようになった。実業公司の企業部門の責任者は現在，村民委員会副主任が務めている。また，2001年11月時点では実業公司経理を党支部書記が兼任しており，「経済管理委員会」と実業公司とは事実上，看

板を二枚掲げただけの同一組織になっており，党行政スタッフによる経済部門の兼職が依然として著しい。

　これは党支部委員が村の重要なポストを押さえるという意味のほかに，少なくとも初期段階では村の人的資源の薄さを示していたと思われる。このためM村では，特定の人物への依存を強めると同時に，指導層の連続性と安定が図られてきた。指導層の連続性と安定は，村の対外関係にとっても重要であった。

　M村はJ鎮で唯一，1978年以降，2001年まで党支部書記の交替がなく（村民委主任は4人が歴任），1人の人物が党支部書記を務めてきた。人民公社時代の状況は不明な点が多いが，カギとなる指導者を辿ると次のようになる。

　まず，土地改革の時期から村党支部委員の地位にあったL.Q氏が，1961年から87年まで党支部書記や生産大隊長，村民委員会主任などを務めてきた。そして調査時点で党支部書記であったW.H氏は60年代にL氏の下で生産大隊長を務め，76年以後一貫して党支部書記の職にあった。W氏は非農業関連の実務や渉外に長じていたとみられ，L氏は当時若手だったW氏を抜擢した。なお，L氏は農業関連労働に長じていたため，退職年齢の60歳を超えてもW氏らによって，農業服務ステーションの責任者を任されていた。さらにW氏は生産大隊企業で業務員を務めていた若手のG.H氏をボイラー工場の工場長に抜擢し，実業公司成立時には，党の指導部（副書記）に加えて実業公司総経理に起用し，村の経済建設を進めてきた。

　このようにM村では，指導幹部の長期的安定が図られているとともに，政治・農業重視の時期と経済発展・工業化が求められる時期に，限られた人的資源のなかから，それぞれ対応する人物を指導部に取り込み，適切な人事配置を行なうことで，外部環境の変化に対応してきたのである。

（2）人口動向

　人口の推移は表2-1に示した。戸籍人口は1994年の2,490人をピークに減少傾向にあり，2000年の人口は80年代前半の水準である。その一方，世帯数は78年から99年まで一貫して増加傾向にあり，2000年の世帯数は前年より若干減少

しているものの，78年の約1.7倍に拡大している。世帯数の増加は複数世代同居の減少を表している。

人口減少の要因の1つは，国策として行われている産児制限（一人っ子政策）の結果であるとのことだが，加えて人口の流出が発生しているようである。同村は子女の教育に力を入れている村の1つで，大学進学者も輩出しており，高等教育を受けた者が村外に就職し，戸籍を移転したことも，人口減少の一要因となっている。人口の減少は労働力の減少をももたらしている。

表2-1　戸数，人口，就業

年	戸数	総人口(人)	:男	:女	労働力(人)	:男	:女	農業(人)	工業・運輸工業(人)	建築業(人)	商業(人)	その他(人)	外来労働力(人)
1978	444	2,329	1,147	1,182	1,152	594	558	974	169	n.a	6	3	0	0
1979	481	2,264	1,153	1,111	1,178	641	537	963	208	n.a	4	3	0	0
1980	476	2,221	1,124	1,097	1,158	626	532	781	364	n.a	9	4	0	0
1981	506	2,222	1,128	1,094	1,210	658	552	697	494	n.a	15	4	0	0
1982	533	2,259	1,130	1,129	1,273	681	592	823	440	n.a	7	3	0	0
1983	533	2,276	1,141	1,135	1,341	725	616	642	662	n.a	24	13	0	0
1984	536	2,251	1,138	1,113	1,362	700	662	446	700	n.a	204	12	0	0
1985	568	2,373	1,188	1,185	1,389	705	684	504	749	n.a	126	10	0	0
1986	570	2,393	1,196	1,197	1,389	704	685	475	776	n.a	123	15	0	0
1987	580	2,400	1,202	1,198	1,380	710	670	477	781	n.a	107	15	0	0
1988	586	2,347	1,178	1,169	1,178	603	575	187	761	n.a	48	20	162	0
1989	621	2,290	1,147	1,143	1,118	605	513	170	880	n.a	30	21	17	0
1990	650	2,360	1,175	1,185	1,134	560	574	145	930	n.a	34	17	8	40+
1991	653	2,363	1,177	1,186	1,215	612	599	91	1,020	n.a	24	15	65	160-170
1992	n.a	2,385	1,185	1,200	1,197	609	588	84	1,082	n.a	6	12	13	200
1993	n.a	2,402	1,169	1,233	1,177	597	580	120	1,033	n.a	0	14	10	310
1998	770	2,377	n.a	n.a	1,066	n.a	n.a	50	833	794	11	18	154	n.a
1999	784	2,380	n.a	n.a	1,055	545	510	42	812	778	13	20	168	n.a
2000	750	2,307	n.a	n.a	1,075	n.a	n.a	72	580	526	12	28	383	0

（注）外来労働力は村営企業就業者のみで総人口には含まれない。1987年までは男女とも満16歳以上を全て労働人口に含めてきたが，88年から男子は満16歳〜60歳，女子は満16歳〜55歳までを労働人口とし，それ以上の年齢の者を労働統計から除いている。1994〜97年については得られた数字が限られているため欄を省略した。
（出所）M村における聞き取りにより作成。

（3）農業生産と農業制度

人民公社時代の農村の基本的任務は農業生産であり，とりわけ食糧の増産がカナメとされた。また人民公社制度の改革の後も，1990年代に至るまで，食糧生産は国家レベルの最重要課題であったのである。こうした方針は当然，工業化によって雇用と所得の水準を高めようとする末端農村においても，貫徹すべき課題であった。しかし，M村では農業の重要性は低下の一途を辿り，村の経済にとって農業部門は，説明変数から従属変数へとその位置付けを変えていった。

農業の位置付けの変化は，調査訪問のたびに指導層による把握度が低下していたことに端的にあらわれている。最後に幹部に対して行なった聞き取りでは耕地面積すら得ることができなかった[12]。これまで得ることができた農業関連統計は表2−2に示したとおりである。

表2−2　農業生産関連　（1畝＝6.67a，1斤＝0.5kg）

年	土地面積 （畝）	耕地面積 （畝）	食糧作付 （畝）	食糧生産量 （斤）	単収 （斤/畝）	化学肥料 投入（斤）
1978	5,116	4,276	4,136	2,208,840	534.1	n.a
1979	5,116	4,276	4,136	2,555,420	617.8	n.a
1980	5,116	4,276	4,136	2,198,018	531.4	n.a
1981	5,116	4,258	4,136	2,604,540	629.7	n.a
1982	5,116	4,096	4,096	1,990,427	485.9	n.a
1983	5,116	4,096	4,096	2,076,736	507.0	n.a
1984	5,116	4,096	4,096	1,860,300	454.2	n.a
1985	5,116	4,096	4,096	2,499,520	610.2	200,000
1986	5,116	4,096	4,096	2,501,000	610.6	200,000
1987	5,116	4,096	4,096	2,511,000	613.0	180,000
1988	5,116	4,096	4,096	2,654,960	648.2	155,000
1989	4,921	3,901	3,901	2,775,600	711.5	150,000
1990	4,921	3,901	3,901	2,784,000	713.7	220,000
1991	4,921	3,901	3,901	2,124,000	544.5	320,000
1992	4,921	3,901	3,901	2,955,600	757.7	n.a
1993	4,921	3,901	3,901	2,790,600	715.4	n.a
2000	4,000	n.a	n.a	n.a	n.a	n.a
2001	4,000	n.a	n.a	n.a	n.a	n.a

（注）土地面積の減少は道路建設および鉄道建設のための収用による。
　　　1994〜99年については数値が得られなかったため，欄を省略している。
（出所）M村における聞き取りにより作成。

J鎮では1983年末に集団農業が終止符を打ち，請負制に移行した。M村では人民公社期には12〜13の生産隊によって集団的に農業生産に従事してきたが，83年にまず生産隊を単位として生産高連動請負制が導入された。84年には生産隊が解体され，耕地は国家買い付け食糧を生産する「責任田」と自給分の生産を行なう「口糧田」とに区分された。「口糧田」は1人1畝（＝6.67a）ずつ村民全員に配分された。「責任田」は10畝を単位とし，農業専業農民がこれを請け負った。どの耕地を請け負うかはくじ引きで決定された。当初の責任田の請負契約は5年であったこと，人口の変動があったことから，89年に，これもくじ引きで耕地の割り替えを実施している。その後割り替えは行なわれていないようである。

　また1983年から84年にかけて，集団所有の一部の農業機械が農民に譲渡され，集団の固定資産額が減少している。

　農業生産が農家単位で行われるようになったことに対応して，集団的取り組みを必要とする水利建設，生産財供給などの機能を維持するため，上記の農業サービスステーションが1984年に設立された。これは化学肥料，種子，農薬その他農業生産財の供給の仲介，余剰農産物の販売斡旋，農業機械のオペレーションや水利・灌漑施設の保守管理を行なうものである。

　この地域はアルカリ土壌で綿花を除いては経済作物の生産にはあまり適さず，もっぱら食糧生産を行なってきた。このため「口糧田」では主に自給用の水稲を生産し，「責任田」では当初トウモロコシ，高粱，小麦などを生産し，責任田耕作者が国家買い付け任務の80トンを国家に販売していた。この村では後に灌漑水利を整備し，水田を拡大した。責任田の買い付け任務を上回る生産部分ならびに口糧田の自給を超える部分は，割増価格で国に買い取ってもらうことができた。自由市場で販売することも可能であったが，大量の食糧を換金するには，国家の買い付けに応じたほうが確実であった。また，買い付け任務達成後の高粱は，醸造工場が直接買い付けに来ていたという。なお，農業サービスステーションが仲介して異なる作物を生産している他の村との間で農作物のバーターも行なっていたという。

第2章 郷鎮企業が村を変えた

　中国全体の状況では，請負制の導入によって食糧生産量は飛躍的に増加した。ところが，M村では請負制の導入によって直ちに食糧の増産が実現したわけではなかった。むしろ農家単位請負制に移行した1984年に虫害に見舞われ，食糧生産は落ち込んでいる。84年といえば，農家単位請負制が全国的に普及し，食糧生産が史上初めて4億トンを上回った年である。虫害そのものは本来防御しうるものであったという。虫害が防げなかった原因の1つに，村の幹部は集団農業経営から農家単位経営への移行初年で，個別農家と集団との役割分担がうまくできていなかったことをあげた。また，国による食糧買い付け価格が大きく引き上げられたにもかかわらず，農民の関心は，過去と現在の農業所得の比較ではなく，農業所得と村営企業の賃金との格差にあった。村営企業の賃金水準が専業農業所得を上回っていたため，84年には早くも「責任田」耕作農民の意欲に影響が出ていたという。そこでこれを契機に，村営企業の上納利潤の一部を責任田耕作農民に再分配する所得補塡制度（「以工補農」）が生まれた。

　図2-4に示すように1980年代初頭までは食糧生産と総収入（村の総生産額に近似）とは類似した変動を示しており，それ以前についても食糧生産がこの村の所得水準を左右していたことが推察できる。しかし，80年代前半には早くも総

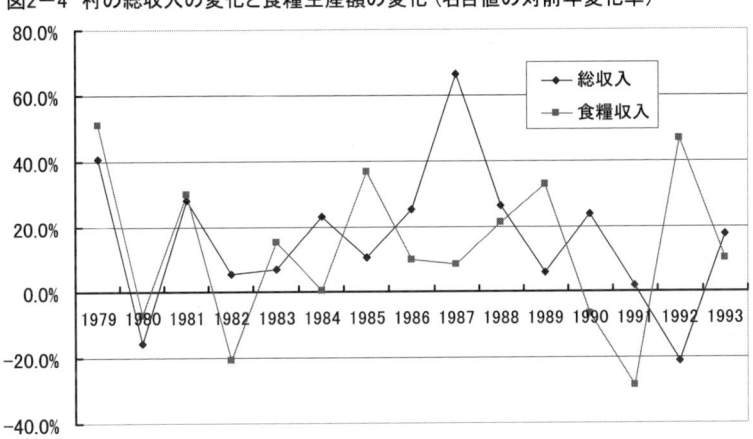

図2-4　村の総収入の変化と食糧生産額の変化（名目値の対前年変化率）

（注）食糧生産収入は自給分も含め，便宜的に食糧生産量×買い付け価格で算出。
（出所）M村における聞き取りにより作成。食糧買い付け価格は『天津統計年鑑』中国統計出版社，各年版による。

収入の変化は食糧生産との連関を失っており，村の経済発展にとって農業生産は主要な手段ではなくなっていることが読み取れる。

このような農業の位置付けの変化を受けて，責任田耕作農民に対する所得補塡の方法も改定されている。1990年までは，国家買い付け任務を担う「責任田」耕作農民に対し，1畝当たり40元の補助金が村営企業の上納金から支払われていた（「以工補農」）が，村営企業の雇用吸収力が拡大した1990年代初めに，所得補塡方法は責任田耕作の経営規模拡大とリンクする形で変更された。

すなわち請負規模を40畝以上に拡大し，食糧の国家買い付け分について1斤（0.5kg）当たり0.25元を補塡する方法に変更されたのである。この変更では，専業農家の請負単位面積である10畝（66.7a）の請負いでは，補塡額は減少することになる。1980年末の時点で責任田耕作者140人のほとんどが45歳から60歳の男子農民であり，これが91年には87人に減少していた。若年者はもともと農業を嫌い，村営企業などへの就業を希望していたが，80年代半ば以降，村営企業など非農業部門の発展によって若年層は非農業部門への就業を実現した。そこで責任田の耕作をより少数の農民で担わなければならなくなったのである。90年代初頭の農業所得補塡制度の改定は，そうした経営規模拡大の事情とともに，村としては，より村の経済成長を実現すべく，いわば農業維持費ともいえる農業所得補塡を減らすことを狙ったものと理解できる。

また，1983, 84年の人民公社制度と農業制度の改革の際，小型農業機械が農民に譲渡されたものの，大型農業機械については農業サービスステーションが保有し，ステーションによるオペレーションが行なわれていたが，農業所得補塡制度の改定と並行するように，大型農業機械についても農家が自ら保有する方向に転換された。農業については担い手の高齢化という問題を孕みつつも，一方では自立経営を目指す方向が打ち出されたのであった。

なお，その後の断片的な聞き取りによれば，農業専業農家に対する所得補助金はなくなっており[13]，工業化により経済発展を志向してきたこの村において，農業への関心は確実に低下している。

さらに，この地域の農業生産に対して，水不足が近年深刻な影響をもたらし

ている。華北地域はかねてより，水が大きな資源制約となってきた。天津は優良な米（小站米）がとれる地域であったが，この村でも水不足のため，全面的に水稲を生産するに至らず，乾田作物を植えてきた。近年になって水不足はさらに顕著になり，この村では水稲の作付けが2000年からゼロになったのである。そこでこの村では水稲生産をトウモロコシ，高粱のほか，大豆，綿花，畜産，野菜などにシフトさせている。

　上述のように，この村では各農民が自給用の耕地を保有し，そのほかに農業専業農民は経営用耕地を請け負っているが，近年，村民のなかには自給用の耕地も村内の農民に融通し，自らは直接耕作しなくなっている者も多いという。村営企業の雇用が拡大した1980年代後半（1987年頃）からすでに非農業労働で多忙な農民のなかには，農繁期に口糧田の農作業を安徽省など外地から流入してくる農民に任せる者も出てきていたのである。

　1990年代後半の生産力の向上と流通の発達により，農民であっても食糧を自ら生産することなく購入することが可能になっており，自給用耕地「口糧田」は農民にとって「保険」としての意味が相対的に重くなっている。また，これまでの食糧生産により村内各農家は2年程度の備蓄食糧を保有しているという[14]。

3 村の産業構造の変遷と企業設立

　前節で確認した農業の位置付けの変化は，村営企業の発展によって引き起こされたものである。そこで以下では，現地での聞き取りと入手した資料をもとに，村営企業（生産大隊企業）の発展状況を中心に据えつつ，村の産業構造と就業構造の変化について検討する。

（1）第1段階（1984年まで）：生産大隊から戸別農業への転換

1-1 企業設立

　M村の企業経営は，生産大隊時代に始まる。人民公社時代（1983年まで）の企業展開については資料が不足しており，あまり明らかでない。聞き取り結果

から分かっているのは、1978年から83年の間に最初の生産大隊企業がボイラー工場に転換され、その製品であるボイラーやスチームの据え付けに従事する「据え付け隊」が設立されたこと、80年に都市部にあるメリヤス工場の下請けの服装加工工場を設立していること、そして83年には、これらを含めこの村に7つの企業体が存在したことである。元の大隊企業をボイラー工場に転換したのは、転換前の企業が都市工業の下請けであり、自らのイニシアティブで生産を拡大することができなかったためであった。

M村は1978年の村民平均所得水準はJ鎮内の村でもっとも高かったが、それでも農業生産と既存の企業だけでは、村民の労働力を完全燃焼させることができなかった。80年にメリヤス工場の下請けの服装加工工場が設立されたのは、余剰労働力の就業問題を少しでも解決するためであった。

1-2 就業構成

1978年から83年までに企業数が7つに増加した結果、工業・運輸部門は200人近い労働力の純増部分を吸収し、さらに農業部門からも300人以上の労働力を受け入れることになった。新規に企業を設立し、工業・運輸労働力が総労働力の過半を占めたにもかかわらず、なお雇用創出は村にとっての大きな課題であった。農閑期の労働力燃焼の問題に加え、自給用の口糧田と販売用の責任田とを分け、請負制を導入した結果、農業部門における余剰労働力が顕在化した。そこでM村では、農村で先行した経済改革が、折良く84年には都市部に及び、都市部では建築需要が急激に拡大した機をとらえ、建築隊を組織して都市部の建設現場に送り込んだ。村ではこれを、村営企業の労働需要拡大によって労働力を送り出す必要がなくなるまで、4年ほど続けた（表2-1）。

1-3 総収入

企業の設立にもかかわらず、村全体の総収入ならびに労働力1人あたりの収入はそれほど急速に伸びたわけではなく、1980年代初期の村の総収入はなお農業生産と連関性をもって推移した。しかし、1984年の建築隊の組織により、村の収入は増加して、労働力1人あたりの収入も向上し、農業生産と総収入との連関性が薄くなった（図2-4）。

（2）第2段階（1985年～1990年）：輸出生産企業の設立と「完全雇用」の達成

2-1 企業設立

　1983年には7つあった企業は全て国内市場向けであったが，うち2つが経営不振で閉鎖された[15]。詳しくは不明であるものの，78年以後，企業経営は必ずしも順調ではなかったようである。というのは村営企業を含む村営経済の果実をあらわす「集団蓄積」（表2-3）の額の推移をみると，78年から83年まで，81年を除いて低落を続け，83年から85年までは村の集団経済の財源をなす「集団蓄積」は78年の3分の1の水準が続いていたからである。

表2-3　集団蓄積，減価償却積立，納税，固定資産原値（単位：元）

年	集団蓄積	減価償却	納税	固定資産原値
1978	430,795	n.a	86,683	1,071,720
1979	360,047	n.a	117,944	1,677,213
1980	270,844	n.a	109,977	1,806,255
1981	283,876	n.a	177,025	1,548,428
1982	264,560	n.a	185,785	1,484,844
1983	150,000	56,000	153,021	1,351,800
1984	150,000	58,000	196,336	1,232,528
1985	150,000	104,000	195,716	1,794,164
1986	200,000	149,000	455,834	2,152,078
1987	263,600	207,000	702,190	3,473,102
1988	729,000	506,000	1,344,250	5,834,391
1989	967,000	491,000	1,848,428	6,153,541
1990	1,367,754	692,038	2,009,024	7,776,755
1991	1,492,325	1,438,420	1,822,046	9,384,052
1992	933,319	955,091	1,559,464	8,669,028
1993	2,111,582	1,014,975	1,451,466	13,277,547
1994	250,000	n.a	1,570,000	15,380,000
1995	500,000	n.a	740,000	n.a
1996	400,000	n.a	880,000	n.a
1997	300,000	n.a	1,020,000	n.a
1998	460,000	n.a	660,000	30,010,000
1999	700,000	n.a	690,000	34,270,000
2000	300,000	n.a	710,000	34,850,000

（注）全て名目価格表示。固定資産額は農業＋工業部門で，非村営も含む。1994年に集団蓄積から個別村営企業の会計部分（企業蓄積）が分離されたものとみられる。
（出所）M村における聞き取りにより作成。

こうした危機を，M村は輸出向けプロジェクトの獲得で乗りきった。中共中央・国務院から「更に一歩進んで農村経済を活性化させることに関する10項目の政策」および「天津市委1985年工作要点」が公布された後，天津市の農村は沿海大都市や国際港に近いという有利な条件を利用して一層多角的発展の方向を志向するようになった。M村はこの方向性をうまくとらえ，1985年に国有対外貿易公司（以下，「外資公司」）からの受注により寝具の加工・輸出を行なう寝具工場，87年には香港資本の委託加工である造花工場を設立し，難局を一気に打開することに成功した。

　最初の輸出生産企業の設立経緯は次のとおりである。

　1979年から81年に国家が組織した改革開放路線の宣伝教育工作隊がM村を訪れたが，村の幹部はその隊員の1人（税関勤務）と懇意になって，以後連絡を保持し，85年に，この元隊員によって天津にある外貿公司の寝具プロジェクトがM村に紹介された。これが契機となって外貿公司がM村を訪れ，協議が始まった。

　外貿公司が国際市場のフィージビリティスタディを行ない，M村でも検討した後，党支部大会を開いて寝具プロジェクトの実施を決定した。投資規模が大きく多額の借入れが必要なことから，村内では万一失敗した際の債務を恐れ，導入に対する抵抗もあったようである[16]。

　1985年6月に工場建設計画が立てられ，続いてD区社隊企業局に企業設立申請を提出した。社隊企業局および財政，工商管理，税務，環境保護，建設の各局・委員会等の関連部署と農業銀行が検討した結果，M村の申請は事業化可能との結論に達した。その後，各関連部門は各自の管轄手続きに入り，85年9月に工場建設が始まった。建設は村内の左官屋も動員して2ヵ月で終了し，労働者のトレーニングを経て12月末には生産を開始している。短時間で操業に入ったこと，その後の生産経営状況がきわめて良好であったことから，外貿公司の信用を得て，87年に新たに造花工場設立の話がもち込まれ，翌88年，2つ目の輸出企業が誕生することになった。

　寝具工場の初期投資は178万元であった。うち設備投資の96万元（ドラフター

輸入のために使用された外貨部分を含む）は農業銀行の融資によって賄われ，残りの82万元は村内で調達された。村内では3つの方法で資金が調達された。第1の源泉は村の集団所有資産，すなわち「集団蓄積」と，既存企業などの固定資産の減価償却積立金[17]である。第2は，寝具工場への就業条件として出資させる「以資帯労」とよばれる方法である。これは1人2,000元を出させるというものであった。そして第3は村民を対象とする「株」（実質は社債）発行で，1株500元，5年償還，毎年額面の20％の配当を支払うという「集資入股」とよばれる方法であった。第3の方法では200戸がこれに応じ，12万5,000元が調達された（後に完済）。

　造花工場の設立にあたっての初期投資は205万元であったが，「以資帯労」が行なわれなかったことを除いて，資金調達方法は寝具工場設立の際と同じであったという。また，寝具工場も造花工場もいずれも1990年6月の時点では農業銀行からの借り入れは完済していた。

　寝具工場の生産は基本的に外貿公司からの輸出向け受注生産で，輸出部分の原料の手配は外貿公司が行なった。1988年に輸出がやや不振になり受注が減少したことを契機に国内市場向け生産を開始し，輸出生産が70％，国内市場向け自主生産が30％となった[18]。国内市場向け生産については，原料は自己調達，販路は自主開拓であり，88年には兼職営業スタッフを募集している。

　外貿公司は同工場に対し人民元で支払い，同工場はその際1ドル分の輸出につき100分の5元の輸出奨励金を受け取り，さらに100ドルの輸出につき12.5ドル分の外貨使用枠（「外貨額度」）を得ていた。これは設備を輸入する際には外貨で支払う必要があるためで，この外貨使用枠については，他の企業への譲渡売却も行なわれていたようである[19]。

　2番目の輸出企業である造花工場は，香港資本の委託加工で香港資本が設備，原料をもち込んでいたが，やはり外貿公司が香港資本から受注し，それをM村に委託する形になっており，造花工場は人民元で外貿公司から寝具工場とほぼ同様の方法で支払いを受けていた。

　輸出向け生産企業設立のほかの企業構成の変化としては，1988年末に都市部

のメリヤス工場の下請加工を行なっていた服装加工工場を閉鎖したことがある。また89年には旅行用品工場の設立を試みたが，仕事がなく設立後間もなく撤退している。同年にはさらに造作工事を行なう「安装隊」なる小規模な企業が設立されているが，同社は93年ころ個人に譲渡され，97年に倒産した。

2-2 経済成長

　輸出向けプロジェクトが相次いで立ち上がり，村の経済成長は加速した（図2-5）。寝具工場は試操業だけで1985年の村の総収入の11.6％を占め，同工場の収入は86年には全村の36.9％，87年には54.3％に達し，同村の経済成長を牽引するとともに，同村の経済構造を国内市場依存型から，国内市場と国外市場の両方に立脚する構造へと変えることになった。88年には造花工場も開業したが，寝具工場の輸出が低下したこと，ボイラー工場の経営が好調であったことから国際市場向け出荷比率は低下したものの，とくに造花工場の輸出が村の経済成長を引っ張り，国際市場向け出荷比率は89年から91年に至るまで47％, 50％,

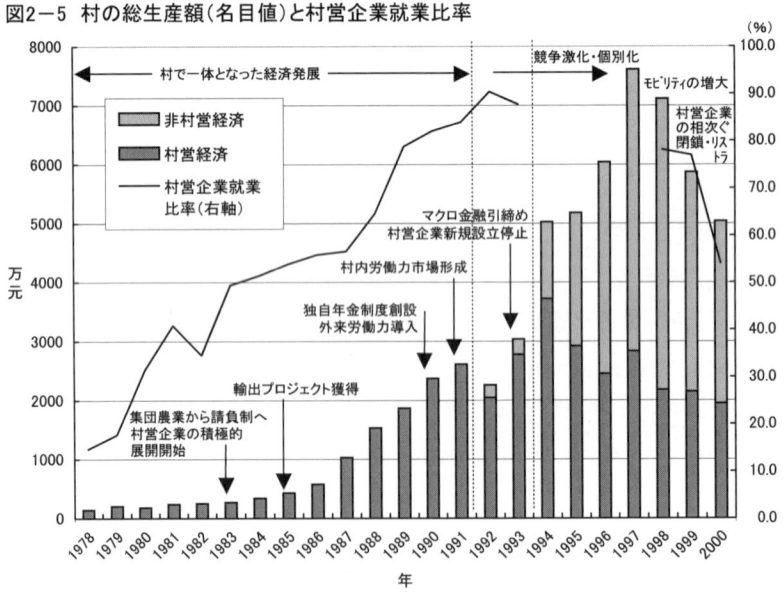

図2-5　村の総生産額（名目値）と村営企業就業比率

（注）1991年以前は非村営の数値が得られないため，全て村営経済として表示。
（出所）M村における聞き取りにより作成。

52％と高まった。

2-3 就業構成・所得

　2つの輸出生産企業の設立により，1986年から88年の間，村の総収入，労働力1人あたり分配額は一部に変動を伴いながらも，大きく伸びた。88年末に服装加工工場を閉鎖し，89年には旅行用品工場の事業に失敗しつつも，輸出生産企業の雇用吸収力が拡大して，89年には基本的に完全雇用が達成された。

　村営事業による雇用創出が進むにつれ，一方で問題が生ずるようになっていた。この段階まで村営企業への労働力配分は，実業公司が統一的に行なっていた。すなわち村内において労働力配分は計画化されていたのである。実業公司では，各労働力の適性を考慮しつつも，各農家の労働力数，家族構成などを踏まえ，企業への就業者数と総所得が各家庭で不均等にならないよう考慮して労働力配分を決定していたのである[20]。一方で，個別企業の意欲を高めるため，これまた個別企業の状況を考慮しつつ，実業公司と個別企業との間で請負制を導入していた。それには業績と分配とをリンクさせる方法が組み込まれていたため，個別企業間に分配格差が発生した。

　ボイラー生産やコンクリート材生産のような力仕事と服装加工とでは労働の質が異なることは明らかであり，賃金が異なることにも不満は起こらなかったが，服装加工工場と寝具工場の賃金格差には不満が発生し，服装加工工場の労働者は寝具工場への移籍を望んだ。服装加工工場のほうは委託元のメリヤス工場が経営不振のため加工業務も少なかったにもかかわらず，契約により他社の加工や独自生産が許されていなかったので，寝具工場より労働者の分配が年間数百元低くなった。また，服装加工工場の実業公司に対する利潤上納もゼロであった[21]。そこで実業公司は，寝具工場などの上納利潤から服装加工工場の労働者の所得を補填し，1988年末には同工場を閉鎖してその労働者を寝具工場と造花工場に移した。また設立したものの事業として失敗した前述の旅行用品工場に振り向けられた労働力も，造花工場が吸収した。

(3) 第3段階（1990年～93年）：外村労働力の大量導入と自立的発展の追求

　1990年以降，M村は新たな展開を見せ始めた。その第1は，完全雇用を背景に1990年から外村労働力が導入されるようになったことである[22]。そして第2に輸出生産に関して実質的下請けからの脱出を図り，自ら直接輸出を手がけようとしたことである。

3-1　総収入の動向

　まず村の総収入，労働分配について確認しておこう。総収入は1990年こそ前年比で大きく伸びたものの，92年の落込みが響き，物価要因も考慮すると90年から93年の間には成長がなかったことになる。労働分配も93年に大幅な伸びを示すまでは物価要因を考慮すると伸びていない。

　1992年の落込みの主な原因は造花生産にあった。造花工場は前年より名目値で40％も減収を記録したのである。これは，造花工場が村外労働力の大量導入に踏み切っていることから判断されるように，数量的落込みというよりは価格ベースでの落込みが大きかったとみられる。鎮志には92年に深圳に同業者が数社設立され，それらは輸出のための輸送距離が短く製品価格も低かったと記されており[23]，これら競合相手の出現が造花工場の収入減の一因と考えられる。深圳の工場との価格競争力の問題は，後にも述べるように，村営企業の基本的経営メカニズムにかかわるものと思われる[24]。造花工場は91年に設備を増強し，92年には380万元を投じて隣接地に新工場まで建設したが，翌93年には業績がさらに落ち込み，結局新工場を使うことはほとんどなかったようである。M村では造花工場の拡張の後には造花工場と関連するプリント工場と原料生産工場を新設し，造花関連の企業集団を形成しようと構想していたが[25]，これは頓挫してしまった。

3-2　就業・外村労働力

　1980年代末に村民労働力の「完全雇用」を実現したことは，2つの変化をもたらした。第1に，実業公司による労働力配分が廃止されたことである。村民にとって村営企業に就職できるかどうかは問題ではなくなり，どの企業で働く

第2章　郷鎮企業が村を変えた

かに関心が移り，実業公司による計画配分に従わない者が出てきた。さらにすでに村営企業に就業している者のなかにも移籍を希望する者が出てきた。一方，企業側も激しくなる市場競争への対応として，雇用の自主裁量権を主張するようになった。そこで実業公司は1991年に新規労働力についての計画配分を部分的に廃止し，各企業による直接採用を試み，93年より完全に企業ごとの直接採用に移行した。

「完全雇用」がもたらした第2の変化は外村労働力の導入である。1990年に近隣村から40人あまりの労働力が造花工場に雇用された。91年になると造花工場は外村労働力を160〜170人ほど導入するようになった。翌92年には外村労働力は200人に拡大した。うち30人あまりはコンクリート材工場，残りは造花工場が雇用した。コンクリート材工場は屋外での肉体労働のため村民が就業を嫌うようになり，外村労働力の導入に至った。93年の数字は明らかでないが，94年春の聞き取りでは，外村労働力の数は村民労働力数の4分の1に相当する310人に達した（図2−1では便宜上93年の数字としている）。コンクリート材工場30人余り，残りは造花工場である。コンクリート材工場に就業した外村労働力は全て男子で，河南，四川，安徽から友人や親戚の情報あるいは，流動する途中で知り合った他の労働者の情報をもとに流れてきた者である。彼らは食事や宿舎ともに自弁である。一方，造花工場の外村労働力は90％が女子で，鎮内の8ヵ村ならびに河北省のF県から来ていた。近隣の村民は，親戚・友人の口コミならびに指導者間の連絡そして正式な求人広告・有線放送によってM村の求人を知ったという。F県からの労働力は80人（全員女性）にもなるが，これはまとまった数の労働力が必要と考えていたところ，人づてに紹介を受け，実業公司が現地に赴いて雇ったものである。彼女たちには工場内に宿舎を設置して提供したという。91年以降はすでに各企業が直接労働力を採用しており，実業公司は上記のようなケースを除き，外村労働力について具体的には把握していないとのことであった。

鎮内でM村に労働力を送り出している8村の平均所得水準（1993年時点）についてみてみると，4村の水準はM村（2,009元）より明らかに低い（1,008元，

1,057元，1,625元，1,642元）が，2村はほぼ同水準（1,935元，2,030元），さらに2村はM村を上回っている（2,552元，2,310元）。つまり近隣村間の労働力移動は単に所得水準の差によるのではなく，各村の産業構造や労働力需要の構造が異なることも影響していると考えられる。たとえばM村に労働力を供給する鎮内のある村の場合，総収入に占める工業のシェアは20％に満たず（1993年），運輸・倉庫業に特化した産業構造を有している。同村は自前で鉄道の引込み線を引いて倉庫業を営み，港と国内各地との間の中継地の役割を果たしている。このような業種は肉体労働を主としている。同村で工業が発展していないわけではなく，むしろ村営工業はM村以上に発展しており，工業部門が全労働力の半分を吸収している。しかし，同村の村営工業は機械，圧延その他重工業系が主体で女子の雇用を十分創出する構造ではない。また他の村も機械，金属主体の企業構成であった。

3-3 企業展開

1990年に寝具工場の製品などM村の製品を運搬するほか，村外の一般輸送業務も営む運輸隊を設立し，91年より開業した。

翌1992年5月，実業公司は香港のST公司との間で天津経済技術開発区に貿易公司を設立した。同社は寝具工場の製品のほか，造花工場の造花などの輸出も手がけようとするものであった。パートナーの香港資本は外貿公司経由で寝具工場に寝具を発注していた企業である。この新設貿易商社は資本金10万ドル，実業公司と香港資本が50％ずつ現金出資したものであったが，登録上は「外商独資経営」（つまり100％外資）となっていた。さらに登録上の董事長兼総経理は香港側であったが，実際にはM実業公司総経理は同社の総経理を務めた。また，スタッフ14人に香港側は1人もおらず，7人はM村から（うち2人は実業公司総経理と会計），7人は寝具と造花のプロジェクトをもたらした外貿公司から派遣されていた。

つづいて翌1993年9月，造花工場が香港資本JMプラスチック有限公司との合弁企業となった。この合弁はM村造花工場側65％，香港側35％の出資比率で設立された。合弁パートナーのJMプラスチック有限公司は88年以来，M村の

造花工場に造花の加工を委託してきた企業である。従来は既述のようにM造花工場と香港資本との間に外貿公司が入り，香港資本が外貿公司に発注し，M造花工場は加工賃を外貿公司から人民元で受け取っていた。合弁によって造花工場と香港資本とが直接結びつくようになったのは，91年の貿易管理制度が改定されたためである。

　中国は改革開放以来1990年に至るまで，輸出を奨励して外貨を獲得することを一義的に追求してきた。このため外貿公司は元換算では赤字になるような輸出を行ない，赤字は国家財政から補填されていた。ところが91年に貿易管理制度の改定により，外貿公司に独立採算制が導入された[26]。このため，外貿公司はM村の造花の取り扱いに消極的になったとのことである。そこでM村は発注元の香港資本と直接取り引きすることにし，さらに資本関係をもつことで，輸出権を獲得した。この合弁も香港側は出資のみでスタッフは出していない。直接取り引きによりM村側は1単位の取り引きにつき10％程度取り分が増えたという。

　上記2つの合弁（1つは名目上「独資」）企業の設立はM村側からみると，いずれも発注元の香港資本と資本関係を結び，外貿公司を通さず香港資本側の販路を利用して直接輸出することで，より多くの付加価値を獲得しようとするものであった。しかも，香港資本は経営には事実上関与せず，M村側が経営のイニシアティブを握りつつ，外資系企業としての優遇を享受し，しかも独自の市場開拓の余地も残すというものである。

　既述のように，1992年にM実業公司は造花工場の拡張投資を行ない，隣接地に新工場を建設した。翌93年にはさらに製薬工場の設立を計画していたが，93年上半期に金融引締めが始まり，これ以後村営事業の外延的拡張は停止している。

3-4　「養老退職金（年金）制度」の設立

　中国では，長きにわたって都市戸籍住民のみが公的社会保障制度を享受でき，農民の場合は老いた親を子が養うという古くからの習慣に依存していた。このように農民の老後の経済的扶養をその子に依存する状況は，国家財政の負担を

軽減する一方，産児制限（一人っ子政策）が農村では浸透しにくい要因にもなっていた。

そこでM村では村営企業の発展による集団蓄積の拡大を受けて，1990年に戸籍住民のための年金（養老退職金）制度を設立した。これは退職年齢（男子60歳，女子55歳）に達し，それまで集団所有制部門で労働してきた戸籍住民に，労働参加年数に応じて年金を支給するというものである。J鎮で年金制度を実施したのはM村が初めてで，鎮内ではなお4ヵ村でのみ実施されているものであるという。ただし，M村で実施されている年金制度の金額は非常に小さく[27]，親を子女が養うことを依然前提として，年金はその補助的な役割を果たすに止まっている。

なお，集団蓄積の拡大は村による村民の医療費負担も可能にし，村民は現在まで基本的に一定限度まで無料で医療サービスを受けてきている。また，村の小学校の諸経費も村の集団蓄積によって賄われており，ノート，鉛筆までが無償で支給されている。このように公共財の供給については，村営企業の利潤を源泉とする集団蓄積によって行なわれている。

（4）第4段階（1994年～）：非村営経済の伸張と村営企業の衰退

造花工場，寝具工場，ボイラー工場，ボイラー据付隊の経営が好調で1994年は村営経済として名目値では過去最高の売上げを記録したが，以後村営企業の業績は後退し始めた。とりわけ国内市場向け村営企業は全てが経営不振に陥り，その多くが閉鎖された。代わって非村営経済が94年を境に伸張してきた。

4-1 総収入の動向

1978年から97年までの間，天津市の物価水準が3.7倍になるなかで，村営企業に農業，個人経営・私営経済も加えた村の総収入（村の総生産に近似）は名目値で52倍に拡大した。しかし，村の総収入は，97年の7,610万元（名目値）をピークに減少しており，98年から物価水準の前年比マイナスが続いているとはいえ，2000年の総収入はピーク時の3分の2の規模に後退している（図2-5）。

これを村営部門と非村営部門とに分けてみると，村営部門のシェアは1993年

には90％以上に達していたが，その後98年まで急激に低下していることが看取される。シェアとしてはその後幾分回復しているものの，30％台にとどまっており，絶対額でみれば98年比で減少している。一方，非村営経済が90年代半ばから急発展を始め，96年には村営部門を凌駕し，98年には村の総収入の70％を占めるに至った。就業人口のうち「その他」には村外就業者も含まれているため，村内非村営部門の就業者を特定できないが，非村営部門の総収入を，村外就業者を含む「その他」就業者数（ただし，外来労働力を含まず）で除しても，非村営経済の生産性（総収入／就業者数）は村営部門を上回る。

しかし，1999年以後，非村営経済の総収入も後退している。これは村外での私的経営の展開や諸企業への就業など村民の就業の場が村外に広がりつつあることにもよるものと考えられる。

4-2 就業構成

1990年後半（少なくとも90年代末）から就業構成に大きな変化が生じている[28]。村営企業はピーク時には村内労働力の90％を吸収し，非村営事業体は従来，個人経営や「連合体」（複数の個人による共同経営）が商業・飲食業・運輸，その他簡単な作業請負を中心に存在してきた。しかし1990年代初頭までは工業関連の事業体はほとんどなく，以前個人で経営していた者は村営経済の発展にともない，村営企業に吸収されていた。

ところが，1990年代半ば村営企業の雇用吸収力は低下し，村営企業就業比率は低下を続けている。労働統計と村営企業の従業者数の変動とは必ずしも一致していないが[29]，減少傾向にあることは間違いなく，村営企業の雇用吸収力はピーク時の半分の水準になっている。村会計によれば，現在村営企業に就業する外村労働力は「基本的にゼロ」であるという[30]。

その一方，1994年頃から非村営経済が急速に発展し始めた。非村営単位（村外を含む）に就業している村民は業種別就業構成で「その他」に分類されており（表2-1），個人経営・私営企業を含む「その他」の就業者数が急増している。これら就業者の多くはもともと村営企業に就業していた者たちである。非村営経済就業者のなかには，村外での就業（個人経営・私営企業，鎮営企業）も増え

ている。1998年から2000年まで就業構成上「その他」が急増しているが，この傾向は94年ころから始まっているとみられる。

非村営経済で注目すべきは，私営企業の台頭である。登録している私営企業のうち比較的経営の好調なものはM村にすでに3社あり，3社あわせて100人近くの従業員を擁する。うち1社は従業員50人規模で自動車の改装を行なっている。

4-3 村営企業の動向

各社の売上げと従業員数等の動向は表2-4に掲げたとおりである。

村営企業の新設は1992年以降なく，93年に「安装（据付）隊」が個人に譲渡

表2-4 村営企業の構成と経営状況

	業種 年	造花工場 造花生産	寝具工場 寝具生産	ボイラー工場 ボイラー生産	ボイラー据付隊 ボイラー据付	鋳造工場 鋳物生産	コンクリート材工場 建材生産	安装隊 造作工事	運輸隊 輸送サービス	貿易公司 外国貿易
総収入（万元）	1988	300	401.00	259.37	—	36.26	79.00	—	—	—
	1989	516.90	512.01	161.23	51.62	61.71	121.56	87.48	—	—
	1990	902.52	390.66	144.91	163.59	80.90	80.42	46.33	—	—
	1991	1,068.33	416.55	216.11	242.51	95.06	105.51	59.28	111.73	—
	1992	643.04	387.66	272.66	304.68	117.23	177.40	37.55	71.20	n.a
	1993	490.95	909.62	217.20	285.15	122.66	488.74	—	45.87	n.a
	1994	930	1,126	413	642	127	214	—	—	n.a
	1995	828	1,072	225	439	96	203	—	—	n.a
	1996	451	1,365	93	170	52	188	—	—	n.a
	1997	800	1,042	109	400	48	228	（閉鎖）	—	n.a
	1998	856	812	32	119	—	238			n.a
	1999	651	973	40	214	—	143			n.a
	2000	491	1,206	29	74	—	52			n.a

	業種 年	造花工場	寝具工場	ボイラー工場	ボイラー据付隊	鋳造工場	コンクリート材工場	安装隊	運輸隊	貿易公司
上納利潤（万元）	1988	0.00	4.13	10.00	0.00	0.00	0.97	—	—	—
	1989	17.39	0.00	0.00	11.67	2.00	0.00	11.82	—	—
	1990	10.00	7.28	0.00	20.00	3.50	0.00	2.00	—	—
	1991	0.00	6.17	0.00	23.25	2.00	1.00	1.98	24.97	—
	1992	10.00	4.50	0.00	26.00	1.50	3.00	0.00	9.00	n.a
	1993	55.00	10.00	0.00	55.00	2.00	5.00	—	3.17	n.a
	1994	20	10	0	20	2	5	—	—	n.a
	1995	40	20	0	30	5	10	—	—	n.a
	1996	39	20	0	20	5	10	—	—	n.a
	1997	40	20	0	0	0	5	（閉鎖）	—	n.a
	1998	40	20	0	0	—	6			n.a
	1999	40	20	0	0	—				n.a
	2000	40	20	0	0	—				

第 2 章　郷鎮企業が村を変えた

年	業種	造花工場	寝具工場	ボイラー工場	ボイラー据付隊	鋳造工場	コンクリート材工場	安装隊	運輸隊	貿易公司
内部保留（万元）	1988	n.a	5.50	n.a	n.a	n.a	0.97	—	—	—
	1989	6.88	n.a	n.a	19.95	1.50	n.a	—	—	—
	1990	n.a	1.04	n.a	8.12	n.a	n.a	—	—	—
	1991	n.a	2.63	n.a	10.00	1.00	3.58	—	—	—
	1992	n.a	3.20	n.a	10.00	1.00	2.00	—	2.00	n.a
	1993	10.00	5.00	n.a	10.00	—	—	—	n.a	n.a
	1994	n.a	n.a	n.a	n.a	n.a	n.a	—	n.a	n.a
	1995	n.a	n.a	n.a	n.a	n.a	n.a	—	n.a	n.a
	1996	n.a	n.a	n.a	n.a	n.a	n.a	—	n.a	n.a
	1997	n.a	n.a	n.a	n.a	n.a	n.a	—	n.a	n.a
	1998	n.a	n.a	n.a	n.a	—	n.a	—	—	—
	1999	n.a	n.a	n.a	n.a	—	—	—	—	—
	2000	n.a	n.a	n.a	n.a	—	—	—	—	—

年	業種	造花工場	寝具工場	ボイラー工場	ボイラー据付隊	鋳造工場	コンクリート材工場	安装隊	運輸隊	貿易公司
労働分配（元/人・年）	1988	—	1,890	3,200	—	2,200	2,000	—	—	—
	1989	2,000	2,050	3,000	3,000	2,700	3,200	3,800	—	—
	1990	2,200	2,250	3,600	3,600	3,300	3,100	4,400	—	—
	1991	2,300	2,200	3,600	3,600	3,500	3,800	4,100	4,950	—
	1992	2,075	2,500	4,000	4,000	4,000	4,500	3,800	5,300	n.a
	1993	2,895	3,200	4,500	5,500	4,500	6,000	—	5,500	n.a
	1994	4,069	4,059	4,691	6,279	2,632	2,289	—	—	n.a
	1995	5,818	5,941	3,704	3,837	4,796	3,855	—	—	n.a
	1996	4,344	5,588	4,938	5,000	5,000	6,222	—	—	n.a
	1997	5,289	5,942	5,893	6,000	5,000	9,111	—	—	n.a
	1998	5,516	5,932	3,907	3,907	—	6,087	—	—	n.a
	1999	4,605	7,217	n.a	n.a	—	3,261	—	—	—
	2000	5,356	9,574	n.a	n.a	—	8,636	—	—	—

年	業種	造花工場	寝具工場	ボイラー工場	ボイラー据付隊	鋳造工場	コンクリート材工場	安装隊	運輸隊	貿易公司
労働力数（人）	1988	n.a	104	n.a	n.a	n.a	n.a	n.a	n.a	—
	1989	640	135	165	n.a	35	60	40	n.a	—
	1990	n.a	n.a	n.a	n.a	n.a	n.a	n.a	n.a	—
	1991	823	156	106	n.a	n.a	n.a	n.a	n.a	—
	1992	n.a	n.a	n.a	n.a	n.a	n.a	n.a	n.a	14
	1993	n.a	n.a	n.a	n.a	n.a	n.a	n.a	n.a	n.a
	1994	720	170	81	86	76	83	n.a	—	n.a
	1995	648	170	81	86	54	83	n.a	—	n.a
	1996	541	170	81	86	25	45	n.a	—	n.a
	1997	450	138	56	60	20	45	n.a	—	n.a
	1998	455	118	56	30	—	46	—	—	n.a
	1999	430	115	26	30	—	46	—	—	—
	2000	407	141	26	30	—	22	—	—	—
	2001	400	170	n.a	n.a	—	—	—	—	—

（注）1998年のボイラー工場と据付隊の労働分配額は，分配総額が2社の合算で示されていたため，両者の労働者数の合計でこれを割って算出した。
（出所）M村における聞き取りにより作成。

され，村営企業は8社に減少した（この経緯は不明。「安装隊」は経営不振により97年に消滅したという）。同年上半期の金融引締めにより，以後，新規企業設立という外延的拡張は困難になった。このため業績不振の企業には早々に見切りをつける必要が出たものと思われ，94年には運輸隊が経営不振で閉鎖された。さらに97年末，鋳造工場が，翌98年末には開発区に設立した貿易公司がいずれも経営不振のため閉鎖された。加えて2000年末をもってコンクリート材工場が経営不振のため閉鎖された。

このように1990年代半ば以降，村営企業は経営不振により次々と閉鎖され，現存しているのは，造花の生産・輸出を手がける造花工場，敷物など寝具の生産・輸出を手がける寝具工場，ボイラーの生産を行なうボイラー工場，ボイラー・パイプの据付業務に従事するボイラー据付隊の4社のみである。このうちボイラー工場はなお存続してはいるものの，極度の経営不振に陥っている。興味深いのは，国内市場向け企業がおおむね経営不振により閉鎖に追い込まれ，国外市場向け企業が生存していることである。

なお，2000年に韓国の旅行用品工場が土地と建物のリースを受ける形でM村に進出している。この進出を仲介したのはD区の対外経済貿易委員会である。この建物は，本来造花工場が生産規模を拡大するために投資して建設したものの，市場拡大の見込みが外れ，結局不要になって空いていたものである。この韓国資本の進出に際しては，一定比率の村民の雇用を条件としているようであり，主に村民が雇用されているという。

4-4 国内市場向け企業の経営不振の原因

鋳造工場，コンクリート材工場，ボイラー工場はいずれもM村では歴史の古い企業である。鋳造工場の閉鎖とボイラー工場の不振は，いずれも国内市場条件の変化への対応力の不足に原因がある。鋳造工場は1990年代の後半に入って急に売上げ（総収入）を低下させた。市政府が環境対策を始めたことも同社の経営に影響したようである。ボイラー工場も同様に90年代後半に売上げの低迷が始まり，主力製品が石炭燃焼ボイラーであったことから，やはり環境政策との関連で市場を失った。

第2章　郷鎮企業が村を変えた

　2000年末に閉鎖したコンクリート材工場は，1997年に村で初めて村営企業の所有権に及ぶ「制度改革」が試みられた企業である。同年に開催された15回党大会で「財産権の多様化」が認められたことが，この村における「制度改革」の契機である。これは，従前の工場長（村民）に対し，土地・建物をリース，設備を売却するという方法で行われた。ところが，99年から業績が悪化し，2000年には売上げは97年の4分の1以下に落ち込み，閉鎖された。同社ではコンクリート板を村内で製造していたが，都市建設改革により，仕様に合うコンクリート板を建築現場で固めて作ることになって市場を失ったという。経営悪化による借り入れ負債の返済は，同社が登記上「村営」であったため，実業公司がその責務を負うことになった。同社に就業していた労働力は鎮営企業に就職したり，個人経営を始めたりした。

　このように，閉鎖された村営企業，ないし経営不振の村営企業は，いずれも1990年代後半以降の国内市場の環境変化に対応できなかったことが指摘できる。

基幹2工場の動向

　寝具工場は，天津市の外貿公司が海外から受注した仕事を受けて生産を行なっている。したがって自社では市場開拓も輸出も行なっていない。製品の90％以上は日本向けである。加工設備は台湾製，日本製，国産（ミシン）で，原料は国内調達である[31]。

　造花工場は当初，外貿公司経由の委託加工であったが，上記のように，中国政府の対外貿易政策の変更を受け，1993年から委託元の香港企業との合弁に踏み切った。これにより輸出権を得て，香港資本の販路を通じて販売していた。ただし，上述のように，この合弁は香港側が経営に参画しないもので，95, 96年ころからは販路も自己開拓している。顧客開拓の手段は広州交易会など各種交易会への参加であるが，合弁パートナーの販路利用を含め，主に従前の顧客との取引関係を維持することに努めている。販路の開拓は工場長（党支部書記が兼任）の個人的力量に依存しているという。基本的には受注生産であり，顧客がサンプルを提示し，価格交渉を経て契約を結んだ後に生産に入るスタイルで，開発・提案能力はない。かつて香港資本がもち込んでいた原料は現在，国

内で調達しており，設備は主に香港資本がもち込んだものを使い続けている。販売先は，かつてはアメリカが多かったが，近年日本向け輸出が70％を占めているという。

M村の経済は，財政収入と雇用の両面において，1985年末に開業した寝具工場と88年開業の造花工場という輸出向け生産を行なう2つの企業によって支えられている。これらの競争力の源泉は①納期の遵守，②人件費の低さ，③出来高賃金であった。①の納期の厳守は，工場長が強調していたことだが，受注量によっては24時間操業（三交替制）で対応し，受注のない時期には従業員を自宅待機としている。これは大躍進以来，農民が慣れ親しんできた労働パターンである。また「出来高賃金」は人件費を可変費用化するものである。さらに，分配の一部を年末に繰り延べにして，経営資金に利用しており，ボーナスと賃金とが毎月支払われる他形態の企業に比べて資金運用上優位性をもってきた。ただし，これは金融機関からの融資が国有企業ほど容易でないために，郷鎮企業で採用された方法である。

なお，②の人件費の低さについては，むろん国際的にはそうであることは間違いないにしても，国内の競合者との競争上，必ずしも優位性をもっていない可能性がある。寝具工場では売上げに対する人件費率が上昇傾向にあり，また，造花工場では業績が悪化した際に，売上げに対する人件費率が高まっており，出来高払いの賃金水準が売上げの変動にあまりリンクしていないとみられる。

M村の財政収入はその全額を村営企業の上納に依存しているが，村の財政収入拡大に対するこの2社の貢献は大きく，1997年以後に至っては財政収入をこの2社の上納にほぼ全面的に依存している（2000年から韓国企業のリース料が入っているはずだが，金額は不明）。また，雇用面においてもこれまで圧倒的大部分をこの2社が吸収してきた。このように村の財源を負担し，また造花工場にみるように売上げ減にも村民の雇用を維持する行動をとるということは，村営企業が純粋な資本蓄積とは別の原理で運営されていることを示唆するものである。

ただ，いずれも受注加工型生産であり，業績の変動が比較的激しく，とくに雇用・財政面での貢献度のより大きい造花工場でそれが顕著であり，同工場の

雇用吸収力はピーク時の半分以下に低下している。

4 | 集団所有制（村営）企業を核とする発展の意義と限界

本節ではこれまでの事例検討をふまえて，集団所有制の下での発展メカニズムとその成立条件ならびにその限界について論ずる。

（1）集団所有制の下での発展

M村では戸籍制度と財政制度を背景として，戸籍住民の雇用・所得・福祉水準の向上と財政収入の確保を目的に村営企業が設立されてきた。すなわち村営企業は，利潤の蓄積行動を個別に展開するものではなく，村全体としての雇用・所得・福祉水準の向上を実現する地域総所得の最大化を目的としている。

前節でみてきたように，政策変更をはじめとする外部環境の変化に対して，村が1つの地域的まとまりであると同時に，あたかも1つの企業であるかのように行動し，村営企業の設立・運営や農業部門から村営企業への資源配分のシフトを行なって村の総所得の持続的拡大に努めてきた。そこでは村の党・行政指導者らが決定的に重要な役割を果たしてきた。村営企業は今なお村の財政を基本的に全額支え，企業の利潤が戸籍住民の年金・医療費まで賄っている。

1990年代後半以降，M村において総生産額や雇用面での村営経済のシェアは大きく低下しているが，90年代前半までは，分有のない村民全員による所有としての「集団所有制」形態をとり，村が事実上の所有者として利潤の処分権を行使して，村営企業は総体として高度成長を実現した。このような集団所有形態による郷鎮企業の高度成長は，90年代前半までマクロ的にも観察された。この事実から，従来の財産権の理論は中国に当てはまらないとする研究も発表された[32]。この研究では，その根本的理由を，つきつめていえば，中国の文化的特性に求めている[33]。もちろん，中国の文化ないし社会的特性がとりわけ農村経済のありように大きな影響を与えていることは否定しがたい[34]。とはいえ，集団所有制郷鎮企業の経営メカニズムの面から，成長要因をとらえるた

めには，戸籍制度ならびに財政制度という制度的要因や，市場経済形成プロセスの問題に関する検討をなくしては説明がつかないのではないかと考える。

事例村のケースからも明らかなように，村営企業の発展の成否に，村の指導層を含め戸籍住民全員の厚生水準の向上がかかっており，失敗のリスクをも共に分かちあわなければならず，村の事業から村民の生活に至るまで，国家財政に依存することが基本的にできなかった。このことが，当時国家財政からの補填を容易に得られた国有企業に比して，村営企業の予算制約を相対的に厳しくした[35]。また，国有企業に比べれば，経営管理人材が薄く，比較的狭い域内では村民相互の情報も共有されているので，少なくとも初期の時点では，おのずと少数の特定人物に村の発展を託すことにならざるをえず，コーポレート・ガバナンスという点でも国有企業に対して優越性をもっていたと考えられる。

また後述のように，経営を担う人材には専門的能力のうえにイデオロギー的適性も問われており，企業の運営を託された者は個別企業としての資本蓄積を一義的に追求するわけにはいかなかった。このことは人材の希少性に輪をかけることになった。

以上のような事情のうえに，村営企業は純粋な資本蓄積行動（個別資本としての利潤最大化）ではなく，地域住民の雇用・所得・福祉水準の向上としてあらわれる地域総所得の最大化というメカニズムを内包していたのである。それゆえ仮に域外の労働力を雇用したほうが人件費を節約できるとしても，域内労働力の雇用を優先し，村民労働力の絶対的不足や村民労働力による劣悪な条件での労働の忌避が発生して，初めて外村労働力が導入され，また村内の労働需要が縮小した際には，村民の雇用維持が優先されたのである。

（2）集団的取り組みの役割

では，集団所有形態という分有のない財産権構造である村営事業展開の意義は，どこにあるのだろうか。これは，完全な市場経済を前提とするのではなく，市場経済の形成プロセスのなかで検討されるべき論点である。

第2章　郷鎮企業が村を変えた

2-1 資本蓄積の促進

　村営企業の設立は，M村における急速な資本蓄積と戸籍住民の急速な厚生水準の向上を実現した。1970年代末から80年代に企業設立のため数十万元から百万元を超える資金を，個々の農家の個別的取り組みで調達することは難しかったであろう。M村のケースでは，人民公社の時代から集団経済が一定の基礎をもっていたことが重要な意味をもっており，人民公社時代に築いた集団蓄積が新規企業設立の重要な原資となったことは事実である。

　加えて，寝具工場の設立の事例を振り返ってみよう。寝具工場の設立には村としては大規模な投資が必要で，設立に消極的な声もあった。これを指導層が説き伏せて合意を形成し，集団資産に加え村民の貯蓄をも動員することになった。このようないわば強制蓄積により大規模な投資が実現した。さらに個人資産や担保に関する法制が未整備で私人による企業が多額の融資を得ることは困難であった時期において，寝具工場設立にあたって村の信用（実業公司の債務保証）により銀行からの融資が引き出されている。

　こうした集団的取り組みによる多額の投資は，マクロ経済的にみても急速な生産力の形成につながり，市場経済の形成を促進するものとなったはずである[36]。

2-2 社会安定と農業生産の維持

　郷鎮企業の振興は当初「離土不離郷」（農業を離れても農村を離れず）という方針の下に展開された。これには，生産請負制普及によって顕在化した余剰労働力がプッシュ要因のみで流出して社会的安定を損なうことを避け，戸籍人口を可能な限り流出させることなく地元に雇用を創出し，地域経済の発展を図る目的があった。地域による発展格差は労働需給の地域間のズレを生み，当然地域間労働移動が発生するのだが，プル要因との兼ね合いの下に労働移動制限が緩和されていった。

　域内では，すでにみたように1990年初頭までは，村が戸籍住民の所得平等・雇用機会の均等化を図っていた。これも域内の社会安定に貢献し，さらにマクロ的には一定水準の薄く広い内需を形成する役割を果たしたと考えられる。そ

して「以工建農」「以工補農」といった農業への資金の再配分は，国策である農業の維持と発展に貢献したのである[37]。

（3）集団所有制の機能条件

とはいえ，M村にみるような村営企業等の集団所有制経済に依拠した発展が，いかなる地域，いかなる条件でも可能であったわけではない。

たとえば浙江省の温州市における郷鎮企業の発展は，主に生まれながらの私営企業や集団所有制から名義を借りた事実上の私営企業に拠ってきた（第3章参照）。人口に対して耕地が狭いという農業生産上不利な条件は，温州ほどでないにせよ，事例地域のJ鎮においても存在したが，事例地域では農業それ自体においても大型農業機械などの集団資産が形成されるとともに[38]，余剰労働力の吸収先としての都市工業の下請けへのアクセス条件があった。一方，温州では耕地が狭く，農業自体に集団農業の成立条件を欠いていた上に都市工業の下請け機会にも恵まれなかったため，農民は出稼ぎなどの自力更生に依存せざるをえなかった。しかし，出稼ぎに端を発する温州人の販売業務員ネットワークは需要情報など経済情報をもたらす重要な役割を果たした。温州ではこのことが，集団経済としての情報力を民間部門のそれが相対的に上回るという結果をもたらし，さらに民間部門による販売ネットワークの形成が，商品と貨幣との交換という「命がけの飛躍」を成功させてきたと考えられるのである。

これに対し事例村では，生産大隊時代から集団経済が機能する条件をもち，政治・経済情報が指導層に集まる，あるいは担い手が党・行政に吸収されるということになり，民間部門に対し，集団経済が経済活動上も優位性を維持することにつながった。また1992年には造花生産で南方との競争に直面したが，相対的に売り手市場という販売環境の下，80年代半ばから90年代初頭までは集団所有制の発展メカニズム（地域内総所得最大化）と域内外の個別資本の蓄積メカニズム（利潤最大化）との競争はそれほど顕在化することなく，国内市場向け企業も生存を維持できたのである。

（4）初期条件の変化——外部環境の変化と実業公司・村営企業の対応

4-1 環境の変化

　市場経済化の進展によるビジネスチャンスの拡大と，政策変更による非公有制の振興に伴い，個人営業・私営企業にも生産要素の調達，販路開拓の機会が大きく開かれるようになると，集団経済としての新規事業情報獲得と実施上の優位性が低下してきた。個人経営・私営経済への制約が緩和されるにしたがい，才覚のある人物は必ずしも集団経済に取り込まれなくなり，経営者の必要条件は，政治意識が「正しく」（"紅"），経営的才覚（"専"）も備えた「兼容」から，経営的才覚のみへと変化し，経営的才覚をもった経営者を擁し，意思決定や所得分配面でフレキシブルなメカニズムをもつ企業が数多くたちあらわれてきたのである[39]。かくして1990年代半ばにして，集団所有制の発展メカニズム（域内総所得最大化）は域内外の個別資本の蓄積メカニズム（利潤最大化）との顕在的競争にさらされるに至った。さらに村内でもかつて村営企業に取り込まれていた者の中から，リスクをとって独自の事業展開を試みる者が出てきた。

　M村では，多数の従業員を擁する自動車改装工場のような私営企業があらわれているが，村営部門はこのような事業機会をキャッチできなかったか，あるいは参入のリスクをとることができなかったのである。

4-2 実業公司・村営部門の対応

　こうした環境の変化に対して，M村の村営企業はなお従前の経営メカニズムにあった。たとえば，すでに述べたように雇用面での自主権は拡大したが，なお実業公司によって指名された村民の工場長が実業公司との間で請負契約を結ぶ仕組みが継続され，投資・分配の自主権が制限されていた。なお，1993年頃までは，個別村営企業の売上げの変動と実業公司への利潤上納額の変動との間にほとんど連関がみられず，個別企業の利潤が，村の財政的必要から随意に実業公司に移転していたようだが，94年ころから村の財政を支える造花工場と寝具工場については，総収入にかかわりなく定額上納に移行し，それまで村の資金と一体化されてきた企業の資金が村の集団蓄積から分離されたことが，表2－4からうかがわれる[40]。これは個別企業の投資における一部の自主権拡大を

伴っているようである。
　しかし，村営企業の経営自主権は制限されており，M村の指導層には，経営のイニシアティブを村で押さえようという意識が強く，経営不振に陥っても外部経営者の招聘などの手が打たれることはなかった。政策変更への有効な対応もとられないまま，国内市場向けの鋳造工場，コンクリート材工場が相次いで閉鎖に追い込まれ，ボイラー工場も極度の経営不振に陥っている。また，既述のように，そもそも村営企業の経営は，域内住民の雇用・所得・福祉水準の向上を目的としており，純粋な資本蓄積行動をとっているとはいえなかった。それゆえ生活水準の向上により，コストの高くなった村民労働力を低廉な外来労働力に置き換えるという行動はおき得なかった[41]。かつてであれば不振企業を閉鎖し，新規事業への転換を図るところだが，村営事業として国内市場環境の変化に対応する新たな展開を見出せないでいる。それだけ市場環境が変化し，新たな需要を発見するのが以前と比して困難になっているのである。
　非村営部門における多様な就業先が村の内外に形成される一方で，村営企業では村民の雇用維持を優先し，かつ経営資源を内部に限定してきた結果，造花工場と寝具工場という，販路をもち，比較的単純な加工作業で婦女子を労働力の主体とする企業しか，村営事業としては事実上存続しなくなってしまい，村営事業としては男子労働力を雇用し，高学歴者を取り込む契機を失った。村営企業工場長の賃金の上限は，工場長の積極性を喚起するため，一般労働力平均の2倍から5倍以内へと格差の拡大を許容しているが，分配については投下労働の質と量を考慮し，不平等が拡大しない配慮がなされており，能力がありリスクをとってハイリターンを求める人材を活用する仕組みを，村営企業はとることができなかったのである。

（5）事例村にみる農村発展メカニズムの変化

　集団所有制の下に村が1つの企業体として行動する様式は，「共同富裕」の追求に一定の役割を果たしたが，市場経済化の進展により，解体の過程に入っている。村の経済部門は新規企業設立から撤退し，村外で事業展開する村民も

増加している。そしてついに，企業の集団所有制にも変更が加えられようとしている。

　J鎮では改革の先行する南方の状況をみながら，1994年からまず村レベルで所有権の改革＝制度改革を実施している。鎮営企業については98年から制度改革を実施している。制度改革は実験的に経営状況の良いものから始めて，その後，小規模か経営状況の悪いものについて実施し，徐々に規模の大きい企業で実施するという手法がとられることが多い。同鎮内に立地する集団所有制工業企業120数社のうち90数社がすでに制度改革を終えており，早い村では94年に全ての村営企業の制度改革を行なったという。M村は鎮内でもっとも制度改革が遅れた村であり，2001年11月の訪問時には，2002年にようやく現存する村営企業の制度改革に着手し，2003年にこれを終える予定とのことであった。

　経営不振で閉鎖された村営企業は，雇用維持のために一定期間経営を継続し，結局その負債の返済を村が迫られることになった。そこで残る企業群に対し，財産権を明確化する「制度改革」を実施し，経営者の経営インセンティブを高めて企業の存続・発展を図りつつ，財源確保を狙うとともに負債弁済負担の回避を図ろうとしているというのが，制度改革についての村側の説明である。

　固定資産規模が大きい企業については，鎮レベルでの制度改革において採用された，集団の出資部分を残し，現経営者が企業を部分的に買い取る形をとる可能性が高い。これはより大きなリスクを経営者に負わせる代わりに応分のリターンも与え，同時に配当の形で村の財政収入を確保することを目指すものである。これにより経営者は，経営のリスクを負う分，自らにより大きなリターンを与えると同時に，企業の存続のために利潤の蓄積に励む方向付けを与えられる。それゆえ現・村営企業は，村民の雇用・所得・福祉水準を向上させるための村内総所得最大化から個別経営体の利潤最大化へと，**資本蓄積**（利潤獲得とそれの再投資の反復）をより追求する「**資本**」（自らの生産経営の反復と拡大に特化して関心を集中する経営体）としての性質を強めていくことになろう。

5 | 中国における市場観の変化と企業家創出，地域発展メカニズムの変容

　本章の事例は，計画から市場への移行の初期段階においては，企業の所有権の明確化は必要条件ではなく，個々人の分有のない集団所有という形態が，移行過程を円滑化する役割すら果たしたが，市場経済の形成と競争の激化の過程で集団所有制の優位性が低下し，所有権の明確化が必要とされてきた——という動態的把握が成立しうることを示唆するものといえる。その際，集団所有制は，移行期の市場制度の未整備や，需要超過という環境を背景として機能していた。また，集団所有が1980年代以降の移行過程を円滑化しうる可能性については，人民公社期に集団所有制が機能していたか否かが重要な条件になっていると考えられる。

　ところで，本章における事例村は，鎮内においてもっとも所有権の変更を伴う制度改革が遅れた村で，分有のない集団所有制の変更については消極的であったといってもよい。過去に所有権に踏み込んだ企業改革を実施したのは，15回党大会における「多元的所有制の発展」の提唱を受けてのものであり，しかも，経営規模の小さいコンクリート材工場のみの実施であった。また，現在村の雇用と財政を支える造花工場と寝具工場については，得られた資料をみる限りでは，村としての制度改革の必然性はない。

　にもかかわらず，この村で上記両工場についても所有制の変更に踏み込んだ制度改革が行なわれようとしていることには，中央・地方両政府がこれを政策的に推進していることが強く影響していると考えられる。政府は，計画から市場への移行が進展し，市場競争が激化するにつれ，企業の単なる「管理者」ではなく，リスクをとって自らの財産をかけて経営を行なう「企業家」が市場経済の不可欠な要素であると認識したのである。「社会主義市場経済」以前の中国では，市場の役割を，計画を効率的に達成する資源配分機能に置いていた。これはかつての社会主義経済における市場利用の理論の次元にあり，静態的な市場観である。しかし，1990年代以降，市場化が進展し，競争が激化するにつれ，需要を発見し，リスクを負って経営を行なう——失敗には投下した資本の喪

第2章　郷鎮企業が村を変えた

失で責任を負う──「企業家」（ないし「起業家」）[42]が市場経済には不可欠であることが明らかになってきた。そこで90年代に入って中国の市場観は「企業家」を中心に据えたものへと転換したと考えられる[43]。

　事例村に立ちかえると、造花工場については党支部書記のW氏が工場長を兼務しており、制度改革は、同氏による企業の私物化という批判もありうる。これは中小規模の集団所有制企業の制度改革において多く観察される事態である。しかし、同氏は同工場の経営情報を誰よりも多く保有しているだけでなく、実際の営業活動はW氏自身が行なっており、対象を村内に限定するかぎり、直ちに代わり得る人物はみあたらない。これまで同氏は、経営規模がM村の中では大きく、銀行借り入れのある企業の経営リスクを負うことを避けてきた感があるが、上からの政策の推進を受けて、部分的とはいえ上記の性質をもつ企業家になろうとしていた[44]。このように制度改革は、市場競争とそして市場競争からインパクトを受けた政策との両面から推進される「企業家創出」過程であるということができる[45]。

　さらにいえば、現在は、従前の制度的背景をもった集団所有制の下での発展メカニズム（域内総所得の最大化）が、市場経済化の進展過程で、台頭してきた非村営経済や、すでに域外労働力の雇用が一般化している他地域──たとえば沿海南方地域──のもつ発展メカニズム（個別企業の利潤最大化）との競争で劣勢に立たされ、これにとって代わられるプロセスの最中にあると考えられる。

　ただし、すでに述べたように、村の財源は依然として村営企業の上納金に依存している。財政・社会保障制度が根本的に変わらない限り村営事業は存続せざるをえないのである。現在、村の小学校の維持費、村民の医療費、養老退職年金などはここから捻出されており、直接村営企業に雇用されている村民はもとより、非村営企業に就業している村民も村営企業の経営失敗による厚生水準の低下を分かち合うことになる。また、現存する村営企業の従業員には女子労働力が多いことから、各家庭の労働力は非村営部門従業者と村営部門従業者との組み合わせから成っているケースが多いとみられる。したがって村営企業の雇用減少は村民の家計に広く影響を及ぼすことになろう。このように考えれ

ば，2001年段階では，村民全体で村営企業のリスクを負い，利益を享受する仕組みはなお存在しており，農村の発展メカニズムは変容の過渡にあるといえる。

(注)
1) 本章の事例地域には，1990年6月，7月（計3日），92年3月（計3日），94年3月（計2日），2001年11月（計2日）にわたって訪れ，区人民政府，鎮人民政府，村党支部・村民委員会・実業公司，村営企業5社，鎮営企業2社を訪問し聞き取りを行なった。調査対象地名については，事情により伏せることにする。
2) J鎮（1992）『J』（鎮志），pp.1-24。
3) 「人民公社」という組織の下部にいくつかの「生産大隊」という組織があり，さらに「生産大隊」の下に「生産隊」という組織があった。農業生産は「生産隊」を基礎に行なわれた。「生産大隊」は基本的に現在の行政村に相当する。
4) J鎮では人民公社成立前の1956年に小規模な石綿工場が設立されているが，この位置付けは不明である。75年までに存在した公社営企業は，煉瓦工場（1966年設立）と機械工場（1971年設立）である。前掲鎮志 pp.47-48, pp.70-71，肖元主編（1989）『当代中国的天津（上）』中国社会科学出版社，pp.440-441，および1992年調査による。
5) 鎮人民政府工業部門担当者からの聞き取りによる（2001年11月20日）。
6) 前掲鎮志，pp.27-33, p.297。
7) 現在J鎮は19村から構成されているが，1994年調査時点では16村であった。
8) それは，①都市部のインフラ負担を節約するため，都市部には工業化建設に必要なだけの労働力の流入しか認めなかったこと，②農業機械化水準が低く，農作業は基本的に手労働で，農業基盤建設すら人海戦術で行なう必要があったこと，③農業生産力水準が低いうえに流通が未整備で，人口流動が自由になると農産物流通が追いつかないため，人口流動を制限する必要があったこと，④国家が農民に対して農産物の生産を強制し，これを強制的に買い付けるため，農民を土地に拘束する必要があったこと――による。
9) これは村の幹部が鎮の幹部に抜擢される可能性が皆無であることを意味しない。経済発展や企業経営の手腕を発揮した村幹部が鎮の幹部に抜擢された事例も存在している。また，1990年代前半における村幹部へのインタビューでは，彼らの所得分配の決定に対しては郷鎮党・政府による考課が行われているとのことであった。
10) もちろん長期政権であるほど村の経済が発展しているということは意味しない。ま

第2章　郷鎮企業が村を変えた

た，16村中平均所得がもっとも高い村と最低の村とでは1978年から93年まで在任した指導層数にあまり差がなく，上記の理解が成立しないのではないかという批判は当然ありうる。この点は各村固有の事情から説明する必要があろう。ある村は経済発展を阻む社会的要因があったとのことで，後に4村に分割されている。また，93年時点で所得水準がもっとも高い別の村については，80年代末にW.C氏が指導層に着任してから経済の低迷が打開され，急成長を実現している。これは，村の経済発展がこれまでは指導層の能力いかんにかかってきたことを示す事例である。J鎮における行政村の指導層の変遷に関して，図に直接あらわれない特徴としては，①計画経済期に指導層に就いていた人物が改革開放期にも指導層の地位にあるケースが多くみられ，指導層について計画経済期から改革開放期への連続性が存在すること，②党支部書記と村民委員会主任とを共に経験しているケースが多いことが抽出できる。

11) なお，鎮営企業は利潤上納によって鎮の財政収入を補う働きをしたほか，鎮の下にある村の中で村営企業の発展が遅れ，雇用創出力の劣る村から優先的に雇用するという社会政策の担い手ともなった。しかし，近年の「制度改革」により社会政策としての役割は低下している。また，村営企業はボーナス支払いを年度末に繰り延べることで運転資金を節約したのに対し，鎮営企業は国有企業と同様に月割りでボーナスを支払っていた。

12) 実業公司の農業担当者は把握しているはずだが，面会する時間がなかった。なお，調査を開始した当初は，工業担当の指導層も農業生産に関する統計および農業関連諸制度について把握していた。彼らは90年代初頭までは管理労働とともに，実際に農業（口糧田の耕作）にも従事していたのだが，行政管理に加え企業管理労働が多忙になるにつれ，自らは農業に従事しなくなった。

13) 1992年までは村営企業の蓄積（「企業提留」とよばれる部分）から農業投資資金が捻出されていた（「以工建農」）が，これも93年には使途項目から消えている。なお，「郷鎮企業法」では郷鎮企業の利潤の一部を農業関連支出に充てることが規定されており，この村でも村営企業の上納利潤から農業服務ステーションの業務費用（の一部）が賄われている。

14) 現在，この土地というストックの所有権を改革が議論されているが，これは中国の基本的社会制度の根本にかかわるものである。

15) 前掲鎮志，p.107。

16) このため最終的に村民大会まで開いて説得に努めたという（前掲鎮志，p.108）。

17) M村の説明では，税務部門より一般企業は8％，輸出型企業は10％の償却率が認め

られていたという。
18) 輸出比率70％というのは，輸出企業としての優遇措置を受けるための最低ラインであった。
19) M村では「外貨額度」を売却して得た資金を銀行融資の返済の一部に充てたという。ただし，現在では実需に関する外貨使用は自由化されているので，このような制度はなくなっている。
20) 1990年まで，村営企業への就職を望む中卒以上の村民は，毎年春節（旧正月）の後，実業公司に応募票を出し，実業公司は個別企業が提出した雇用条件（労働者に要求する基準）をもとに配分を決定していた。
21) 服装加工工場は一見単に雇用維持の役割しかなかったようにみえるが，村の幹部は労働力の育成には役立ったと述べている。
22) 村から提供された数値と鎮人民政府で得たM村についての数値とは必ずしも一致しない。ここではM村から提供された数値にしたがっている。
23) 前掲鎮志，p.110。
24) 統計の整合性の問題もあるが，たとえば業績が低下した1993年に賃金が上昇していることも，村営企業が純粋な資本蓄積とは別の原理を有していることを示唆するものである。
25) 前掲鎮志，p.108。
26) 天津市の国有外貿公司28社の1990年における輸出額は17.82億ドルであったが，28社全てが赤字で，赤字額は元建てで18億人民元に上った。91年に独立採算制に移行したものの，天津の外貿公司は10年経った後もなお負債と金利負担に苦しんでいるという（2001年3月1日，天津市対外経済貿易委員会企業管理処における聞き取りによる）。
27) 制定当初の規定によれば，1974年までに集団労働に参加した者の場合，1974年までの部分20元＋1974年以降の労働年数×1元が毎月5日に支給される。
28) 村から提供された数値は，各部門の労働力数を合計すると，予め合計された労働力数を大きく超える場合があり，また個別企業の従業員数合計が，外村労働力はゼロという年についても村の労働力数を超えるケースがある。なぜそのようになるのかについては不明であり，村の担当者に質しても明確な回答を得られなかった。
29) 注22，28参照。
30) 個人経営・私営企業による村外労働力の雇用については村では把握していなかった。
31) 決済には振替手形を使用しているという。
32) Weitzman M. & C.Xu (1994), "Chinese Township-Village Enterprises as Vaguely De-

fined Cooperatives," *Journal of Comparative Economics,* Vol.18, pp.121-145。

33) Weitzman.M & C.Xu (1994) 前掲論文, p.137。

34) たとえば三谷孝ほか (2000)『村から中国を読む 華北農村五十年史』青木書店などを参照。

35) Weitzman.M & C.Xu (1994) 前掲論文も予算制約のハードさについては指摘している。ただし, 農業生産請負制の成果としての農村貯蓄の形成により, 1984年に郷鎮企業向け金融が緩和され, 郷鎮・村による集団所有制企業は借り入れに依存して成長した側面もある。これは「負債経営」とよばれた（周其仁, 胡小君 (1987)「中国郷鎮工業的資産形成, 営運特徴及其宏観効応」『中国社会科学』第6期, p.45)。しかし, 本文で指摘したように一定の限界を画されていた。

36) 韓雲 (2000) はこれを「行政性蓄積」と名づけ, 原始的蓄積段階におけるその意義を評価している。しかし, なぜ「行政性蓄積」が行われたのかという根本的説明がなされていない（韓雲(2000)『郷鎮企業積累機制研究』中国経済出版社, pp.16-26)。

37) 韓雲は「郷鎮企業の生成と発展の段階において, 各種のメカニズムの要素がなお健全でなく, かつその運行がルール化されていない状況の下では, 社区行政力の分配コントロールは, 分配上の短期的行為を防止し, 労働に応じた分配の原則を貫徹し両極分化を避け, 共同富裕の道を堅持するのに有利であり, また社区内の工業と農業との関係を調整し, 農業の萎縮を防ぐのに有利であった」と指摘している（韓雲 (2000), pp.21-22)。

38) 集団で保有され, 利用された大型農業機械の保有状況は, 集団経済が農業において機能したか否かを判断する1つの基準になると考える。早期から実質的私的経営が発展した温州を含む浙江の農業労働力1万人あたり大型トラクター保有台数は1978年時点で天津の10分の1であった（国家統計局編 (1999)『新中国50年統計資料匯編』中国統計出版社の数値による）。

39) 林漢川主編(2001)『中国中小企業改制模式研究』中国財政経済出版社, pp.259-263。

40) 資料からは読み取れないが, 1994年に所得税率が一本化されて税制上の郷鎮企業の有利性が消失し, 独自年金を含む村の財政支出を賄っている村営企業の負担は実質的に増加したとみられる。

41) M村の国内市場向け村営企業の不振に関して理解しがたいのは, かつて研究機関の技術を導入したり, 兼職セールススタッフを募集したりして, 外部資源を活用する姿勢をみせていたボイラー工場において, 石炭ボイラーの次の展開を見出せないまま, 経営不振に陥ったことである。

42) 厳密にはこれらは区別すべき概念であるが、ここでは後者（起業家）を前者（企業家）に包摂して、以下では「企業家」と表現する。
43) W.ブルス、K.ラスキ（佐藤経明、西村可明訳）（1995）前掲書、第5章、第10章。塩川伸明（1992）前掲論文、p.32。
44) その後W氏は年齢を理由に党支部書記を退いたとの情報もあり、造花廠の今後の方向については再調査が必要である。
45) これは社会主義市場経済のありようも示すものと思われる。すなわち、域内総所得の拡大という発展原理が、個別利潤の蓄積という原理にとって代わられる過程は、非公有制部門での企業家の台頭を促進するにとどまらず、党の内部からもオーナー企業家を生み出すプロセスである。

第2章 【補論1】

漸進的移行の担い手
―「資本」になりきれない経営体

村営企業の利潤で建設された住宅群（山東淄博）

はじめに

　中国で計画経済から市場経済への体制移行が始まって四半世紀。社会的安定を重視し、急激な変化を避けたその展開は「漸進的移行」と名づけられてきた。しかし、この間、中国の社会経済に巨大な構造変化があったことも事実である。何よりも、リスクをとって潜在的市場機会を自らのものにしようとする「企業家」が社会の主役になりつつあることが、経済システムの根本的変化をもたらそうとしている。

　企業家は、既述のように、リスクをとって潜在的市場機会を自らのものにしようとすることから、市場経済を作っていく主体であると同時に、企業家の経営する経営体は、一旦、競争に巻きこまれると、利潤獲得とそれの再投資の反復を追求する「資本」(自らの生産経営の反復と拡大に特化して関心を集中する経営体)とならざるをえなくなってくる。そうした「資本」の経営主体となる企業家のもっとも典型的な姿を私営企業家にみることができる。私営企業家は経済成長を担い、移行を促進する主体ということができるが、他方、これまでの移行過程で市場経済の創出に多大な貢献をなしてきた公有制企業には、漸進的移行の安定を支える経営者層も存在する。

1 移行を促進する主体

　まず、移行を促進する役割を果たす主体として、代表的な私営企業を2社とその経営者を紹介しよう。

（1）温州の靴メーカー[1]

　浙江省温州市は近年になって鉄道や高速道路が整備されるまで、「陸の孤島」と称され、国内大消費市場へのアクセス条件は厳しかった。しかし、古くから商業や技能労働、出稼ぎの伝統をもち、「社会主義」中国にあって「資本主義の揺籃」とよばれた地域である。その温州では、現在、靴、アパレル、電気器

具など多数の産業が発展しているが，うち，靴については中国のみならず世界の生産基地の1つとなっている。なかでもA集団（従業員3,000人，年商7億元＝2000年）は，年間数百万足を生産する，中国を代表する革靴メーカーである。

同社の創業経営者であるW．Z氏は1965年，温州の貧しい農家に生まれた。彼は弟妹を学校にやるために，高校を中退して湖北省の武漢に出稼ぎに出た。はじめは技能を学んで木工職人となったが，やがて温州人が流通で儲けているのを目の当たりにして電器・革靴のセールスに転じ，資金を蓄積して，販売の経験を積んだ。そして88年にはW氏は何人かと資金を出し合い，3万元を元手に生産設備を購入し，経験のある職人を招いて，同社を立ち上げた。W氏は自社の流通・販売ネットワークを構築するとともに，国産設備から輸入設備への切替えを図って品質を高めながら，巨大な国内中高級市場と中級国際市場に対応する量産化を実現してきた。

（2）瀋陽のビル外装施工会社[2]

計画経済を支える国有重工業都市だった東北・瀋陽—。Y集団（従業員1,450人，年商10億元＝2000年）は，2000年には全国工商聯民営企業売上高ベスト500の第38位にランクされた，瀋陽を代表する私営企業である。アルミのカーテンウォール，ガラス壁面などの製造・組み立てから施工までを手がけ，上海，成都，広州（中山）にも拠点をもち，エレベーターの製造にも進出している。

董事長（取締役会長に相当）のK．B氏は大専（3年制の大学相当専門教育機関）卒業後，軍需産業の国有航空機製造会社に入社し，工場労働を経験した後，営業部門に異動となった。この会社が，軍民転換により民用アルミ部門に進出し，アジア大会村の建設にかかわったものの，サービス面はもとより，納期が守れないなど，信用面で他社に劣り，市場経済への対応能力を組織的に欠いていることを，K氏は目の当たりにした。そこでK氏はこの仕事を自らの手で成功させたいと思い，同社を退社し，1993年に同様の仕事をしていた数人と現在の会社を興した。創業資金360万元の調達の経緯は不明だが，K氏が個人的に調達したという。

(3)「資本」の果たす役割

　以上，市場経済先進地域・温州と旧計画経済の拠点であった瀋陽における私営企業とその創業経営者について，ごく簡単に紹介した。前者は当初から計画経済の枠外にあって，文字どおり裸一貫で経験と資金を蓄積して事業を起こした企業家であり，後者は計画経済を支えた公有部門にいながら，リスクをとって市場経済のなかに飛び出した企業家である。2人のもつ背景は異なり，資金調達のアクセス条件も異なるが，現地調査の結果や収集資料から共通して読み取れるのは，2人はともに，創業の際，市場のニーズから遡及していって，自分なら他者よりもっとうまくやれる，あるいはもっといいものを提供すべきだという信念をもって起業している点である。

　経済体制とは制度の体系と定義される。だが，計画経済から市場経済への移行とは，単なる制度の変更ではない。市場競争の主体となる企業家が存在しているかどうかが，移行の成否を大きく左右するのである。その点，中国には地域分布上の偏在があるのかもしれないが，そうしたマインドをもつ者の層が相当厚く存在していると考えられる。

　前述のような，当初から私営企業として立ち上がった企業群は，利潤最大化（資本蓄積それ自体）を目的とする，まさに「資本」そのものである。その所得分配構造にはさまざまな議論があるものの，公有制企業の改革により労働力の過剰化と失業への対策が体制的課題となっているなかで，雇用のパイを拡大する経済成長に，これらの企業群が貢献していることは確かである。

2　社会安定を支える主体

　ただし，移行期間の安定は，こうした企業群によってのみ支えられているわけではない。資本としての行動を貫徹させることができない経営体群が存在することも，また移行を支えてきたのである。国有企業や，農村政府が経営する「郷鎮企業」などがそれにあたる。

　国有企業は周知のように，生産・生活・政治機能が一体化した「単位」とな

り，都市住民を「揺り籠から墓場まで」保障する仕組みとして長く機能してきた。そして，郷鎮企業は1990年代初頭まで中国経済の市場化をリードしたとされるが，その中心となっていたのは，農村政府が設立した経営体である。政府経営の郷鎮企業は，戸籍制度によって移住を厳しく制限されたうえに国の社会保障対象から除外されていた農民の雇用・所得・福祉水準の向上を目的に設立されてきた。

1990年代半ば以降，競争環境が厳しくなるなかで，これらの企業群は，所有と経営をめぐる制度改革を伴いつつも，雇用や社会保障面での社会的機能を完全に放棄することができずにきた。いずれにしても，都市部・農村部それぞれに一種のコミュニティ・メカニズムが存在してきたのである。

以下でそうした仕組みの下にあった企業と経営者の事例を紹介する。

(1) 都市の「単位」[3]

天津市にあるG公司（従業員156人，年商3億元＝2002年）は，1960年に設立された国有企業TG廠から，強度の高い鉄筋コンクリート用の鉄筋（径間の大きい橋梁や，工場建物，鉄道用の橋，発電所等のインフラ建設に用いる）部門を分離して，2002年に香港・マカオの投資集団との間で設立した合弁企業である。

同社総経理（取締役社長に相当）のL.M氏はTG廠の中等専門学校で鉄の精錬を学んだ後，1969年にTG廠に入社，78年に倉庫主任，82年に供給科副科長，85年に同科長，90年代初頭に副総経理，その後集団の販売担当の副総経理を歴任し，合弁会社に移って総経理に就任した。国有企業のさまざまな改革の全てに直接間接に関与した経験をもつ。98年には「天津市労働模範」になり，2001年には天津の「売上げナンバー1」として表彰も受けたという。

G公司の親会社であるTG廠は，中国における強度の高い鉄筋コンクリート用の鉄筋メーカーの草分け的存在で，もともと業績が良かったが，1990年代半ば以降，管理と経営責任の不明確さから，コストアップと相次ぐ参入による競争の激化に対応できず，95年から赤字に転落した。2,000人いた従業員の半分以上がリストラされて同社を去ったが，合弁会社に移った156人を除いて，な

お700人ほどがTG廠に残っている。

　G公司の設立は，生存と発展の見込みのある部門を別会社として独立させる，国有企業改革の一手法ということができる。ただし，同社は出資している香港・マカオ資本から過大な配当要求を受けているほか，TG廠とも，出資関係以上の紐帯を断ち切ることができないでいる。たとえば，合弁会社の賃金水準を，親会社であるTG廠の賃金水準から突出しないよう配慮しなければならず，TG廠を管轄する市の冶金部門からはTG廠へのさまざまな配慮を常に求められる。600～700人を数えるTG廠の定年退職者に対する年金の企業負担部分（全額企業負担から国と企業と個人とが一部ずつ負担するシステムに転換している）やTG廠の経営維持・改善に，G公司の利潤からの配当が不可欠であることは間違いない。

（2）農村コミュニティ[4]

　H集団は山東省淄博市周村区D村の公有制郷鎮企業（村営企業）で，製紙関連機械設備・鋳造・電子設備，建設などに従事するコングロマリット集団である[5]。もともと1984年に設立され，儲かると思われる分野へ，事業間相互の連関なく次々に参入していき，グループ企業は一時30社を数えたが，化学工業部門や商社部門を畳み，2002年の調査段階では13社にまで減らしていた。

　同社を率いる董事長のL.K氏は農民出身で1973年に高校を卒業した後，軍隊に3年，農村部の商店で4年働き，その後自営の作業場を興したこともある。84年に村民委員会主任，10年余り前から村の党支部書記を務める。村のリーダーとして，積極的に村営事業を興し，その利潤で村民に「揺り篭から墓場まで」保障してきた。村では農業をやめ，土地や労働力を非農業に集中投下してきた。現在では，事業規模が村民労働力の規模を大きく超え，集団の従業員総数3,600人のうち3,000人以上は村民以外が占める（うち1,500人は引き取った国有企業2社の従業員）。村にはきれいな村民用アパート群，養老院，学校などがある。L.K氏が村の経済建設に成功し，村民の所得・福祉水準を大きく高めた功績は，村の内外で高く評価されている。

ただし，そうしたコストの負担は企業経営を大きく圧迫しているようで，村の資産と企業の資産とを分離するなどの改革が進められている。企業経営に関しては，専門家や技術者を外部から招聘して競争に対応しようとしている。

3 ‖ 2種類の経営体と経営者の補完的役割

　以上，わずかな事例だが，資本蓄積行動を追求して市場経済化を促進する主体と，事業への利潤再投下の反復を一義的に追求できない経営体ならびにその経営者について紹介した。

　計画から市場への制度の全面的組替えは，現実には必ずしも社会的安定を保証するものではない。生産だけでなく社会生活の場としても機能してきた公有制企業群が，新たな参入者との競争に敗退したり，競争に対応するべくリストラを行なったりすることを通じて，労働力が公有部門の外に放出されている（積極的に飛び出す者もいる）。登録失業者と「下崗」とよばれる事実上の失業者を合わせた数は都市部だけでも一時期1,000万人を超えた。民営企業群の成長がいかに急速であるとはいえ，都市の過剰労働力に農村部の余剰労働力も加えれば膨大な数にのぼり，これらを吸収しきることは困難である。そして再配分機能を果たすべき国家財政の改革には，なお時間が必要である。財源捕捉能力に限界があり再配分機能も不完全な状況の下では，体制移行は社会の安定を損ないかねない。

　それゆえ，政策当局が，急激な社会的変動を最小限に抑えようとする漸進的移行をなおも進めていることは，中国経済にとって正しい選択ではないかと思われる。その際，公有制企業群が，利潤最大化を部分的に放棄し，雇用の維持と福祉を目的とするように行動し，本来，政府が担うべき社会的役割を部分的に果たしていることに，中国の漸進的移行の特徴が看取されるのである。

　上記のL.M氏とL.K氏は，そうした社会的役割をも担う経営体を支える一群のなかに位置している。

　G公司総経理のL.M氏は，同年代のなかには独立して自分の企業をもつ

人々も多いけれども自身にそのつもりはないという。独立してこれまでと同業に従事しようにも，MBO（経営陣による買収）そのものに制度的制約があるが，自分を育ててくれた企業，上司や共に働いてきた部下たちを残して独立したいとは思っていないと語る。

H集団董事長のL．K氏も，地元に貢献することに価値を見出し，その成功は，上級政府や金融機関などにいる友人たちの助けによるところが大きいと述べる。

もちろんこうした発言だけで，これらの人々のビヘイビアを判断することはできない。ただ，彼らは，都市「単位」や農村コミュニティの内部で，それぞれに枢要なポストを歴任し，その職務を果たす過程で，「単位」やコミュニティ内外のさまざまな人々と社会的関係を取り結び，しかるべき役割を果たすことを求められ，そして，その期待に応えようとしてきたことは確かである。「資本」と，コミュニティ組織のリーダーという2つの異なる属性が，1人の中に人格化されており，このような属性をもつ人々の存在もまた，市場経済を牽引する私営企業家と同様に，中国の漸進的体制移行を支える主体となってきたのである。

4 コミュニティ事業体からの転換
——天津市B区T鎮W村の事例[6]

（1）コミュニティ企業の行方

公有制資産の分有化（私有化）を伴う移行過程で問題とすべきは，所有制改革後の経営者の独走をいかに防ぐかという点より，むしろ公的所有として形成された資産をいかに配分するかという，改革過程の「公正」の問題である。

ただし，制度改革によって経営者が所有の圧倒的シェアを握るケースが多いものの，集団資産形成の貢献度の測定や資産評価ならびに資産譲渡の方法について，いかなる手法をとろうとも，必ずしもはっきりとした根拠があるとはいえない。中小規模の企業の場合，実際にはもっともその企業を発展させてくれる可能性の高い経営者に所有権を集中させ，その経営を託すというのが，ほぼ共通した特徴となっている。このことは，所有制改革実施プロセスの公正性が

必ずしも保障されていなくても改革が推進されているのは,「公正」よりも「経済成長」を実現することが優先されているためであることを示している。

また,企業の所有制を改革するといっても,農村の場合には,とくにコミュニティの性質が加わり,「資本」になりきるには時間が必要なようである。以下では,同じく天津市だが2章で紹介したD区M村とは異なる,B区にある村営企業の事例をみてみよう。

(2) 有利子負債が促した財産権改革

B区のT鎮W村は,1984年から村営事業の展開を始め,近年まで村営企業が29あったが,売却による財産権改革を進め,最後に負債規模(銀行借入れ残高)の大きな企業J社の財産権改革が残った。この企業は,村営事業の展開初期に自動車修理から入り,プレス・塗装を経て,コーキングガン(シーリング剤の充填作業に用いる)の生産販売に転換してきた(2001年段階では従業員総数900人余り)。

村営事業の有利子負債の負担の重さが,この村に1998年前後での村営事業の財産権改革に行なわせた主因であったが,経常利益を生み出し,村の財政を支えるJ社の財産権改革は,区政府が主導して98年10月に行なわれた。

区政府が資産評価の後に入札を行なったが,有利子負債の額がネックとなって誰も積極的には手を挙げなかった。村民はこれまで経営を担って事業を拡大し,雇用を創出してきた経営者L.J氏が引き続き同社の経営者であり続けることを望み,区政府がL氏を説得してL氏に負債ごと同社を引き取らせることにしたという。

(3) 従前の経営者L氏が債務ごと引き取る

L氏は1984年の村営事業の振興を牽引してきた実績をもち,J社の製品開発から販路拡大までもL氏が陣頭指揮をとって行なってきた。また,L氏は村の党支部副書記を兼ねる人物であり,J社の経営に関する情報をもっとも多く保有する立場にある。村の外には同氏以上にJ社の経営内容に通じた者はおらず,また村(コミュニティ)の財政を支える企業を託す人物は,コミュニティ

の一員である村民からすれば，村外に有能な人材がいたとしてもL氏以外には考えられなかったのである。

　この結果，L氏はJ社の負債を一手に負うこととなった。J社はこの財産権改革の前からすでにL氏の手腕によって，政策変更に巧みに対応し，輸出市場を開拓し，急速な発展を遂げようとしていた。このため，J社の成長と財産権改革との因果関係は不明である。しかし，際立って変わったのは，L氏が銀行借り入れによって工場拡張の投資を行ないながらも，村営事業時代より，有利子負債の圧縮を強力に図ったことである（L氏自身は以前から無駄な借り入れは行なっていなかったというが）。むろん事業の発展で自己蓄積ができたこととも関係があろうが，所有制の変更が「ハードな予算制約」に移行したのである。

　そして村はJ社をL氏に売却したことにより，2,000万元あった負債の返済負担を免れ，J社から毎年定額40万元を土地リース料として受け取ることになった（村の財政収入の90％近くに相当する）。

（4）雇用状況にみるJ社の競争力とコミュニティの紐帯のもつ問題

　このように村と企業とが財産権と財務面で分離されたが，財産権改革のプロセスにも示されたように，なおコミュニティの企業としての性格を残している。とくに雇用面では，なおコミュニティの制約が残っている。

　J社の従業員は現在約900人，うち50％以上は地元W村の村民で10〜20％は天津のその他の地域から，30〜40％が天津以外からの外来労働力である。技術開発や品質管理にはある程度専門性と経験が必要で，国有企業の「下崗」技師たちが多い。一般ワーカーは地元村民と河南，山東，安徽など全国各地からの外来労働力である（外来労働力の年間賃金は2000年で7,000〜8,000元）。

　同社ではL氏の経営方針で，必要な人材を村の内外にかかわりなく，能力主義で活用する方針を掲げ，外来労働力がワーカーから現場管理者に昇格した例もある。また社員を専門学校に送って訓練を受けさせたりもしている。

　村内の企業は村外労働力を雇う場合に村に上納金を納める必要があるにもかかわらず，地元村民の雇用を嫌う傾向があるという。というのは，村民が規律

を守らず，しかも解雇するのがコミュニティのしがらみのゆえに難しいためである。たとえばJ社でも規律を破って解雇した若者がL氏の隣人で，その親が泣きついてきたのでやむを得ず再雇用したということもあったという。

　制度改革は，コミュニティ事業体から「資本」への脱皮を意味するが，地域の党・行政の幹部が経営者であった場合，コミュニティの風土のなかで，彼（彼女）自身がいかに企業経営者に特化できるか否かが，その脱皮の帰趨を左右する。

　L氏は党支部副書記として，村の方針である村民の優先雇用を実行しなければならない。しかし，新規に村民を雇用するとその分外来労働力を解雇しなければならないため，コミュニティの原理が，同社の掲げる能力主義とバッティングすることが，コミュニティを支える党支部の幹部であり，かつJ社の所有者兼経営者であるL氏の悩みでもある。雇用に関して，安易に親戚や友人を引っ張ってくることを，J社はできるだけ避け，能力によって昇格させて責任を負わせる方針をとろうとしている。

　J氏は党支部の幹部ではあるが，村の行政運営には決定的なイニシアティブをもち得ず，村内ではむしろ経営手腕に比較優位をもっているようなので，やがて経営に特化する可能性がある。このような場合には，同社がコミュニティ事業体から資本へと転換する方向はよりはっきりしてくる。いずれにしても，制度改革の実際の推移と方向は，経営者の出自や地域との紐帯といったさまざまなファクターもあわせて考察される必要があろう。

（注）
1）この事例は，3Eプロジェクトで他のメンバーが訪問した際のノートによる（2001年8月29日訪問）。
2）2000年11月23日訪問。
3）2003年11月20日訪問。
4）2002年3月12日訪問。
5）周村区は全国でも早い段階で公有制郷鎮企業の制度改革が行なわれ，1987年6月に省委員会・政府から，88年4月に国務院から農村株式合作制の改革試験区に指定され

ている。周村区では1990年代前半には企業の株式における集団（政府）持分のシェアを下げた。われわれの訪問先では，92年に制度改革が実施され，地元政府の制度改革実施企業では，所有シェアが10％程度というものが多かった。さらに93年2月には周村区に株の店頭取引所が設置され，所有権の流通が始まった。店頭市場は淄博市の規模に拡大したようだが，後に中央の指導で停止されたという。

6）2001年3月2日訪問。

第2章【補論2】

地域経済のなかの郷鎮企業
―研究概観

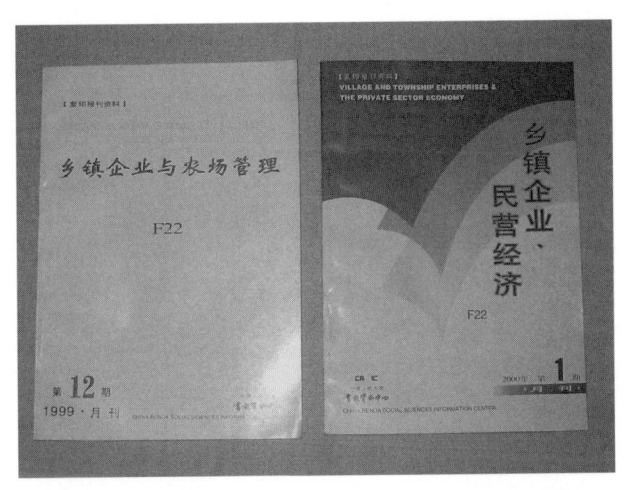

郷鎮企業に関する論文・記事を集めた『人民大学複印報刊資料 F22』は2000年から名称が変わった(『郷鎮企業與農場管理』から『郷鎮企業,民営経済』へ)

第2章【補論2】 地域経済のなかの郷鎮企業

はじめに

　郷鎮企業をめぐる研究にはすでに膨大な蓄積が存在している[1]。論点も多岐にわたり，ここで包括的に紹介することは，紙幅と著者の力量の両方の制約から不可能である。ここでは，第2章の論点とかかわる，地元政府と企業との関係に関する研究をおおまかにレビューしておこう。

　実態調査をふまえ，中国農村の基本的枠組みから郷鎮企業の位置付けを行なった研究は1980年代からすでに公表されてきたが[2]，80年代に行なわれた調査にもとづく最大規模の研究は Byrd.W & Q.Lin（1990）である[3]。同研究は，中国社会科学院と世界銀行の共同プロジェクトとして80年代に行なわれ，現在においてもなお，郷鎮企業に関する包括的かつ最大規模の調査研究の1つということができる。同研究では，集団所有制郷鎮企業は，人口移動が厳しく制限された条件下で①地元の余剰労働力に対する就業機会の拡大，②地元住民の生活水準の向上，③地元政府の財政収入の拡大—を図る手段として位置付けられている。すなわち集団所有制郷鎮企業が利潤最大化とは異なる行動メカニズムを有していることが明らかにされ，そこでは地域経済との紐帯の存在が指摘されているのである。

　1980年代から90年代初頭までの観察から生まれた研究上の1つの焦点は，個人による分有のない集団所有制が，ある時点まで，なぜ高度成長を実現したのかということにあった。

　分有のない集団所有制郷鎮企業[4]の高度成長の謎について分析し，多くの議論をよび起こしたのは Weitzman & Xu（1994）であった[5]。彼らは個人に分有化されていない所有形態を「曖昧な所有制」とよび，曖昧な所有制である集団所有制郷鎮企業が国有企業以上の高度成長を記録し，他の非国有企業とも変わらない効率を実現したことに注目した。そして，その要因を，集団成員間の相互信頼的な（東アジアに固有の）文化的ファクターに求め，明確な所有権が効率的経営の必要条件であるという従来の財産権理論は，このような文化的ファクターの影響が少ない場合を暗黙裡に想定していたと主張した。

Weitzman & Xu の主張は，移行戦略の選択に関連して，いわゆる国情の違いによって，所有制改革が必ずしも市場化のための必要条件とはならないことにつながる。ただし，中国農村には共同体的規制が色濃く残っていることは事実であるものの[6]，彼らの議論では，相互信頼的たらざるをえない，つまり相互協力的たらざるをえないことに，制度要因（＝戸籍制度による移住制限）がかかわっていることが重視されていない。当該地域の住民であることが，集団所有制郷鎮企業の残余請求権の条件であることを指摘しながら，この点が上記論点と結びついていないのである。そもそも中国において相互信頼的な文化的ファクターが存在していたかどうかも疑問である。むしろ戸籍制度という人為的制度の下に住民は協力的たらざるをえなかったというほうが，説明力があると思われる。また，末端農村が財政収入を程度の差はあれ自己調達しなくてはならない財政制度がおさえられておらず，このため，農村地方政府がなぜ積極的に集団所有制郷鎮企業を設立したのかが不明になっている[7]。

　地方政府の行動については，Oi, J.C (1999) の「地方コーポラティズム」論がある[8]。そこでは農村経済の発展パターンとして，地域の経済発展に強い関心をもつ郷鎮・村レベルの共産党や行政が企業と協同することが指摘されている。

　Weitzman & Xu（1994）と並び，多く引用されてきたのは Chang & Wang（1994）である[9]。彼らは集団所有制郷鎮企業の所有権を残余処分権と残余請求権に分け，前者を農村地方政府が，後者を農村地方政府と当該地域住民がもつとした。彼らは，中国のプロレタリアート独裁の政治システムが農村の経済生活レベルにまで及んでいることが，中国における集団所有制郷鎮企業の所有制構造の１つの基本的背景をなしているとし，農村地方政府が残余処分権をもつ根拠を，１つには国から与えられている権力に求めている。加えて Chang & Wang は，要素市場の未発達とイデオロギー的制約のゆえに，資金および資源といった生産要素の調達のうえで，農村地方政府が個別の私人よりも優位にあったことも，農村地方政府が残余処分権を行使しうる根拠であることを指摘した。そのうえで，彼らは市場志向型の改革の進展につれて，上記のような集

第2章【補論2】 地域経済のなかの郷鎮企業

団所有制郷鎮企業の構造は不適切となって私営化が進むとの予見を示している。

Chang & Wang の分析は政治システムと要素市場の未発達という側面をふまえ，市場化の進展につれて集団所有制郷鎮企業に限界が訪れることを示唆している点で優れた研究である。ただし，彼らの研究では，事実上の所有者である農村政府が集団所有制郷鎮企業を設立する動機として，当該地域住民の雇用・所得・福祉水準の向上と財政収入の調達があることを，先行研究をふまえて指摘しながら，Weitzman & Xu 同様，域内住民がなぜ残余請求権をもつのかについてはあまり関心がないようである。

1990年代前半までの観察事実からは，上記の Chang & Wang をはじめ，名目上の所有者と農村政府との間，農村政府と企業経営者との間にそれぞれ「委託・代理人」関係を措定する研究が多く発表され，曖昧な所有関係や所有者の不在が指摘されているが[10]，1990年代後半からは，集団所有制郷鎮企業の所有制の変更を伴う制度改革により，所有権が農村地方政府から経営者に移転する論理が，研究上の1つの焦点になった。集団所有制郷鎮企業の成長が鈍化し，さらに所有制の変更を伴う制度改革が行なわれるに至ったのは，中国の市場化の進展と競争の激化の結果とされている。

譚秋成（2000）[11] は，当該農村地方政府が集団所有制企業の所有者でありえたのは，市場が不完全で政府の役割が必要であったためであり，市場化の進展により農村地方政府は，その政治的能力によって支えられた所有者としての役割を，市場への対応能力をもつ経営者に取って代わられると述べた。そして譚は，このような移転は，上級政府の命令によるものでもなく，また当該地域住民の要求によるものでもなく，当該農村地方政府自身が所有者として得られる利益が減少するのに対し，コストが増大することによって引き起こされるのだと結論付けた。集団所有制郷鎮企業の制度改革が常に欠損を抱えた企業において要求されており，経営状況の良い企業については，政府がなお手放そうとしないことが，上記の論理を裏付けるものだと指摘した。そして譚は，最終的には，市場化の進展により，経営者が政府に取って代わり，企業の所有者となると結論付けている。これは分有のない所有形態である集団所有制郷鎮企業を，

市場経済形成の過渡期の存在として位置付ける視点をもっている。

ただし，最終的には経営者が政府に取って代わって所有者となるプロセスが，市場化とともに自然に実現するとは考えにくい。農村地方政府の経営状況の良い企業からの退出は，上級政府によるある種の政策誘導も伴って進行するのではないかと思われる。

委託・代理人関係に注目した研究が多いなかで，蓄積・分配メカニズムの視点から郷鎮企業の発展メカニズムの変化を論じた数少ない研究に韓雲（2000）がある[12]。韓は農村地方政府による資金調達・投資と集団所有制企業の運営を「行政性蓄積」と名づけ，これが原始的蓄積段階においては，Chang & Wang と部分的に同様の理由から，急速な産業形成と分配の調節に多大な貢献をなしたと評価している。しかし，韓もまた，そのような「行政性蓄積」が行なわれた制度的背景を指摘していないのである。

本書第2章では，以上の先行研究が示した，市場化過程のなかでの集団所有制郷鎮企業の過渡的位置付けと限界性の論理をふまえつつ，その一方で軽視された農村の制度的枠組みを明示的に前提とし，その枠組みの下に形成され，集団所有制郷鎮企業を基軸とする農村発展メカニズムが，市場化とともにどのように変化していくのかを事例分析を中心に論じた。そして所有権の改革を伴う制度改革が遅れた事例村が，業績のよい企業の制度改革に踏み切ろうとしている事実に着目し，そこに譚秋成が明確にしなかった，中央政府の市場観の変化との関連を見出している。

ところで，最近の研究のなかには人民公社期の社隊企業と1980年代以降の郷鎮企業との連続性を重視しない見方も出ている[13]。しかし，中国の国民経済発展における農村の位置付けとその変化を振り返るならば，農村経済を検討するにあたって，歴史的経緯や固有の制度的枠組みをふまえる必要があることは明らかであろう。これらを前提としなければ，何よりもなぜ郷鎮・村が集団所有制企業設立に邁進したのかが不明になってしまうのである。また，制度的枠組みを前提とすれば，農村集団所有制企業における諸変化が，地域経済のありようと密接な関連をもっていることもまた明らかである。広大な中国では集団

第2章【補論2】 地域経済のなかの郷鎮企業

所有制企業を地域発展の主体としてこなかった地域があることも事実である。しかし，それらの差異を分析するためにも，企業それ自体に限定されず，歴史的経緯，制度的枠組みをふまえ，地域経済を視野に入れた検討が不可欠だと考えるのである[14]。

(注)

1) 馮曲(2000)「中国郷村工業発展的漸進転軌」(『中国農村観察』第5期，pp.49-55)に1990年代以降の主な議論が紹介，整理されている。また，林漢川主編(2001)『中国中小企業改制模式研究』(中国財政経済出版社)は郷鎮企業を含む中小企業の制度改革を包括的に扱った研究として重要である。さらに，厳善平(2001)「郷鎮企業の所有制改革の展開と展望」(加藤弘之編『中国農村の市場化と郷鎮企業の変容』科研成果報告書，pp.61-76)は中国側研究者の議論と厳氏の調査をふまえ郷鎮企業の制度改革を論じた研究である。

2) たとえば中国社会科学院経済研究所編(1987)『中国郷鎮企業的経済発展與経済体制』中国経済出版社など。

3) Byrd W. & Q. Lin eds. (1990), *China's Rural Industry: Structure, Development, and Reform*, Oxford University Press, Oxford. 同研究の調査は江蘇省無錫県，広東省南海県，安徽省界首県，江西省上饒県において行なわれた。

4) 集団所有制企業の財産は1990年に公布された「中華人民共和国郷村集体所有制企業条例」第3章第18条において「その企業を興した郷あるいは村の範囲内の全農民の集団所有に属する」と規定されている(『経済日報』1990年7月12日)。

5) Weitzman M. & C. Xu (1994), "Chinese Township-Village Enterprises as Vaguely Defined Cooperatives," *Journal of Comparative Economics*, Vol.18, pp.121-145.

6) 郷鎮企業の成長を共同体的視点から分析した研究としてはJiang, S.H. & Hall, R.H (1996), "Local Corporatism and Rural Enterprises in China's Reform," *Organization Studies* 17(6), pp.929-952がある。

7) 農村財政と集団所有制郷鎮企業設立との関係については，Oiが，農業生産請負制の導入以後，農村政府が農業所得を直接控除することにより財源を確保することが困難になったことから，財源確保のため集団所有制企業を積極的に設立するようになったと指摘している。Oi. J.C. (1992), "Fiscal Reform and the Economic Foundation of Rocal State Corporatism in China," *World Politics*, Vol.45, pp.99-126.

8）Oi. J.C.(1999), *Rural China Take Off,* Berkley: University of California Press.
9）Chang C. & Y.Wang (1994), "The Nature of the Township-Village Enterprises," *Journal of Comparative Economics,* Vol.19, pp.434-452.
10）たとえば Hongyi Chen (2000), *The Institutional Transition of China's Township and Village Enterprises,* Ashgate, 劉志彪（1995）『産権・市場與発展 郷鎮企業制度的経済分析』江蘇人民出版社, 張維迎（1995）「公有制経済中的委託人―代理人関係：理論分析和政策含義」『経済研究』第4期, pp.10-20, 田国強（1995）「中国郷鎮企業的産権結構及其改革」『経済研究』第3期, pp.35-42, p.21, 胡必亮, 鄭紅亮（1996）『中国的郷鎮企業與郷村発展』山西経済出版社などがある。
11）譚秋成（2000）「市場的性質與企業所有権按排―郷鎮集体企業産権改革的経験」『中国農村観察』第1期, pp.30-36。
12）韓雲（2000）『郷鎮企業積累機制研究』中国経済出版社, pp.16-26。
13）馮曲（2000）前掲論文, p.53。
14）このような視点に立つ研究としては胡必亮, 胡順延（1996）『中国郷村的企業組織與社区発展』山西経済出版社, Byrd W. & Q.Lin eds.(1990), 前掲書などがある。

第3章

「異端」から「主役」へ
──市場経済形成のリーディングエリア・温州

温州は企業家精神に溢れている
（セラミックシール工場の経営者夫妻＝右から2人目，3人目＝於工場事務室）

異郷でも発揮される温州スピリット（瀋陽郊外で建設が進む温州資本の工場）

第3章　「異端」から「主役」へ

はじめに

　改革開放以来，中国では農村部の巨大な変化が内外の注目を集め，なかでも1990年代半ばに至るまで，「蘇南モデル」「珠江モデル」そして「温州モデル」が，農村の地域経済発展の3大類型とされてきた。

　「蘇南モデル」とは，大都市近郊という地理的条件に恵まれ，集団所有制郷鎮企業を主体とする農村経済発展の一類型であり，江蘇省南部（蘇州，常州，無錫）を典型地域とする。第2章で扱った天津のM村の事例も，「蘇南モデル」の一種であったといえる。「珠江モデル」とは，外資導入と委託加工型貿易に依拠する農村経済発展の一類型であり，珠江デルタ地域を典型地域とする。そして「温州モデル」とは，地場非公有制企業を主体とし，主に国内市場に依拠して成長を実現した農村経済発展の一類型であり，浙江省温州市を典型地域とする。地場非公有制企業のなかには急成長によって規模拡大を実現した企業群もある一方，そのほとんどが中小企業であり，温州は「中小企業の里」でもある。

　1990年代半ば以降，中国経済が「売り手市場」から「買い手市場」に転換することに伴い，かつて「共同富裕」を体現する「蘇南モデル」として知られた蘇南地域をはじめ，各地で集団所有制郷鎮企業の財産権をめぐる改革が加速している。そして，対外開放を先導してきた珠江デルタ地域では，国内市場の開放が進むにつれ，地場資本の重要性がより強く認識されるようになっている。

　その一方，「資本主義の揺籃」と称され，しばしばイデオロギー的批判にさらされてきた浙江省温州市の地域経済発展モデル＝「温州モデル」が，他地域にとっての参照経験たりうると主張する研究が，近年公表されている。「温州モデル」とは，上記のように，地場の非公有制企業を主体とし，主に国内市場に依拠して発展した地域発展の一類型であるが，競争の激化が財産権構造の変化を要請したことに加え，温州経済が示してきた明確な財産権構造の下での経済成長の実現が，財産権をめぐるイデオロギー面での転換も誘発したのである。

　たとえば，「温州モデル」を包括的に分析した，史晋川他編（2002）において，史晋川と朱康対の両氏は，温州を地域経済発展と制度改革の2つの側面からと

らえ，財産権の明確なシステムを先行して形成したことこそ地域経済発展のポイントとし，財産権の明確なシステムの形成という点で，他地域の参照経験となりうるとする[1]。この議論は，「温州モデル」研究を，温州内部ないし温州人に関する議論に限定することなく，中国経済の移行という，より大きな議論のなかに位置付けるものとして意義深い。しかし，「温州モデル」研究の意義は制度論的な視点に限定されてよいのであろうか。

本章では，「温州モデル」を地域産業発展と産業の連関そして技術・技能の所在という視角から考える。

前置きが長くなることを恐れずにいうと，先行して生産・流通を開拓し，市場経済を創出した温州企業家たちという主体的要素の存在に，計画経済時代に国民経済に蓄積された技術的基盤（本章ではこのような技術的基盤の蓄積を「技術的原蓄」と名づける）という利用されうる客体条件が組み合わさって，温州の急速な産業発展が実現したのである。このことから，企業家の存在という主体的要素と計画経済時代の蓄積された技術的基盤の結合場所の空間移転，広域化が，中国の体制移行を促進していることを強調したいのである。それゆえ本章は，「中小企業の里」温州から中国の体制移行を展望するものである[2]。

1 温州経済の基本状況

温州は浙江省の南部に位置し，人口約740万人（2001年）に対し100万人を超える人口流動があるとみられる。急速な非農業部門の成長に伴う労働需要増がネットで十数万人の域内流入をもたらしている。

温州の工業部門は1978年段階ですでに国有の比重が全国平均（78%）に比して極度に低く，地域産業発展の主体は小規模な地場非公有制企業群であった。温州の発展速度は，高度成長を続ける中国のなかでも，とりわけ著しく，全国平均の2.5倍以上のペースで成長してきた（表3-1）。1978年時点からすでに国有工業の比率は低く，現在は公共財の供給以外，国有部門はほとんどないか，あってもそのシェアは非常に低い。

第3章 「異端」から「主役」へ

工業生産では，靴製造，アパレル，電気器具（ブレーカー，スイッチ，リレー等）が3大業種となっているが，眼鏡フレーム，ライター，ファスナー，チェーン，バルブ，ボタン，徽章類，包装印刷機械，自動車・オートバイ部品，筆記用具，剃刀，皮革，照明器具などさまざまな産業があり，それらの多くが特定産地に集中的に立地している。また，産地と連関して専門市場も多数存在している。

表3-1 温州の基本状況

年	GDP/人(元)	GDP/人 78年=1(名目値)	GDP構成比(%) 第1次産業	第2次産業	第3次産業	国有/工業生産額(%)	人口(万人)	農業戸籍(%)	労働人口(万人)	就業構成比(%) 第1次産業	第2次産業	第3次産業	対外依存度(%) 貿易額/GDP	直接投資実行額/固定資産投資額
1978	238	1	42.2	35.8	22.0	35.3	561.3	90.0	200.7	n.a	n.a	n.a	n.a	n.a
1985	605	2.5	33.9	42.6	23.5	19.4	629.2	86.5	316.9	n.a	n.a	n.a	n.a	0.01
1990	1,174	4.9	27.4	44.7	27.9	16.5	667.0	85.3	346.8	47.9	23.0	29.1	1.0	0.7
1995	5,806	24.4	10.3	58.3	31.4	6.6	697.9	84.1	393.3	35.4	28.3	36.3	6.9	4.8
2001	12,637	53.1	6.2	56.6	37.2	2.6	738.8	81.8	431.1	30.8	29.1	40.2	24.1	1.4
(全国)	7,651	20.2	14.5	51.8	33.7	—	127,627	73.8	73,025	50.0	22.3	27.7	43.4	10.4

（注1）温州は3区，2県級市，6県から構成される浙江省下の市。
（注2）第5次人口センサスによれば2000年11月現在の市総人口は755.76万人，戸籍地以外からの市各地への流入人口135.47万人，戸籍地からの流出人口117.14万人，差し引き18.33万人が温州への純流入と解される。
（出所）温州市統計局編（2001）『温州統計年鑑』p.18，p.21，p.53，pp.55-56，同（2002）pp.39-42，pp.57-58，pp.386-388，pp.417-418，国家統計局編（2003）『中国統計年鑑』pp.17-19，p.38，pp.43-44，p.53，p.158により作成。

2 「温州モデル」の形成過程とその背景

(1) 基本条件

史晋川他編（2002）に沿って，「温州モデル」の形成を確認すると，それは，改革開放以来の経済発展が，財産権の明確な非公有制経営体を主体とし，マーケットフレンドリーな政府の対応によって実現されてきた点に集約される。

同書にも反映されているが，温州における産業発展と市場経済の形成は，商品経済の歴史的伝統[3]と計画経済期から移行初期における環境条件を含む，温州のもつ条件によるところが大きい。計画経済期においては，安全保障上の理由から国家投資が控えられ，計画経済運行の基盤が弱く，農村部では著しい

「人多地少」のため集団農業の成立条件を欠いた[4]。温州では都市部工業の下請業務を得ることが困難であって、集団経済そのものの基盤が脆弱であった。このため、域内で非農業部門の生産・流通に私的に従事するか、あるいは域外へ出稼ぎに出る以外、選択肢がなかった。それゆえに、改革開放によって政策が緩和されると、政府も非公有制経営体と政治的リスクを分かちあう微妙な舵取りで、非公有制経営体の発展を促進する対応をしていったのである。

(2) 市場条件と産業形成

以上のような基本条件の下、生産に従事する非公有制企業の規模は当然零細で、蘇南地域の集団所有制郷鎮企業のような、まとまった初期投資は困難であり、いわゆる小商品レベルへの参入以外選択肢はなかった。しかし、その供給は、財の種類・質と価格の両面において、国内市場の需要に合致するものであった。

加えて、「温州モデル」の形成にとって決定的に重要なことは、市場における需要を察知し、先行して供給・販売を行なうネットワークを形成することができたという面での「先行性」である。温州人の間では、外地での綿の打ち直し等の出稼ぎや商業活動による広域の人的流動に始まり、血縁・友人関係を紐帯とする情報の連係が「温州ネットワーク」として形成され、上記の先行性を勝ち取ることに成功した。生産力を拡大した一部の企業群は品質維持を目的に自社の販売ネットワークを構築し、その取引は専業市場を経由しないものへと移行しているが、そうしたネットワークの内部化の際においても、流通・商業の経営主体が温州人であるなど、ネットワークが再編された形で利用されている。

恒常的消費財不足にあった計画経済下で、温州では、再生繊維産業などが地下経済として存在し、さらに文革期の混乱が全般的供給不足を引き起こしたことを奇貨として、温州の一部の非公有制企業が発展した。さらに改革開放以後、農業改革が農村の内需を急拡大させたが、国有企業の供給は不足し、需要への適応力を著しく欠いていた。温州の非公有制企業が参入可能であった産業と、農村を中心に爆発的に拡大した中低級品に対する需要とが一致して、温州の非公有制企業の資本蓄積が進んだ[5]。このプロセスで法的・イデオロギー的に

非公有制企業では取引上，不都合があったため，公有の名義貸し（「挂戸経営」）が編み出され，さらに，名義の借り手のモラルハザードを貸し手が監視するコストが高まり，他方，経営的に成功した一部の非公有制企業（名義の借り手）において経営規模拡大が必要になると，イデオロギー上の制約と金融面での制約を突破する政策的「工夫」が打ち出された。それが「株式合作制」であった。

改革後爆発的に拡大した需要と，それへの供給とを結び付けたのは，既述の出稼ぎの伝統が創り出した情報のネットワークである。解放前から連綿と続いた人的流動は，文革期には毎年数万人規模に達し，さらに1970年代末以後，綿打ちなどの技能労働を中心とする出稼ぎは30万人規模に拡大していた[6]。各地で市場情報に接してきた温州人や先見的能力をもつ一部の者が，改革開放以後，生産や流通に従事して成功すると，顕在化した需要情報に血縁者をはじめ近住者が追随することで，村や郷鎮を単位に「産業集積」が形成されていった。そして出稼ぎ労働者群や農業改革以後脱農した農村住民，さらに製販一体化した経営体から販売に特化した農家の構成員などが，域外の需要発見と流通の媒介に従事する一方，また固定式の専門取引市場（専業市場）が形成され，生産から販売に至る温州人主体のネットワークが形成された。温州人の血縁，友人，同郷・地縁を紐帯とするネットワークは，域外での活動のリスクやビジネスのコストを低減する役割を果たした[7]。

（3）地域発展モデルとしての参照可能性

史晋川他編（2002）では，「温州モデル」形成には，時期的・地域的特殊性が影響していたことが指摘されながらも，「温州モデル」の「先行性」を「財産権の明確なシステムを先行して形成したこと」に求めている[8]。この主張に立てば，「温州モデル」の特徴が財産権の側面に収斂され，「財産権の明確化＝温州モデル化」という単純化に帰結しかねない。

3-1 市場経済形成期における資本の調達と経営資源，販路・需要情報の所在

温州において，分有されたという意味で財産権が明確であったというのは，意図したものではなく，特定の政治経済条件の下での零細経営の結果である。

他方，第2章で天津の一村の事例から具体的に描いたように，「蘇南モデル」が成立した地域では，集団所有という形態が，政治的環境に合致したことに加え，資金調達や経営資源の獲得，情報収集などの面で非公有制企業よりも有利であったがゆえに，「曖昧な」（分有のない）所有形態である集団所有制企業が，売り手市場という市場環境の下で成長を可能にしていたのである。したがって，市場経済の形成期という移行における特定段階では，「財産権の明確なシステムを先行して形成したこと」は必ずしも成長の必要条件となっておらず，分有化された「明確な財産権」は，市場化が進展し，競争が激化した段階で初めて地域の特殊性を超えた普遍的な課題になると考えられる（第2章補論2参照）。

　さらに，出資や経営の合法的権利が同様に与えられるようになっているにもかかわらず，温州の遠隔地においても，投資領域によっては地元資本よりも温州資本がビジネスチャンスをものにしていく現状は，財産権制度だけでは説明できないようにも思われる。

3-2　担い手の蓄積

　その差は，おそらくは冒険心や企業家精神をもつ人々が社会的に蓄積されてきたか否かという点によるものであると考えられる。温州の特殊な歴史的・地理的環境からそうした蓄積ができた。他方，「蘇南モデル」が成立しうる地域では，担い手となりうる人材が集団経済の中に取り込まれてきた事実があり，地域やその構成要素である企業の発展に関しては，単なる財産権構造の問題だけでなく，主体的な担い手の蓄積の如何にも注目すべきである。未発達地域の開発は，むしろ経済発展の担い手の有無のほうが基礎的な問題であろう。

3　産業連関と市場

　これまでは，制度と財産権をめぐる「温州モデル」の評価に関して論じてきたが，以下では産業形成とその技術・技能の視点から温州の地域発展を考える。
　近年，地域経済の競争力を論ずるものとして，産業集積が内外の注目を集めており，温州の産業集積群の研究も行なわれつつある[9]。このことは承知し

ているが,本節では,国民経済の移行との関わりという視点から,技術や技能の蓄積の所在に注目しつつ,産業連関に重点をおいて論述をすすめる[10]。

(1) 産業連関と市場からみた温州経済の特徴

前述の史晋川他編（2002）において,趙偉氏は,上記のように温州モデルの特徴として,域内民間資本による資本形成と国内市場依存を指摘している[11]。この点をより深く検討することで,財産権アプローチとは異なる視点から,中国経済の移行における「温州モデル」のもつ意味を提示できると考えられる。ここで「温州モデル」と「珠江モデル」との産業連関と市場の違いをその理念型から簡単に確認しておこう。

1-1 「珠江モデル」の産業連関と市場

珠江デルタ地域の「珠江モデル」は委託加工輸出型工業化モデルであり,単純化すれば,機械設備や原材料を国外からもち込み,加工・組み立ての後,製品を輸出する（図3-1）。しかも,生産主体は主に外国資本であるため,利潤は国外にもち出される。国内に対する主な効果は,域外ワーカー中心の雇用創出と,これに伴う消費需要の発生,送金および地元政府の地代収入（そして税収）である（現実には珠江地域にも地場資本の発展が観察されており,上記の「理念型」がそのまま該当するわけではない）。また,地域経済として,国際市場の変動リスクを外資の都合によって負わされることにもなる[12]。

1-2 「温州モデル」の産業連関と市場

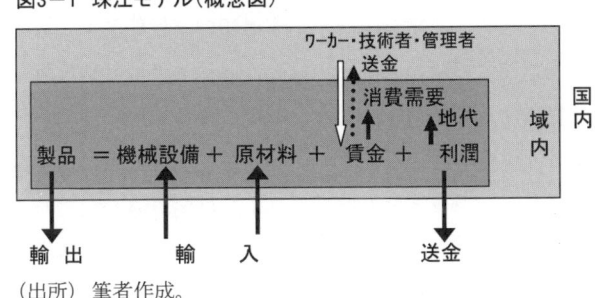

図3-1 珠江モデル（概念図）

（出所）筆者作成。

一方，温州の産業は，計画経済期における生産計画の不整合や政治的混乱から生じた供給不足，そして改革開放初期に農村を中心とする改革を通じて生まれた，質的要求は低いが膨大な国内需要に応える形で生成（ないしは在来製品が）発展してきた。そこでは，製品が主に国内市場に供給されただけでなく，使用する設備産業の形成が誘発され，機械設備・原材料部分も，当初はほぼ国内調達であった。それゆえ消費需要（賃金部分）のみならず，機械設備・原材料に対する投資需要も国内に発生し，しかも，各種財の生産者は国内資本であるから，利潤部分も国内に残り，それは追加的消費需要と追加的国内投資需要として機能してきた（図3-2）。

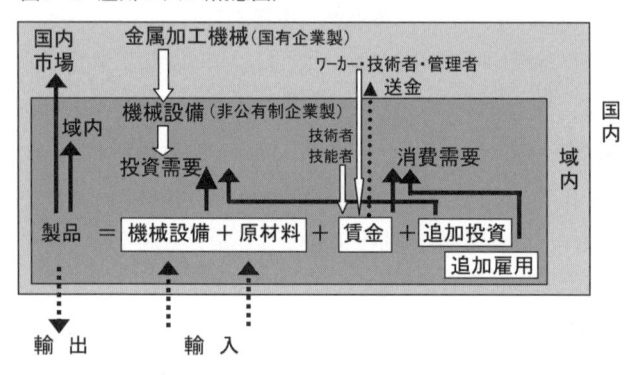

図3-2　温州モデル（概念図）

国内市場　域内
金属加工機械（国有企業製）
機械設備（非公有制企業製）
投資需要
ワーカー・技術者・管理者　送金
技術者　技能者
消費需要
国内　域内
製品 ＝ 機械設備 ＋ 原材料 ＋ 賃金 ＋ 追加投資
追加雇用
輸出　輸入

（出所）筆者作成。

　「温州モデル」は，「珠江モデル」に比べて，投資需要に対応する生産財供給者が国内で存在する点で，国内の産業連関の直接的効果が大きく，ある産業の発展が域内に関連産業の発展を誘発していくメカニズムを有してきた。たとえば温州を代表する産業の1つである革靴の生産においては，後述のように国内需要に向けた生産の急速な拡大が，国内製靴産業の原材料・機械設備需要を拡大して，これらの形成と発展を誘発した。地場資本が成長しえたのは，中国において「供給が需要を生み出す」という市場が，膨大な規模で，しかも供給側にとって適切な水準（輸入品では価格競争力を持ちえない中低級品需要）で存在

したことが，大きく影響している。また，国内に機械産業（とくに金属加工機械産業）を形成しえたことは，外貨制約の影響をほとんど受けずに産業形成が行なわれたことを意味し，途上国の産業形成にとって，このことの意義は大きい。

なお，温州の靴や眼鏡，靴下，ライターなど主力産業の製品は現在国際市場においても大きなシェアをもつに至り[13]，他方，素材や機械設備の輸入が急増しているので，このモデルは理念型にすぎないが，なお温州の対外依存度は貿易と直接投資のいずれにおいても，蘇南地域や珠江地域に比してはるかに低く，産業が地場資本主体である特徴に変化はない[14]。

（2）国内産業連関と「技術的原始的蓄積」

2-1　国内産業連関形成の構成要素

先行成功者への模倣・追随によって地域産業が形成されたことから，温州の産業形成の要素として，需要情報の捕捉がとりわけ強調される傾向がある。

温州に形成された産業集積の一部（たとえばボタン）をみる限りではそれは誤りではない。しかし，それだけでは，モノづくりの技術がいかにして習得されたのかが理解できない。温州は，小型旋盤や鍛造機械から印刷包装機械，各種靴製造関連設備，さらに耐久消費財に至るまで多様な機械産業も擁している。たとえば革靴製造業は，域内に加工設備製造業が形成されることにより，一定品質での量産を実現しており，域内での機械産業の形成は温州における産業形成の重要な構成部分となっている[15]。

地場資本の機械産業の成立を可能にした要件は3つに分けられる。第1は，繰り返しになるが国内市場の規模と質である。加工対象の需要が量的に大きくなければ，加工機械に対する需要は生まれにくい。また，加工品の精度がさほど要求されず，低価格であることが求められる場合には，輸入機械は用いられない。

ゆえに第2の要件は，このような市場需要に質的に適合する機械設備を生産しうる主体の存在である。顕在化した，あるいはなお潜在的な需要情報を察知するという能力に加え，そうした情報を製品化に結び付ける素養をもつ担い手

が，温州では非公有制企業として群生した。非公有制企業群の企業家には，販売活動から販路情報と資本を蓄積して起業した例が多いが，同時に自身が公有制企業において技能者であった例も多い。とりわけ機械産業について，われわれが行なった調査によれば，そのサンプル数は非常に限られてはいるものの，共同経営者も含めて，機械製造や設備メンテナンスに従事した職歴を有していた[16]。

温州の非公有制機械産業は，農村および都市の改革で膨大な消費需要が発生して加工設備需要を派生させた機をとらえて成長したのであったが，その際，企業家は上記のような技能的背景をもって，起業後，公有制企業の製品を，価格と質の両面において，ユーザー＝中小・零細企業群の需要により適合するアレンジ（簡易化）を行ない，業績を伸ばしてきたのである[17]。そうした技術や技能の担い手は仮に農村戸籍であったとしても，農業から工業に転じてすぐの者たちではなく，多くは計画経済のシステムの下，公有制工業部門で形成されたのである。また，そうしたアレンジ（簡易化）に加工設備が用いられる場合，多くは国有企業製のそれであった。

そこで第3の要件は，公有制部門における技術や技能形成とその蓄積の存在である。ここでは，それを「技術的原始的蓄積」機能とよびたい。

2-2 「技術的原始的蓄積」形成の所在

この原始的蓄積機能は，地元の集団所有制企業と国有企業（とくに国有大企業）という2つのレベルに分かれて形成されていた。

温州での聞き取りの範囲（製造業30社弱）では，起業に際して創業者が技能者出身ではない場合や，創業者ら内部の人的資源では不十分な場合，とくに初期段階においては，都市の公有制工場の技術者や技能者を招聘して技術・技能を取得している。さらに競争が激化し，品質向上の要求が強くなると，非公有制企業群は，国有企業の退職技術者や品質管理担当者などを招聘して競争に対応している。

計画経済の時代においては，一般に重工業を中心とする国家レベルの技術革新の成果は国有大企業に集中的に供与され，それに対応する人材の育成が国有

第3章 「異端」から「主役」へ

大企業で行なわれた。国有中小企業や集団所有制企業はそうした恩恵に与ることが少なく，軽工業や一般機械工業をカバーすることとなった。中小規模の企業群は，資金，設備，人材面で大企業に比して不利な条件にあったが，生産過程での問題処理や在来技術の効果的活用といった点で，器用で有能な熟練工や技能者を育てることになったのである[18]。それゆえ，彼らは設備の使用から図面の読み取り，製造までさまざまな工程に対応しえたのであり，元の職場とは異なる機械設備や耐久消費財の生産にも対応できた。他方，計画経済期には，国有企業部門では比較的高度で専門化された技術者が育成されていた。

そして，このような技能者・技術者の蓄積が，現在，競争の段階に応じて非公有制企業群において活用されているのである。

図3-3には聞き取りと関連資料をもとに，温州の製靴産業と靴製造設備産業の例を示した。実線の丸囲みは計画経済時代の循環，点線の囲みはその溶解によって形成された循環である。製靴メーカーも設備メーカーもともに，その多くが公有制企業群において形成された技術者・技能者らのスピンアウト（流出）によって担われた。膨大な靴需要の顕在化が靴メーカーの新規参入を促し，そのことが地場非公有制設備メーカーの形成を誘発し，さらに地場非公有制設備メーカーが中小零細靴メーカー向けにアレンジ（簡易化）を行なうことにより，靴メーカーの機能・価格要求に適合した設備が供給されるようになった。アレンジ型開発は，かつての日本が途上国であった時期にも観察されたものである。

1980年代後半に発生した温州製の粗悪な靴の問題がある程度解消されたのは，市政府や業種協会の品質基準管理の取り組みだけでなく，靴需要と生産の増加に対して設備産業が誘発されることにより，そしてそこでアレンジ（簡易化）が行なわれることにより，温州の靴メーカーの品質の底上げが可能になったこととも関係していると筆者はとらえている。

加えて，中低級レベルの軽加工機械や耐久消費財の製造には，ほぼ例外なく国内国有企業の金属加工機械が主に用いられており，温州においてさまざまな軽加工機械や耐久消費財の製造を可能にしたのは，計画経済期間に形成された国有企業による，金属加工機械の供給であるといえる。

図3-3 温州の製靴産業の構造変化

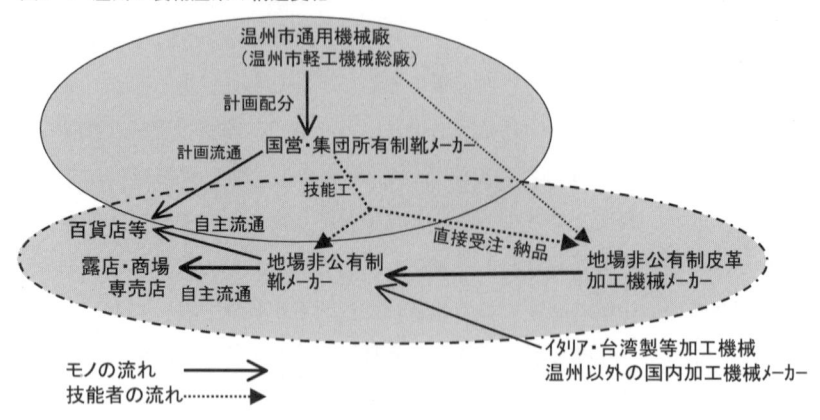

[図：温州市通用機械廠（温州市軽工機械総廠）から計画配分で国営・集団所有制靴メーカーへ、計画流通で百貨店等・露店・商場・専売店へ。技能工の流れが地場非公有制靴メーカーへ。地場非公有制皮革加工機械メーカーから直接受注・納品。イタリア・台湾製等加工機械、温州以外の国内加工機械メーカー。モノの流れ、技能者の流れ]

(注1) 地場皮革加工機械メーカーには当初は独立しておらず，公有制企業から独立した靴メーカーが設備を内製していた事例がある。この事例では非公有制靴メーカーの設備需要が大きいことをみて，設備製造に特化することとなった。
(注2) イタリアの靴加工設備が1987年に温州に入ってきて以来，90年代後半に至るまで，温州の靴加工設備メーカーはイタリア，台湾等の先進設備をアレンジしてきた。不要な機能を削ってコストを低減し，温州の中小メーカーの需要を満たしてきた。
(注3) 近年，上位靴メーカーは品質向上のために台湾・イタリア製設備の導入を図っており，また東莞などの靴加工設備メーカーの追い上げもある。温州の靴加工設備メーカーは成長の結果，製品多角化を志向したが，多角化が，靴加工設備メーカー間の関係を従前の分業関係から競合関係に変え，価格競争が激化し，資本蓄積を困難にしつつある。これを受けて，各メーカーは再度すみ分けを図ることを模索しているという。
(出所) 現地調査・聞き取りおよび温州採購網（http://www.wzcgw.com/news/news.asp），温州市志編纂委員会編（1998）『温州市志』（中），中華書局により作成。

　いずれにしても，温州において形成された非公有制の各種機械製造企業群は，国有金属加工機械のユーザーとしてあらわれ，かつそれらの製品は，価格と質の両面で最終製品そのものやパーツを加工製造する企業群の需要に適合して，製品やパーツの量産を実現し，価格と品質の両面で最終需要に適合する最終製品が供給されるという連関が形成されたのである。

　以上のように，温州の産業発展は，中国における市場特性に加えて，技術的源泉や産業機械供給という面で，計画経済期（または移行の初期）に公有制部門に形成された技術的ないし技能的蓄積の利用のうえに実現したものということ

第3章 「異端」から「主役」へ

ができる。これは計画経済の「技術的原始的蓄積」機能ということができよう。こうした温州の産業発展の姿は，同時に，中国の非公有制地場資本がなぜ急速に発展しえたのかという点を説明しているのである。

2-3 産業連関の再編

温州の産業発展は，中国の産業発展と市場競争の今後のありようを占ううえでも興味深い視点を提供している。温州経済は1990年代後半以降，対外依存度を高めている（表3-1）。そして一部の産業の上位企業群では，内外市場での競争に対応し，品質を高めるために設備および原料を輸入するようになっている。これは，競争の激化と品質向上の必要性に対し，国産設備や原料が応えられず，産業連関のなかに国外取引が組み込まれ始めていることを示唆している。また，これは国産投入財の部分的迂回という，産業連関の再編を意味し，産業集積の視点からみると，一部のユーザー企業が，生産規模拡大と品質向上とともに，地域の産業集積を「卒業」していくことである。この結果，実際に，温州に成立した非公有制金属加工機械メーカーには一部，輸入機械設備販売業者へと姿を変えつつあるものもある[19]。ただし，広範に階層化されかつ各階層が分厚いという市場特性から，集積を構成する中小の中低級品生産企業群向けに，国産設備・原料メーカーは一定程度は生き残っていくと考えられる。

4 温州の地域産業発展と体制移行への含意

（1）産業発展と体制移行との関係

既存研究（補論参照）が示すように需要の察知とネットワークの形成のアドバンテージが温州の急速な産業形成と経済発展を導いてきたことは事実である。また，温州の経済発展がこれまで内需主導型であったこと，製品の販売エリア（および労働力や生産手段の供給元）が国内では全国に広がっていることは，温州経済が巨大な国内市場の存在を前提として，初めて成立することを示している。

他方，中国経済全体にとっても，温州のように，商品経済の伝統が計画経済

期も連綿と続いて，企業家予備軍を蓄積し，改革開放以後，そのポテンシャルが一気に解放されるに至った地域を抱えていたことの意味は大きい。体制移行とは，すなわち計画経済から市場経済への移行であるが，もし中国が国有企業主体の企業構成で計画経済が厳格に機能した地域だけから構成されていたならば，移行は文字通り計画から市場へのシステムの組替えを課題とすることになり，その過程にはより困難が伴ったであろう。

　温州地域には，上述のように歴史的経緯から，企業家的資質が涵養され，かつ市場情報へのアクセスも形成されたために，同地の企業家は（自身が習得した技能・技術以外にも）計画経済期に国内に形成された技術的蓄積を先んじて利用することができ，市場を先行して占拠し得たのである。しかし，計画経済期に国内に形成された技術的蓄積を利用できなければ，温州のような地域では，早い段階でその発展に限界が訪れたであろう。広大な中国に多様な地域経済が形成され，改革開放以後，技術的基盤と商品経済のエッセンスとが結合されたことが，持続的成長を伴う中国の市場経済化を可能にしてきた要因であると思われる。すでに温州から他地域への資本移出という形で未発達地域の市場経済化や旧計画経済地域の改革促進という次の段階が始まっている。

　もちろん，商品経済の歴史的伝統の影響を受けていると思われる温州の社会環境の下での，市場マインドをもった企業家群の蓄積が，「温州モデル」を構成する主体的要素であることは，何度強調してもしすぎることはない。技能的背景をもつ者が市場機会を発見，参入して非公有制の加工設備産業を形成し，市場の需要に適合するように既存製品のアレンジ（簡易化）を行なったことこそが，域内産業連関形成のカギであった。このことを考えれば，市場の発見や需要への適合という企業家の能力が重要であることは当然のことといえる。

　ただ，本章で同時に強調したいのは，温州の産業が無から生じたのでは決してなく，生産活動の裏付けとなる「技術のタネ」が計画経済期に形成されており，それを利用しえたという点である。加えていえば，技術のタネは地元の公有制企業に形成されているものもあり，全国の国有企業に形成されたものもある。それゆえ計画経済期は，その後の産業形成と市場経済化にとって無意味な

迂回路では決してなく，急速な産業形成と市場経済化にとっての「技術的原始的蓄積」期であったといえるのである。

（2）国内資本移動による計画経済主体地域の改革

　近年，温州企業の域外への「流出」が発生している。それは，1978年から92年までは零細な商人的出稼ぎを中心とする商業投資を主体とし，92年から97年の間に商業投資が発展するとともに生産性投資の萌芽が生まれ，97年以降は生産性投資と企業の移転が活発化しているという[20]。企業の域外への移転に対し，温州市委員会政策研究室は，温州経済自身が全国の経済あってのものとの認識を示し，流出を阻止することはできないとしている[21]。企業の流出の背景は2点あると考えられる。

　第1は，温州の工業生産の急速な発展と土地の制約との矛盾から発生しているということである。著者らの訪問した企業でもしばしば土地調達コストの高騰が指摘された。これに関しては，温州市は長江流域の地域に倣い，周辺地域との広域発展を打ち出している。

　第2の背景は，温州の産業の質的変化である。かつては域外で発見された需要が，温州ネットワークによって伝えられ，零細な生産者が温州で生産し，専業市場経由であるいは直接，温州人の販売人員によって全国各地へ販売されてきた。しかし，すでに述べたように，有力企業群が規模拡大をとげ，調達と販売における質と量を確保するために専業市場を迂回し，自ら調達と販売のネットワークを形成するに至り，とりわけ販売に関しては消費地への近接性が重要性を増してきた。さらに競争に対応すべく管理・技術の人材を確保するうえでも，温州に立地するよりも消費地でもある大都市にオフィスを構えることには意味がある。また，規模拡張のためにも，外地企業を合併・買収するケースがある。このほか，大量の温州商人が大消費地で定住して商業活動を行なうようになったことを受けて，一部の温州人投資家は，温州商人を中心に卸売・小売流通業者が入居する商業テナントビルの建設に投資しているなど，一種の資本移出が進行している。

上記のような事態の一部は，上海など大都市への一極集中を促すことにもなるし，また「温州マネー」による不動産投機がしばしば問題視されていることは承知している。しかし，温州からの資本移動や経営メカニズムの伝播は，発展途上地域や計画から市場への移行過程にある他の地域の市場経済化を促すことにもつながる点で評価できるのではなかろうか。温州周辺地域への温州企業の進出は，発展途上地域へ温州経済の発展を波及させるものであるし，温州企業のプッシュ圧力が，なお計画から市場への移行に呻吟する，国有企業の集中立地地域の域外資本導入政策とうまく結び付くことによって，これらの地域の移行を促進する可能性ももっているのである。たとえば，遼寧省瀋陽市では，市政府が温州を含む南部地域への代表団を組織して，投資誘致活動を行なっている[22]。このような投資誘致（プル）は域内からの資本の移転（プッシュ）圧力があってこそ実を結ぶものと考えられるから，温州域内から企業が外地に拡張ないし移転する力が働いていることは，中国全体の市場経済化進展にとっては有益である。

　資本移出が温州の産業空洞化をもたらすのかという点については，温州において域内投資が依然として高水準で伸びていることが，その答えになろう[23]。

　以上のように，計画経済期にその発展が抑制されたものの歴史的に商品経済のエッセンスをもつ地域や，計画経済期に技術的蓄積が形成された地域が並存し，それらの要素が再編，利用されているのが中国経済の現段階であると考えられる。

〔追記〕「東北振興」における資本移出の役割―瀋陽と温州資本の事例[24]
　東北地域（遼寧・吉林・黒龍江）は，かつて計画経済を支える心臓部ともいえる働きをしてきた。ところが，中国の市場経済化と対外開放が進むなかで，著しい停滞に陥り，その停滞は一時「東北現象」と称された。しかし，2002年秋の党大会において東北振興の重要性が指摘され，そして翌年5月末から6月初めの温家宝総理による遼寧視察以後，東北地域は再び振興の対象として脚光を浴びることとなった。東北振興には，その歴史的経緯[25]と経済構造のゆえに，

第3章 「異端」から「主役」へ

再生には膨大な資金と技術を必要とすると同時に，市場経済の担い手（ないし担い手を解放する制度政策）を必要としている。

ここでは，東北地域の要の都市ともいえる遼寧省瀋陽市を事例として，温州資本をはじめとする国内資本移出の意義について簡単に触れておこう。

瀋陽は人口約740万人を擁し，計画経済を担った東北地域でも有数の重工業都市で，現在構造調整のさなかにある。とくにかつての重工業の心臓部であった鉄西区では，既存工場の移転を伴う立地改造と資本誘致による劇的な構造調整が進行中である。瀋陽の域内生産額（GDP）に占める非国有比率は2004年でなお57％にとどまり（遼寧省レベルでは2004年にようやく50％を上回った段階），瀋陽は，国有企業のリストラによって生み出される失業への対策と産業構造の転換という，まさに計画経済から市場経済への移行の課題そのものと正面から向き合わざるをえない地域なのである。

この調整を財政資金にのみ依存することは不可能であり，域外からの資本導入が必須となる。そのため本章注22でも指摘したように，瀋陽市自体が域外資本の積極的誘致に動いている。その際，資本と技術をもたらす外資への期待が大きいのは当然ながら，著者が強調したいのは国内域外からの資本移出の役割である。たとえば，上記の鉄西区の域外資本誘致の実績では，累計金額で外資100億元（15億ドル）に対し，国内の域外資本はその4倍の400億元にもなり，工業投資に集中する傾向のある外資と，都市インフラ建設（不動産・商業開発）などにも多くの投資を行なう国内域外資本とでは補完関係にもあるといってよい。

瀋陽市全体では2002年8月〜2004年12月までの間に700億元の国内域外資本の投資があったが，資本移出側の地域は，江蘇，浙江，福建，広東など，南方が主であるという。これらの地域は，非公有制経済の発展のゆえに，資本が豊富で，かつ地域間移動が容易な地域である。

なかでも総額でみた場合の温州資本のポジションは突出しており，温州商会によれば，2003〜2004年の2年間で温州資本の対瀋陽投資額は200億元に達しているという。温州資本の投資には，とかく不動産買い漁りという批判がつき

まとう。しかし，地域経済再生において，瀋陽市の温州資本に対する期待はきわめて大きいことも事実で，実際，瀋陽市長は2001年の着任以来5回，温州に投資誘致に訪れ，2004年には瀋陽で「温州デー」の催しが行なわれた。瀋陽にある温州商会も，市内で商談会を開催している。温州資本の対瀋陽投資は2003～2004年については不動産開発（商業テナントビル開発を含む）が80％ほどを占めていたが，2005年に入って，製造業投資が60％（1－2月）と不動産投資を逆転しているという。温州資本の東北における製造業展開は，業種でみると，ステンレス加工，バルブ，自動車部品加工その他で，アパレルや皮革，眼鏡などは流通部門が進出してきている。

温州資本は製造業にせよ非製造業にせよ，まずは市場のチャンスの有無を出発点に，リスクをとって進出し，製造業においては東北の相対的に低い労働コストと市場ニーズに合致した設備，技術をフレキシブルに利用している。温州商会での聞き取りでは，温州人は1980年代半ばころから瀋陽に個人販売商等としてやってきたようで，漠然と出てきたという瀋陽在住温州人経営者もいたが，他方，東北は重工業都市だから「補修部品のニーズがあるはずだ」「軽工業が薄いなら，軽工業品が売れるはず」という判断で瀋陽でのビジネスを始めた人もいた。また，訪問する機会をもったあるメーカーでは，広域の取引の際に，取引相手が温州人だと安心できるという指摘があり，温州人同士という一種の「社会資本」が，情報コストを下げ，他者に先駆けた，あるいは他者よりも迅速な取引範囲の拡大を実現したものと考えられる。

瀋陽の国有企業と異なる点は，温州資本が政府の（経営にかかわる）人的管理や資金供給から独立している点である[26]。たとえば，上記のメーカーは数千万の投資でさえ，自己資金で行なっており，銀行から借りたことはないと述べていた[27]。もちろん温州資本の成長に伴い，信用度も高まり，銀行からの融資も容易にはなっているという。

温州資本の進出が瀋陽経済にもたらす効果は，投資や雇用の増加にとどまらない。温州商会で強調されたのは，雇用増大への貢献のみならず，東北の人々の国へ依存しがちな考え方の変革に大きな貢献をしているという点であった[28]。

第3章 「異端」から「主役」へ

（注）

1）史晋川他編(2002)『制度変遷與経済発展：温州模式研究』浙江大学出版社, pp.3-25。
2）本章の論述は，主に2000年9月3日～6日，2001年7月15日～20日，8月27日～29日，2002年8月27日～30日，2003年9月3日～6日の温州調査および2005年3月15日～16日の瀋陽市中小企業局，温州商会における聞き取りにもとづいている。
3）解放前の温州における商品経済ならびに工業の発展については，温州市志編纂委員会編（1998）『温州市志』（中）中華書局，兪雄，兪光（1995）『温州工業簡史』上海社会科学院出版社を参照されたい。
4）1978年の段階で農村労働力平均耕地面積は浙江省平均の3分の1にすぎず，農村労働力の70％が過剰であり，また温州に対する建国以来の投資総額は5.59億元で，人口1人当たり投資額では浙江省平均の3分の1程度にすぎなかったという（温州市志編纂委員会編（1998），pp.1039-1040）。
5）1970年代末から80年代前半までの国民経済の成長は農業改革を契機とする農村の購買力向上と投資行動によって牽引された（周其仁編（1994）『農村変革與中国発展1978-1989（上巻）』Oxford University Press, pp.105-108）。
6）張仁寿・李紅（1990）『温州模式研究』中国社会科学出版社, p.28。
7）王春光（1999）「温州人在巴黎：一種独特的社会融入模式」『中国社会科学』第6期, pp.106-119，同（2000）「流動中的社会網絡：温州人在巴黎和北京的行動方式」『社会学研究』第3期, pp.109-123。
8）史晋川他編（2002），p.12。
9）温州を含む中国の産業の集積に注目した研究は，日本国内ではこれまで丸川知雄（2001）前掲論文，加藤弘之（2002）『現代中国経済6 地域の発展』名古屋大学出版会，加藤健太郎（2003）「中国の市場経済化と内発的発展―温州の経済発展と産業集積―」『世界経済評論』，園部哲史・大塚啓二郎（2004）前掲書などがある。
10）実態調査をふまえて中国の産業集積を正面から扱った単行書としては，朱華晟（2003）『浙江産業群―産業網絡，成長軌跡與発展動力』浙江大学出版社や陳雪梅編（2003）前掲書などがある。両研究とも，非公有制企業群による公有制部門に蓄積された技能者・技術者の利用に言及している。ただし，前者では，設備供給面での国有重機械工業部門の意義について十分検討されているとはいえない。後者も，公有企業や外資系企業が人的資源の形成で果たした役割を強調しているが，それが経営管理の水準を肌で感じたということなのか，生産技術・技能の形成に資するものであったのかが区別されていない。

11) 史晋川他編（2002）前掲書，p.13。
12) 王輯慈（2002）「地方産業群戦略」『中国工業経済』，pp.52-53。
13) 温州の主要製品の国内生産シェアは，靴生産20%，スーツ10%，眼鏡80%（90%が輸出），筆記用具33.3%，ライター70%（世界市場を占有），商標マーク60%，切符類70-80%，ファスナー75%，電気器具33.3%に達するという（朱華晟(2003)前掲書，p.50）。
14) 1990年代後半の珠江デルタ地域における輸出額／GDPは約100%，99年の蘇南地域では約30%，蘇南の直接投資実行額／GDPは12.2%であったのに対し，温州では往復の貿易額で計っても99年の対GDP比率は約14%であり，直接投資の実行額／GDPは0.63%にすぎなかった（洪銀興・陳宝敏（2001）「蘇南模式的新発展―兼興温州模式比較」『改革』第4期，pp.53-58，史晋川他編（2002），前掲書，pp.48-51）。
15) 温州における機械産業（ここでは汎用機械製造と専用機械製造で代用）は2001年の統計で同市の工業企業数（ただし年商500万元以上）の12.4%，工業生産額の10.2%を占め，同年の全国値（それぞれ9.6%，6.1%）を大きく上回る（温州市統計局編（2003）『温州統計年鑑』2002年版，中国統計出版社，pp.230,国家統計局編（2003）『中国統計年鑑』2002年版，中国統計出版社，CD-ROM）。
16) たとえば，著者が2002年8月に参加の機会を得た温州での機械産業を対象とする調査では，7社中6社は非公有制企業で，その経営者は，公有制企業で技能労働に従事していた経歴をもつ。また，残る1社は生産現場の請負形態をとり，技能労働者たちが公有制企業から事実上独立する形で企業を設立している。
17) 渡辺幸男（2002）「中国浙江省温州市産業発展試論　その2－温州市産業機械メーカーの形成と意味」『三田学会雑誌』慶應義塾経済学会95巻3号, p.133-152.
18) 丸山伸郎（1988）『中国の工業化と産業技術進歩』アジア経済研究所，pp.35-38。
19) たとえば瑞安市の鍛圧機械メーカー「D機床有限公司」は香港資本の製品の販売に重点を移している（2002年8月28日の聞き取りによる）。
20) 周星宏氏の研究によると，温州の域外への投資を行なっている温州人経営者は160万人余りにのぼるという（周星宏（2001）「温州跨地区投資経営問題研究」『温州論壇』第2期, p.19）。
21) 温州市政策研究室において行なったヒヤリングによる（2003年9月3日）。
22) たとえば「市政府代表団三地招商碩果累累」 http://syjmw.com/cti/zytz/3.8.20/dbt.hym。瀋陽ではこのような投資誘致は少なくとも1999年から実施されており，それは郷鎮企業に対する「百団招商」として行なわれてきた（2000年11月22日の瀋陽市郷鎮企業局における聞き取りによる）。2000年代に入り，瀋陽市政府は，国有中小企

業の転属(市レベルから区・県レベルへの所有関係の移転)や国有中小企業からの退出を加速しているが,瀋陽市としては,外資を含めた域外資本の導入によって,域内の雇用拡大や国有中小企業の売却を進めたいとの希望を有して誘致活動を行ない,一定の成果を収めている。たとえば,国内資本の誘致についての2003年1－8月の実績をみても,工業投資275億元(342件),農業投資51億元(53件),不動産開発投資408億元(271件),商業投資258億元(326件)となっており,詳細は不明であるが,温州など南方からの投資も活発であるという。また,民営企業は海外への投資誘致団を組織して外資(台湾資本を含む)の誘致に努めている(『華商晨報』2003年9月17日(東北新聞網 http://www.nen.com.cn)などによる)。

23)「温州経済発展引発思考」中国靴業互聯網 http://www.chinashoes.com/News_Info/News_to/1656.shutml.

24) この追記部分は,2005年3月13日～19日の瀋陽調査にもとづく。

25) 歴史的経緯については,拙稿「遼寧省の市場経済発展と企業改革・中小企業―瀋陽の事例から」仲田正機他編『東北アジアビジネス提携の展望』(文眞堂,2004年10月,小林元裕氏との共同執筆)を参照されたい。

26) この点は国有企業のみならず瀋陽の地場私営企業とさえも異なる点であると考えられる。

27) こうした大規模投資が多く自己資金によって行なわれているとすれば,貸出金利の引き上げというマクロコントロールは無力ということになり,投資の抑制には直接的規制が必要になるのである。

28) 他方,近代的労働の陶冶を受けながら,他者へ依存しがちな発想をもつ人々の蓄積があって,それを相対的に低廉に利用可能ということは,温州資本にとって望ましいことかもしれない。

第3章【補論】

体制移行と研究手法の映し鏡
— 「温州モデル」研究の系譜

新・旧『温州モデル研究』

第3章【補論】 体制移行と研究手法の映し鏡

はじめに

以下では，温州研究に対する中国国内研究者のアプローチの変遷が，中国の経済体制に対する中国国内の認識を反映しているとの認識から，中国国内の研究を中心に，温州モデルの全体的把握にかかわる研究系譜を簡単に振り返る[1]。

1 観察的研究

農業生産責任制導入以後の温州農村における社会的分業の発展と産地・流通市場形成は早い段階から注目を集めていたが[2]，「温州モデル」なる呼称が最初に用いられたのは，1985年5月12日付『解放日報』の報道「郷鎮工業看蘇南，家庭工業看浙南—温州33万人従事家庭工業」であったとされる[3]。以来，温州で観察された非公有制経営体を主要な担い手とする経済発展は，地域経済発展の一類型として広く認識され，内外あわせて多くの研究が公表されてきた[4]。1990年頃までの研究スタイルは，調査にもとづき事実をまとめ，そのエッセンスを抽出する「観察的研究」が主体であったということができる。

1980年代後半には，費孝通氏[5]，呉象氏[6]，董輔礽氏，趙人偉氏[7]，袁恩楨氏[8]らの研究が公表され，これら一連の研究を通じて，以下のような温州モデルの基本特徴が提示されていった。

・商業が工業を誘発する「小商品，大市場」と，民間による自発的な全国的流通ネットワークの形成（費孝通）
・農民経営に基礎をおく家庭工業，農民販売員を媒介とする専門市場と，農民の共同投資（企業活動）による「小城鎮」の形成と発展（呉象）
・市場の隙間をつく零細家庭工業の経営行動・低技術による容易な参入（董輔礽，趙人偉他）
・中央の政策緩和・家庭工業以外の選択肢の無さ・才覚のある人間による創業・地元政府・機関の可能な範囲でのサポートといった温州の主体的・客

体的環境（袁恩禎）。

　温州モデル研究は袁恩禎氏の著作において，すでに網羅的になされており，また，この研究において著者は，温州の偽モノ，低品質，詐欺的商法について，商品経済のゆえではなく，商品経済発展の不足のゆえであり，商品経済の発展につれて経営者が信用を重視するようになるとする慧眼を示している。
　ただし，近年に至るまで，もっとも多くの著作で引用されてきたのは，1990年に刊行された張仁寿・李紅の両氏による『温州模式研究』だといってよい[9]。この研究は，温州経済の発展過程と構成要素ならびに温州経済が固有の発展形態をとった要因を，主に実態の詳細な紹介を通じて行なっている。そこでは，①地理的条件，②経済活動の伝統，③緩やかな政策と域内住民の意識，④1980年代初期における低級日用品に対する巨大な需要―といった点を温州モデルの形成要因として提示したが，著者自身が温州出身のアドバンテージを生かして実態を仔細に調査していることに加え，④の市場環境を明確に指摘している点が，同研究の特徴として指摘できる。なお，この研究では資本と労働の蓄積に関してマルクスの原始的蓄積概念を援用している形跡があるほかは，理論的枠組みのアプライという側面は薄く，マルクス＝エンゲルスおよび社会主義経済学の著作がわずかに参照されているのみである。

2 現代経済学的手法の導入

　ところが，1990年代初頭から，温州モデル研究の手法に大きな変化があらわれた。それは，ノース（North, D.C.）をはじめとする新制度学派など，現代経済学の手法をアプライした分析が多く行なわれるようになったということである。このようなスタンスの変化は，①中国全体の経済発展と市場化の局面変化ならびに理論研究状況，②温州経済それ自体の変化―という，分析手法と分析対象の双方の変化から発生している。
　1980年代半ばで中国の規制緩和による成長は一段落し，次の改革段階を支え

第3章【補論】 体制移行と研究手法の映し鏡

る理論が模索されていたが，マルクス経済学をはじめ従前の方法論は有効な理論を提示できなかった。そうしたなか，1987年にウィリアムソン（Williamson, O.E.）の講演が中国で行なわれ，88年にはコース（Coase, R.H.）の「企業の本質」が中国語に翻訳されてから，中国の経済学界に新制度学派の方法が導入されるようになった[10]。そして中国の市場経済化（計画から市場への移行）が完全に後戻りのない段階に入るのと並行して，コースやノースのノーベル経済学賞受賞とが重なった90年代初頭から，中国の経済学界において新制度学派の手法が，一定の影響力をもつようになったのである。

一方，実態において市場化が先行していた温州では，企業の資本規模の拡大に伴い，イデオロギー情勢との折り合いをつけながら，企業組織形態の変更が進み，「温州モデル」の中心的分析対象が，地域経済発展そのものから制度移行へと移ってきた。たとえば，馬津龍氏は株式合作制の検討を通じて，新制度派経済学の概念により温州モデルの形成を分析した[11]。そこでは，「強制的制度移行」が社会的矛盾と不安定を引き起こしやすく，改革コストが高いのに対し，「誘発的制度移行」は緩衝プロセスがあり安定的であるとされた。

また，金祥栄氏は，新制度派経済学の理論を用いて温州モデル形成における制度移行経路と方法について分析した[12]。金氏は，この研究において，温州が非公有制を主体とする財産権が明確な市場経済システムを他の地域に先駆けて形成したことにより持続的高度成長を実現したこと，温州では計画経済から市場経済への転換（第1次体制転換）は完了し，財産権変革から管理革命への体制転換（第2次体制転換）の段階にあること，多種制度の並存と漸進的移行が内陸や国有企業改革に対する参考経験になることを論じた。

このほか，趙偉氏は，地域経済発展の視点から，温州モデルの特徴として，①財産権の明確な企業制度　②域内民間資本による資本形成　③国内市場依存の3点を指摘している[13]。この点は，第3章で述べた産業連関と市場の議論とかかわってくるものである。

3 新『温州模式研究』とその背景

　上記のような1990年代の研究スタンスに立ち，浙江省の研究者を中心に行なわれた研究が収録されているのが，第3章の本論で言及した，史晋川氏らの新『温州模式研究』である。編者をはじめ27人の著者からなる同書は，研究レビューから，「温州モデル」全体にかかわる理論分析のほか，企業の成長・産業組織，財と金融の市場，政府の役割，さらには文化的背景を扱い，「経路依存」の下での制度変遷を扱っている。

　張仁寿氏と李紅氏の『温州模式研究』では，蘇南モデルなど他の地域経済発展類型との比較において，蘇南モデルの条件をもたない地域での温州モデルの可能性を指摘してはいるものの，温州モデルは地域経済発展類型の1つとして相対化されている。これは，中国の経済体制の方向性が明確でなく，また社会主義イデオロギーにも合致した蘇南モデルが「健在」であり，イデオロギー的制約が存在していたこととも関係している。

　これに対し，史晋川氏らの研究に集約される新しい温州モデル研究では，温州固有の状況をふまえつつも，温州を地域発展モデルとしてだけでなく，以下の2つの事情から，中国経済全体にとっての制度改革モデルとして積極的に位置付けている。

　2つの事情とは，第1に市場経済の構成要素としての企業に関して，公有制企業における財産権の明確化と非公有制経営体の発展促進が不可逆的方向となっている実態が存在していることである。中国が自らの体制を「社会主義市場経済」とよび，計画と市場との関係に決着がつくと，中国経済の課題は，公有制の民営化・私営化ならびに非公有制経営体の発展促進に移った。「曖昧な財産権」[14]の下での高度成長として議論になった「蘇南モデル」型地域では，分有のない集団的所有という形態での企業経営が限界に達し，財産権改革が行なわれるようになった[15]。そして第2に，彼らの拠って立つ方法論が，もともと「効率的経済組織」と「財産権の確立」に関心を集中させるものであり，温州が当初から明確な財産権制度をベースに経済発展してきたという事実が，

第3章【補論】 体制移行と研究手法の映し鏡

まさに彼らの拠って立つ方法論に合致したことである。それゆえに，国内の発展途上地域には制度改革と経済発展の両面で，そして経済発展地域には財産権の明確化という面で，温州モデルが経験を提供していると結論付けることになっている[16]。

(注)

1) 温州モデル研究についてのレビューは，史晋川他編（2002）第1章において展開されており，本章でもこれを多く参照している。
2) たとえば王小強，白南生，劉昶，宋麗娜，趙小冬「温州農村幾箇専業商品産銷基地的考察報告」(周其仁編（1994）『中国区域発展差異調査』 Oxford University Press, pp.147-193) は1983年の論考の再録である。
3) 温州モデルともっともよく比較対照された「蘇南モデル」については，費孝通氏が1983年に執筆した「小城鎮，再探索」のなかで提起したと述べている（宇野重昭・朱通華編（1991）『農村地域の近代化と内発的発展論－日中「小城鎮」共同研究』国際書院, p.24)。
4) 海外においても，Nolan Peter & Fureng Dong (1990), *Market Forces in China: Competition and Small Business-The Wenzhou Debade,* London. Zed Books Ltd., Kristen Parris (1993), "Local Initiative and National Reform: The Wenzhou Model of Development," *The China Quarterly,* No.134, pp.242-263をはじめ，多くの研究が行なわれている。わが国の中国経済研究者では，大島一二氏（東京農業大学），加藤弘之氏（神戸大学），菊池道樹氏（法政大学），佐藤宏氏（一橋大学），古澤賢治氏（愛知大学），丸川知雄氏（東京大学）らが，これまで温州経済に関する論考を公表してきた。
5) 費孝通（1986）「温州行」『瞭望』第20～22期（陳俊賢，周星増主編『温州探秘―各界述評巻』人民日報社, pp.254-271)。
6) 呉象（1986）「論発展中的温州農村商品経済」『人民日報』8月6日。
7) 中国社会科学院経済研究所温州農村課題組（1986）「温州農村商品経済考察與中国農村現代化道路探索」『経済研究』第6期, pp.3-18。
8) 袁恩禎主編（1987）『温州模式與富裕之路』上海社会科学院出版社, p.21。
9) 張仁寿，李紅（1990）『温州模式研究』中国社会科学出版社。
10) 盛洪「中国における制度経済学の台頭」（中国経済新論）。
   (http://www.rieti.go.jp/users/china-tr/jp/020603gakusya.htm)

11) 馬津龍（1993）「温州市場経済與股份合作企業」『温州論壇』1993年増刊。史晋川他編（2002）前掲書, p.11。
12) 金祥栄（2000）「多種制度変遷方式並存和漸進転換的改革道路」『浙江大学学報』（人文社科版），第4期，pp.138-145。
13) 趙偉（1999）「温州力量」『経済学消息報』11月26日，同（2000）「"温州模式"何去何従」『経済学消息報』4月7日。史晋川他編（2002）前掲書, p.13。
14) Weitzman M. & C. Xu（1994）前掲論文, pp.131-136参照。
15) 一方で温州の私営企業群の現代企業制度導入が進展し，蘇南・温州両モデルの収斂も指摘される。温州モデルは現在「第二次転換期」にあるとされ，そこでの議論は主に家族経営を含む企業経営と管理の問題に移っているが，そこでも分析の基本的出発点は，価格メカニズムを基本とする適切な制度設計と明確な財産権である。
16) 史晋川他編（2002）前掲書, pp.21-25。

第4章

「王国」の再興
―天津・自転車産業の事例

中小自転車メーカーの展示スペースに
ならぶサンプル（天津郊外農村）

自転車は分業で作られるようになった
（フレーム溶接専業工場＝天津郊外農村）

第4章 「王国」の再興

はじめに

　現在，日本国内の自転車供給台数の4分の3以上は輸入によって占められており，輸入台数の実に9割以上は中国製である（2003年）[1]。とくにスーパーなどで廉価で販売されている自転車はほぼ全てが中国製であり，中国製自転車はわれわれの生活にとって非常に身近なところにある。そこで本章では，今世紀に入って中国国内市場を押さえ，輸出も急増中である天津の自転車産業の事例を取り上げ，制度改革と産業発展とのかかわりを論じる[2]。

　天津はかつて上海と並びブランド国有自転車メーカー「飛鴿自転車集団」を有する二大自転車産地の1つであった。かつてわれわれが中国の街を思うときに抱いた「黒い堅牢な自転車の大軍」というイメージのなかにあった自転車は，主に上海と天津で作られていた。しかし，1990年代に入ると，市況の変化と競争の激化に対応できず，天津の国有メーカーは急速に衰退し，天津は自転車産地として終わったかに思われた。だが，90年代は「失われた10年」ではなく，「構造転換の10年」となり，2000年の上海自転車展示会に天津自転車業界をあげて設置した天津専門ブースを訪れた内外の関係者は，新生産地・天津の台頭を認識することになる。90年代の10年間に何があったのか，そして2000年以降の急激な生産の増加はなぜ起こったのか。国有1社体制から中小企業主体の構造への変容，産業集積の形成と集積の発展について，制度変更（規制緩和），内発的要素（国有企業における技術蓄積など），外資の役割，域外資本の流入，さらには域外との分業関係に留意しながら述べる。

1 天津における自転車産業の形成と発展

（1）天津自転車産業の起源

　天津の自転車産業は，完成車メーカーとしては，1936年に元軍人の日本人が設立した「昌和工廠」を起源とする[3]。それまで中国で走る完成車は全て輸入品だった。この工場は日本の中古設備を導入し，フレーム，リム，前輪フォー

ク，クランク軸，タイヤ，泥除けなどを内製し，他のパーツを日本から輸入していた。この工場が日本の敗戦，国民党による接収を経て，飛鴿の前身である「天津自転車廠」へと繋がっていく。

　完成車メーカーの起源が「昌和工廠」にあるにせよ，地場部品メーカーが皆無であったわけではない。完成車メーカー設立に先行する1929年に，「長城」なる地場工場がクランク軸，チェーン等のコピー生産を行なっていた（輸入車の補修用であろう）。この工場の所在地は不明だが，清代から鍛造技術は北方にあり，天津の三条石（洋務運動の発祥の地）には機械製造局があったという[4]。冶金，鋼鉄，機械の技術は新中国以前に天津に存在し，そして，日本の敗戦から新中国成立までの間，まさにこの三条石一帯に，自転車の補修用部品を生産する作業場が数十軒形成されたのである[5]。

（2）新中国成立後の天津・自転車産業

　昌和工廠は戦争の激化で破壊され，日本の敗退以後，国民党経済部が接収して生産を再開させたが，新中国成立以後の自転車産業は，これを天津市軍事管制委員会がさらに接収して始まったものである。これが「天津自転車廠」（飛鴿自転車）となった。そしてこの国有企業において，外国製自転車を分解して研究することを皮きりに国産自転車の開発・技術向上と増産が図られていった[6]。

　自転車生産が軌道にのった1950年代後半になると，民営の自転車部品メーカーが300を超えるまでになった。乱立した零細部品メーカーは56年に合併により36に集約され，それらを統括する「天津市車俱工業公司」が設立されるとともに，「天津自転車廠」とは別に完成車の生産が始まり，62年にはその完成車メーカーとして「天津第二自転車廠」が設立された。翌63年には天津自転車廠が「天津市車俱工業公司」の傘下に入り，自転車産業は1つの組織に統合された。

　1965年までに部品メーカーはさらに集約され，同年には「天津市車俱工業公司」は「自転車工業公司」と改められて，市の第一軽工業局に隷属することとなった。60年代後半にはチェーン，フリーホイール，サドル，鋼材などの専門

工場も設立され,「自転車工業公司」の下に2つの完成車メーカーと十数社のパーツ・部品メーカーを擁する内製体系が完成した[7]。

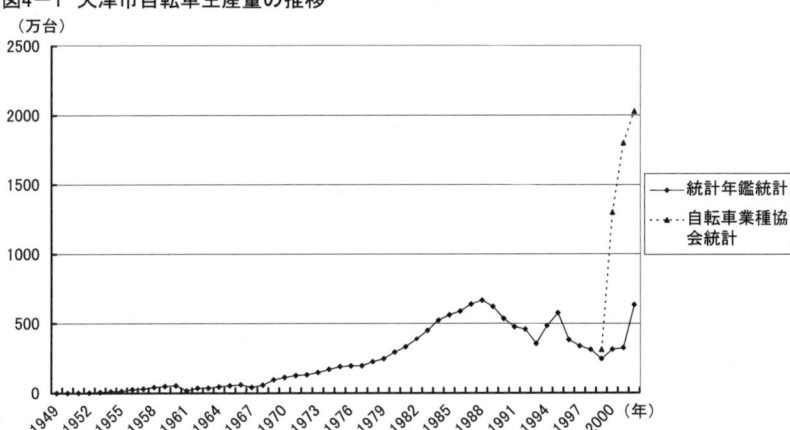

図4−1 天津市自転車生産量の推移
(万台)

（出所）『天津四十年1949-1989』p.499,『天津五十年1949-1999』p.299,『天津統計年鑑』2001年版, p.281,『同』2003年版 p.257(以上, 中国統計出版社), 天津市自転車工業会統計により作成。

　改革開放以後も幾度かの企業再編を経て, 天津の自転車産業は「飛鴿自転車部品総廠」,「天津自転車廠」と「天津自転車二廠」の3社体制となっていたが, 1988年に「飛鴿自転車部品総廠」が解消され,「飛鴿自転車集団公司」の指導下に,「天津自転車廠」と「天津自転車二廠」, 各種部品メーカー, その他販売・輸出入企業等が属する「天津自転車集団」(以下,「飛鴿」)1社体制になった。同年, 天津の自転車生産台数は全国最多の667.7万台に達し (図4−1), 全国市場と50余の国・地域に製品が販売された。天津は80年代まで上海と並ぶ二大産地であり, 天津の「飛鴿」といえば上海の「鳳凰」「永久」と並ぶ三大ブランドの1つであった。

2 | 国有1社（集団）体制の凋落

しかし，1988年をピークに天津の自転車生産台数は下降を始める。89年，623万台，90年537万台，91年474万台と下降線を辿り，93年には353万台へと落ち込んだ（図4-1）。この落込みはなぜ起こったのであろうか。92年以降，飛鴿の傘下にない民営（私営）企業が参入してくるが，90年代末まで88年のピークを回復することはなかった。90年代以降の天津自転車生産の変動は，90年代を通じての「飛鴿」自転車集団の生産減少（図4-2），非国有企業の参入，そしてこ

図4-2 「飛鴿集団」生産量

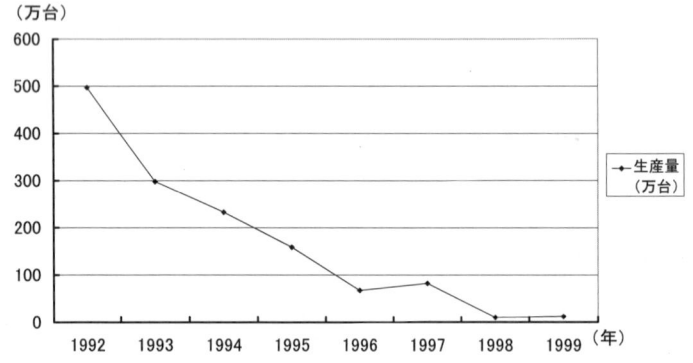

（出所）天津市自転車工業会秘書処編（2003）『美麗的天津城』，p.115。

図4-3 1984-2002年中国自転車生産・輸出台数

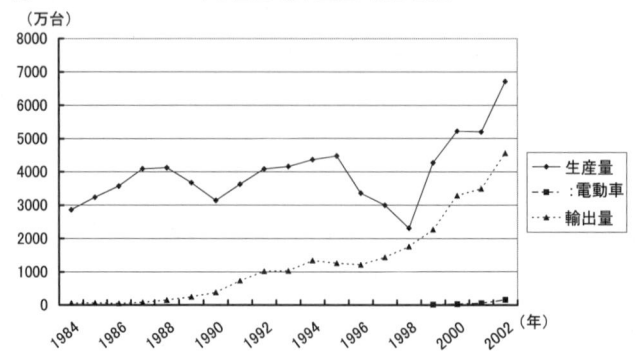

（出所） *2004 CHINA BICYCLE YEARBOOK,* Cycle Press, pp.64-65により作成

の間の市況の変化という複合的要因によるものと考えられる。

興味深いのは,「飛鴿」の生産台数が,中国全体としては生産台数が右上がりにある1990年代前半期に急減したことである(図4-2, 4-3)。国内生産台数は,それに先立つ80年代末から90年代初頭にかけて急減しているが(図4-3),これがまず「飛鴿」の経営に打撃を与えていたものと思われる。

1990年代以降,中国の自転車生産は輸出の増加とともに伸びていく。90年代前半は国際市場が全般に拡大し,そのなかで中国の完成車輸出シェアが緩やかに高まっていった時期であった[8]。こうした時期に中国では台湾・香港資本の進出により輸出主体の産地(深圳)が形成された。これが世界生産における中国のシェア拡大としてあらわれている(図4-4)。

国内市場が1980年代より縮小したにせよ,90年代前半には,中国全体の生産台数が伸びただけでなく,国内市場も若干回復し,3,000万台以上を維持した。にもかかわらず,天津(とくに「飛鴿」)の生産台数は急下降線を辿っている。

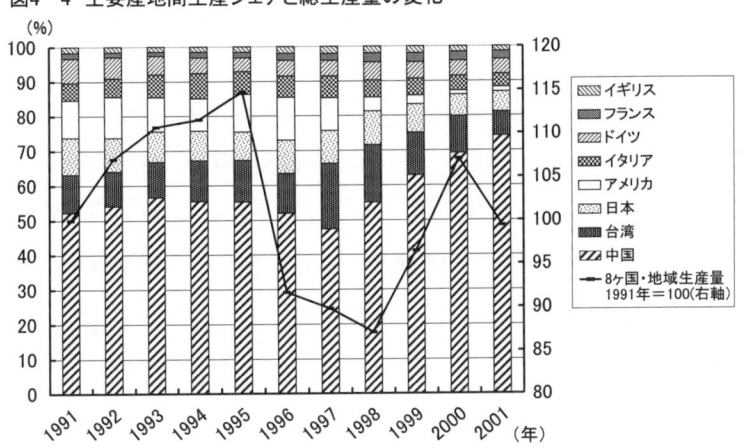

図4-4 主要産地間生産シェアと総生産量の変化

(出所) *2004 CHINA BICYCLE YEARBOOK*, Cycle Press, p.234。

3 | 市場構造の変化

計画経済から現在に至る市場状況は次のように説明できるだろう。

計画経済期（図4−5）は，いわゆる「不足の経済」であり，供給価格も決められていた（計画価格 P^* の水準では S'-S' と D-D との交点 A' となる供給量が必要だが，実際の供給量は S-S と P^* の点線との交点 A）。計画経済の下では市場価格が供給を変化させるというメカニズムはないから，供給曲線は垂直の形状となる。工場はフル操業でも供給不足を解消できないので，次期には生産拡張投資の申請を国に行ない，それが認められれば供給曲線は計画価格 P^* の水準での需要を満たせる S'-S' までシフトできるかもしれない。しかし，乏しい資源を重工業・軍事関連建設に集中する計画経済下では民生部門への資源配分は必ずしも十分なされない。このため S'-S' と D-D との交点となる供給量が実現できないか，あるいは消費水準が高まって需要曲線が D'-D' にシフトしてしまい，計画価格 P^* の水準では供給曲線を S'-S' にシフトさせるだけでは，なお不足が解消されないことになる。これは当時の中国の自転車産業全体にも，そして「飛鴿」にも適用可能な説明である。

計画から市場への移行期に入ると（図4−6），中国の自転車産業には大きな変化が起こった。中国の移行期は，消費水準の拡大を伴い，自転車需要は D-D から D'-D' へとシフトした。価格改革により販売価格が需給関係で変動するよ

図4−5 計画経済期の自転車産業の需給構造　　**図4−6 移行期の需給曲線**

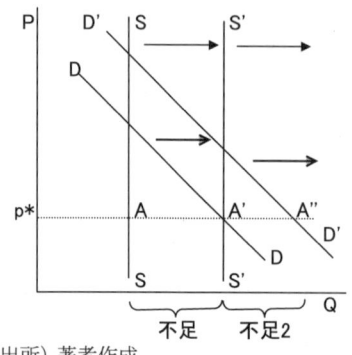

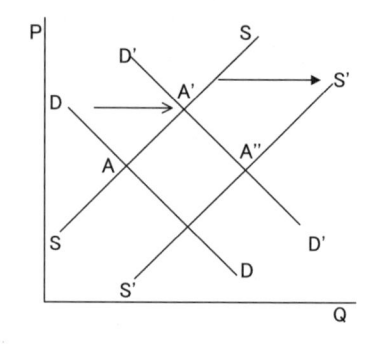

（出所）著者作成。　　　　　　　　　　　　　　　（出所）著者作成。

うになり，市場の拡大をチャンスとみた企業の参入が始まった（供給曲線も右シフト。なお，図4-5から図4-6への構造の移行については，より実態にそくした検討を別途要する）。

しかし，1990年代半ばには国際市況が停滞（図4-4），90年代後半には国内市場が極度の停滞に陥り，企業間の生存競争が激化したと考えられる。

他方，市場の構造にも大きな変化が発生していた。上記の移行期における需給曲線は自転車を単一の製品とみなした，きわめて単純化されたものであった。しかし，1990年代以降，あるいは80年代からすでに，需要の多様化と市場の階層化が始まっていたと考えられる。消費水準の向上とある程度の自転車の普及が，より品質やデザインに優れた高級な自転車に対する需要を創り出したと同時に，もう一方では，価格面で「飛鴿」にも手が出ない低価格車需要層，あるいは特殊な用途の自転車需要層が広範に存在していた（図4-7）。いずれにしても，「飛鴿」自転車よりも，品質・デザイン／価格の相対評価＝お値打ち感で優れるさまざまな価格層の自転車需要が形成されていたのである。

なお需要総量としては拡大基調にあったけれども，その需要が単一製品へのそれから，多様な製品を求める階層的なそれへと構造変化し，「飛鴿」の既存製品のみについていえば市場そのものが消失しかけていた——このような市場構

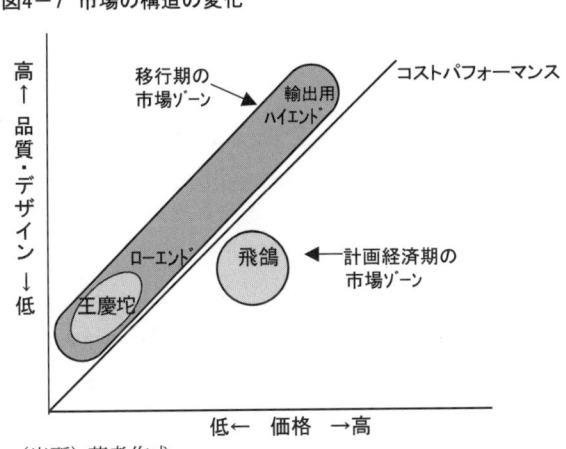

図4-7 市場の構造の変化

（出所）著者作成。

造の変化に「飛鴿」は十分対応できなかったのである。いいかえれば,「飛鴿」自転車はお値打ち感で劣る商品になっていたのである。他方,低価格帯の需要に応え,急速に発展したのが後に述べる王慶坨の企業群であった。

1990年代以降,中国の非国有企業群による自転車産地はまず深圳,そして上海圏(江蘇・浙江)に形成されるが,「飛鴿」にとっての競争圧力は,改革開放が先行した南方地域(華南は輸出中心なので主に華東地域)からもたらされた。「飛鴿」は投資,人事をはじめとする決定権が政府部門に握られていたことから,市場の変化に対応できず,後述のように,「計画単列企業」となって以後,一定の経営努力を行なったものの,90年代後半の市況の停滞で窮地に追い込まれることになった(図4-2)。

表4-1 天津自転車メーカー数の推移

	1995	1999	2000	2001	2002	2003
企業数(社)	63	340	580	655	821	923
完成車メーカー		91	340	379	406	477

(出所)天津自転車工業会提供。

表4-2 2003年天津自転車メーカー所有制分類

所有制形態	完成車/部品メーカー構成			所有制別構成比(%)
	総数	:完成車(含電動)	:部品(含電動)	
総数	923	477	446	100.0
:国有企業	13	7	6	1.4
:民営企業	694	341	353	75.2
:合資(含独資)	35	21	14	3.8
:株式制企業	45	32	13	4.9
:集団所有制企業	136	76	60	14.7

(注)「国有企業」には,「飛鴿」集団再編以後も国有独資として残った企業などを含む。
(出所)天津自転車工業会提供。

天津の自転車産業は「飛鴿」の不振により,1990年代前半から下降線を辿ったが,90年代には国有「飛鴿」の凋落の一方で非国有企業群の参入が相次ぎ,天津市自転車工業会の統計では90年代末以降,企業数(表4-1),生産台数(図4-1)ともに急増し,再び主要産地の地位を回復している(1999年から2000年の

爆発的生産増については統計上の問題も含めて後述する)。表4-2からは，現在の天津のメーカーの圧倒的多数が非公有制企業であることがわかる。

では，なぜ，どのような過程を経て天津の自転車産業は再興し，再編が図られたのだろうか。

4 天津自転車産業の再編と再興

(1) 参入規制の緩和[9]

自転車産業への参入には，生産許可証の取得が必要であった。正式な生産許可証の発給権は国家軽工業局にあったが，地方レベルの軽工業局に臨時生産許可証発給の権限が与えられていた。天津市の軽工業局は国有メーカーである「飛鴿」の主管部門であり，臨時生産許可証の発給は，利害関係をもつ「飛鴿」の競合相手を自ら作り出すことになることから，天津において自転車産業はほぼ「飛鴿」に独占されてきた。

しかし，1989年9月に「飛鴿」が主管部門の軽工業局から分離されて「計画単列企業」となると，軽工業局は90年代以降，臨時生産許可証の発給を始めた。これにより飛鴿以外のメーカーの参入の道が開かれることになった。「飛鴿」では90年5月から基本的に製品の自家販売へと移行し，同年中に全国に販売網を形成したという[10]。また，製造・部品加工技術の開発・改良や製品バラエティの増加を同社なりに進めたようであるが，92年から赤字を出し続け，90年代後半の国内市場の縮小のなかでの競争に対応できなかった。

市政府は1990年代前半から自転車産業への技術改造投資を減らし，90年代後半からは同産業への投資を止めた。財政収入をもたらさなくなり，逆に出費のかさむ自転車産業の直接経営から市政府は撤退を始めたのである。90年代半ばから99年の同社の再編まで技術者やその他の人的資源が自らあるいはリストラにより大量に「飛鴿」の外に供給されるようになった。

2000年には生産許可証の発給主体は国家質量監督試験検疫局に移り，参入と個別役所の権益とが分離された。

（2）新規参入

　「飛鴿」は自らの市場を失っていったが，これは自転車産業の市場そのものが消失したことを意味しない。たしかに1990年代後半に市況の悪化を経験し，国内市場の総量は縮小したかもしれないが，先の図に示したような階層化した市場の各階層部分——低価格品，高品質品などにいち早く参入した非公有制企業群は，それぞれの市場を占拠することに成功したのである。国有の「飛鴿」は市場の多様化と高度化，そして変化のスピードに対応できなかったのである。

　天津の非公有制自転車メーカーの参入は1992年開業のＦＳ社を皮きりに，とくに90年代後半，さらに90年代末以降急増した。かくして天津の自転車産業は事実上の「飛鴿」（「紅旗」の生産を含む天津自転車集団）1社（1グループ）667万台生産体制から，完成車メーカー477社，部品メーカー446社，完成車メーカー1社平均年間生産台数わずか6万台余り（2003年）という構造に変化した[11]。

（3）非公有制企業参入の技術的条件——モノ作りの技術・技能的担い手の「原蓄」

　天津市の自転車産業への民間企業の参入は，制度的には臨時生産許可証の発給によって可能になったが，それではモノづくりの担い手（技能者）はどこにいたのだろうか。

　天津では長年にわたって国有の「飛鴿」（天津自転車集団）が自転車を生産してきた。このためそこで生産に従事した技能者が形成されていた。大量の定年退職者もいたし，また，1990年代のリストラにより数千の労働者が市中に排出された。彼らが非公有自転車メーカー群の技能労働者になったり，自ら起業したりしたのである。現在の天津の民間自転車メーカーの経営者・幹部の80％は「飛鴿」の元従業員であったといわれている[12]。

　重要なことは，非公有部門における産業発展の技術・技能的源泉が計画経済期以来の国有企業にあったということであり，「飛鴿」が非公有企業群の形成・発展の「技術的原始的蓄積」機能（第3章参照）をもったということである。事実上の1つの大きな経営組織となっていた「飛鴿」が分解して，生産組織が

第4章 「王国」の再興

多数の中小企業間分業に再編された際に，計画経済の下で自転車作りを習得した技術者・技能者たちが，ある者は自身が経営主体となり，またある者は他の企業家に雇用される形で拡散した。生産組織は再編されたが，自転車生産の技術・技能的基盤は天津に残ったのである。

さらに，「飛鴿」という1つの企業を源泉としていることが，自ずから部品の規格化の機能を果たし，企業間分業が円滑に進展したということである。加えて，出自を同じくする企業家間では一種の信頼関係が醸成され，企業間分業が円滑に進展したといわれている[13]。

（4）「飛鴿」の再生

旧「飛鴿」は，市場対応能力の低さと市況の悪化により，ついに一時生産停止に追い込まれた。1999年，旧「飛鴿」(天津自転車集団)と経済委員会傘下の「華澤集団」，西青区の郷鎮企業「騰達総公司」の出資により，新「飛鴿」が設立された。従前のワーカー，負債ならびに種々の負担を旧「飛鴿」に残し，新「飛鴿」へ経営資源と技術開発・管理者ならびに一部設備を移し，ワーカーは全て外地からの労働力を中心に新規に導入してコスト競争力を高めた。新「飛鴿」は旧「飛鴿」に「飛鴿」のブランド使用料を支払って完成車の生産を行なうが，内製はフレーム，フォーク，塗装だけでその他の部品は外注するという，分業を前提とした企業に生まれ変わった。経営の自由度とコスト競争力を増し，債務負担を免れた新生「飛鴿」は，従前の技術的資源を生かして再び生産を拡大し，天津の主要完成車メーカーになっている。新「飛鴿」は国有資本を主とする企業であるが，能力のある経営陣に対し，十分な経営自主権を与えることで，事実上の民間企業となりうることを，この例は示している。

5 天津における自転車産業の分布

（1）専業化された企業群の集積

産業組織の再編と新規参入により，天津自転車産業は多数の独立した企業群

（ほとんどが中小企業）によって構成されるようになった。

　表4－3は，天津市自転車工業会編『天津市自転車工商企業名録索引（2004）』から，天津の自転車メーカーの製品別立地別分布を一覧にまとめたものである。これも協会が捕捉するメーカーの全てを網羅しているわけではない（2003年のメーカー数923に対して750社余り）が，ある程度の分布状況は摑むことができる。

　『天津市自転車工商企業名録索引（2004）』のリストを整理すると，完成車メーカーのいくつかは部品メーカーとしても登場する。しかし，部品メーカーとし

表4－3　天津自転車メーカーの分布状況

地区名	完成車	部品	1ハンドル	2フレーム・フォーク	3リム	4スポーク	5タイヤ	6前後ハブ	7クランク	8ペダル	9チェーン	10カゴ	11チェーンカバー	12ブレーキ	13荷台	14変速機	15装飾	16ベアリングボール	17ベル	18フリーホイール	19空気入れ	20サドル	21塗装	22鍵	23泥除け	24塗料	25加工設備	26パイプ	27包装	28その他
和平区	0	1													1															
河東区	5	7		1				1				2	1		1															
河西区	4	6		2	1								1						2											
南開区	1	10	1			1	1	2		1																1				3
紅橋区	3	7	1			2												2	1	1										
河北区	6	14		2	3		1				1		2					1												2
塘沽区	0	1																	1											
大港区	4	15		4	6		1	2					1		1															
東麗区	57	35	7	15	5			1	2	1				3						1										
津南区	13	17		3	4			1	1		1			5									1							1
西青区	33	36	1	4	3	3	4	3		1			2	2		2					4	3		1						2
北辰区	55	77	4	14	3	8	7	3	16	1	1		1	1							2	7	2	1	1		1	2	1	
保税区	2	0																												
天津港保税区	0	0																												
海浜保税区	0	0																												
開発区	0	1																												1
武清区(除王慶坨)	70	68	7	18	3		3	1	1			10			5				1			5	3			1	1	1		8
武清区王慶坨	93	71	3	29	3	1		1	3		7		1	3	14	1					1	4								
宝抵県	0	2					1	1																						
寧河県	0	6			4			1		1																				
静海県	0	23	1	1		2	4	3	2		1		5						1					1						1
薊県	0	6		2			1	1	2																					
合計	346	402	25	91	38	18	23	21	28	4	13	11	6	10	30	2	3	7	4	19	13	2	3	3	2	2	19			

（注）出典ではその他に含まれるカゴやサドル等を本来の項目に再区分している。また，完成車リストから重複した記載を省いた。部品リストからは所在地が天津にないメーカーを除いた。
（出所）天津自転車工業会『天津市自転車工商企業名録索引（2004）』により作成。

ても登場する完成車メーカーが生産しているのは，ほとんどがフレーム・フォークまでである。実際に訪問したメーカーの状況は表4－4に示しているが，完成車メーカーの工程は塗装・組立てのほか，内製してもフレーム・フォークまでが主で，その他パーツは外注である。

表4－3をみると，自転車産業は天津の都市中心部の周辺・郊外地域（北辰区，東麗区，西青区，武清区等）に集中していることが分かる。なかでも武清区の王慶坨という1つの鎮への企業の立地集中は突出している。王慶坨鎮の自転車産業の急速な発展は，「王慶坨現象」とよばれ，関係者の大きな関心を集めたが，これについては後述する。

(2) 開かれた集積―他産地との連関

まず，基本的には天津域内で部品から完成車まで一応生産できる体制になっていることには注目すべきである。ただし，企業の集中立地がみられる個別の地域内では分業が完結できないことは，表の空欄によって示唆されるし，また，フリーホイール等重要パーツメーカーが1社しかないことも，天津の自転車生産の集積が域内で必ずしも完結していないことを示す。

実際，著者が訪問した企業群をみてみると，完成車メーカーは域外からの調達を相当部分で行なっている（表4－4）。たとえば上記のように天津市内にフリーホイールメーカーは1社しかなく，その年間生産量のうち組付け用は天津の自転車生産台数の20～25％にすぎない。上位メーカーで輸出用のグレードの高い製品の生産には，江蘇の昆山にあるシマノのフリーホイールが用いられるなど，高品質のパーツは江蘇・浙江から調達される。また，王慶坨などの廉価な低級自転車の場合には，やはり浙江慈溪の私営メーカーから廉価なフリーホイールが調達されているようである。

他方，部品メーカーの場合，天津唯一のフリーホイールメーカーは華北・東北・西北方面への供給と輸出を行なっているが，その他は―サンプルが少なくさらに調査を進める必要があるものの―主に天津の完成車メーカー（輸出用生産も含めて）向け供給を行なっているとみられる。

表4-4 調査企業の概況と調達・供給状況

		資本	製品	生産量	創業・天津での開業	従業員(人)	出身	平均賃金(月)	設備	技術
1 完成車メーカー	FG社	国有支配	完成車	90万台(2002年)	1936年、99年再編	1,000	河南、河北、山東等外地人主			丸石との協力
	TM社	私営(河南資本)	完成車	180万台	2000年	800	河南、山東	1,000元～(残業込み)	オランダ、台湾資本	日本人副総経理,管理者
	FS社	私営(天津)	完成車	130万台(2002年)	1992年	3,500	天津、山東、河北		台湾資本ライン内製	
	AB社	私営(天津王慶坨)	完成車	30万台						
	AS社	私営(天津王慶坨)		60万台	1994年	130				
2 部品メーカー	OB社	私営(天津王慶坨)	フレーム、フォーク				95%外地(四川、河北、安徽)			
	KW社	私営(天津王慶坨)	塗装		1992年	200		1,000～3,000元	台湾資本、上海	
	TF社	国有独資	フリーホイール	変速なし1,500万セット 変速500万セット	1950年	1,100	市内	現場800～900元		
	HG社	台湾資本	ペダル、ヘッドセット、ボトムブラケット		2002年	120～140		700元		

		内製部分	部品調達先	生産形態	内販	外販
1 完成車メーカー	FG社	塗装,組立て,フレーム,フォーク	100社余り、市内60%(地場24～30%)、江蘇浙江30%、輸入10%	受注	直営店・代理店	OEM
	TM社	塗装,組立て	30社余り、点数の70%市内(台湾メーカーを含む)、フリーホイール、リムは江蘇昆山(シマノ等)	受注		
	FS社	塗装,組立て,フレーム,リム,構内下請あり	天津60%、天津以外40%	受注、見込み	直営店・代理店	OEM
	AB社	組立て,フォーク,フレーム,ハンドル	天津(フリーホイール他)、内蒙古(リム)等			
	AS社	組立て	供給先=上海ほか	受注	OEM2割	
2 部品メーカー			供給先(対象市場)			
	OB社					
	KW社		王慶坨50%、その他天津50%			
	TF社	熱処理、金型内作、ベアリングも内製	組付30%、修理用40%、輸出30%、国内は東北・西北・華北市場、うち天津40%			
	HG社		20数社、華北、とくに天津の輸出向け完成車メーカー			

(出所)聞き取りにより作成。

6 | 王慶坨鎮における産業集積

(1) 王慶坨鎮における産業の形成

　王慶坨鎮の自転車産業は，供銷合作社に勤務していた何人かの労働者が，輸送サービスに従事する農民の需要を満たすために，1994年に自転車作業場を設立し，部品を天津市内から仕入れ，特殊用途の自転車（フレームを強化した荷台付自転車）に組み立てたことに始まる[14]。94年には計11社の私人によるメーカーが立ち上がったとされる[15]。王慶坨の自転車メーカー経営者は，当初，元飛鴿従業員と他のビジネスに従事していた人から構成されたが，現在は民営企業からの独立組，他産業からの参入組，外地からの投資組という3つから成る。

　同鎮では，古くから上記の手工業が個人経営で行なわれてきた。1956年に農業集団化が始まると個人経営は姿を消していたが，78年以降，とくに83年の農業請負制導入以後，個人経営が復活，発展した。まず請負制導入に先立つ79年に子供服の生産が突然起こり，たちまち鎮全体に広がって88年に最盛期を迎えた。最盛期には200余りの農家がこの経営に従事して，従業者は3,000人余りに達し，販売先は東北，西南，西北と華中の省市にわたった。ところが89年に市場環境が変化し，課税が厳しくなると子供服の生産は急速に衰退し，大部分が生産をやめたり，生産を転換したりした。

　1994年になると，上記のように個人経営から自転車の組み立てが始まり，95年には30社余り，従業者総数2,000人余りに急拡大した。子供服の生産に従事していた者のうち，自転車産業へ転換した者がいるか否か，いるとすればどれだけいるのかは不明である。ただし，子供服の事例は，同鎮において，ある事業に誰かが成功すると追随して地域産業が形成される基盤があることを示すものとして興味深い。

(2) 王慶坨鎮における自転車産業の現状

　ある研究によれば，王慶坨鎮における自転車産業は，1995年段階で小工場数20以上，生産台数120万台から，2003年には完成車工場は108，部品工場は160

に増え，生産台数は700万台で天津市全体の3分の1，全国生産台数の10分の1近くに達する[16]。

現在では，同鎮の約80％の住民が自転車および関連産業に，残りはサービス産業に従事し，播種農業には従事していないという[17]。自転車産業が興った1994年段階では，労働人口16,906人中，非農林水産業従業者比率は46.7％であったから，90年代後半以降の地域経済の発展に対する自転車産業の影響は非常に大きかったといえる。実際，2001年の鎮の税収の半分は自転車産業によるとされる[18]。

上記の研究によれば，同鎮における自転車産業の急速な発展の鍵は，産業集積にあり，近接した空間にある小企業群が，競争と協力関係にあることだという。

集積を構成する企業群は相互に独立した経済実体で，個々の企業は家族経営のため単純な組織構造をとっており，企業間関係は，通常，親類血縁関係やその他人的関係によって結合されたものであり，コミュニティの規範や人間関係が，取引の信頼関係につながり，競争と協調の維持に機能して，機会主義を低減させているとされる[19]。

なお，域内分業と産業連関については，自転車生産関連の部品，調整，原料，卸売，小売企業が鎮内に形成されているというが[20]，リムとフリーホイールは鎮内では調達できず，フリーホイールは前述のように主に浙江慈渓等の私営メーカーから廉価品を導入しているという。

（3）低価格帯市場の獲得

低価格帯の市場が潜在的に存在していたにもかかわらず，国有企業の生産コストは高く，またそうした市場を開拓する視点にも欠けていた。旧「飛鴿」は，中高級自転車購買層がすでに自転車を保有し，より優れたデザインや高機能の機種でなければ同層には販売不可能な段階に入っても，なお旧態依然としたモデルを生産して在庫の山を築いていたことになる。

王慶坨鎮の自転車産業の急速な発展は，そうした潜在的な低価格帯市場を顕

在化させ，自らのものとした点にまず求められる。王慶坨鎮の自転車は「信じがたいほどの超低価格で」全国の低級市場を占拠したという。しかし，同時にある私営完成車メーカーの経営者が「1995年の創業時には，…もっとも安い部品を選んだが，検査設備もなく，品質は知れたものだった」と語っているように[21]，当初は王慶坨鎮の自転車は「安かろう悪かろう」という製品であり，1998年までに全国で価格競争が激しくなると，王慶坨鎮の自転車は「三月車」「半年車」とよばれ（おそらくコピー製品もあったのであろう）偽物劣悪品の代名詞となってしまっただけでなく，天津の自転車産業全体のイメージダウンをもたらしたという。こうしたことに対応して，鎮では管理センターと業種協会を設立し，参入規制（許可）や品質認証を行ない，過剰参入と悪性競争を制限することになった[22]。同鎮では，低品質だけでなく高品質の自転車も生産しているというが，主体は中低級品である[23]。

（4）取り引き形態

完成車メーカーには受注生産にあたって前金が入るため，銀行からの融資を必要とせず，完成車メーカーから部品メーカーには前金は払われないものの，部品メーカーも短期間で生産し資金が回転するので，現金決済でもすぐに資金が回収でき，一定の蓄積も形成されているという。

数日で受注から納品までが完結する，即応可能な企業間関係が王慶坨鎮において形成されており（3日で資金が1回転するという），市場の変化に迅速に対応することで，域内の取り引きの連鎖が維持されているが，ひとたび市況が悪化し，支払いの遅延がおこると，経営危機もまた短期間で連鎖する恐れがある。

（5）生産管理方式

王慶坨の賃金形態は，聞き取り数（計4社）が少ないものの，おおむね出来高払いで行なわれているとみられる。旧「飛鴿」においても出来高制がとられていたように，質よりも量的拡大を追求するには，出来高払い賃金制が適合している。天津の自転車産業は近年急速な量的拡大を遂げているが，天津のトッ

プメーカーＦＳ社，大手メーカーに返り咲いたＦＧ社，日本人副総経理を擁するＴＭ社においても出来高賃金が採用されていた。ただし，これらの上位メーカーが，品質を加味した出来高制の採用（ＦＳ社，ＦＧ社），ワーカーの徹底した教育・訓練（ＴＭ社）によって，品質を確保しているのに対し，王慶坨の企業群はなお量を一義的に追求する体制にあるように見受けられた。

7 │ 生産量急増の2000年の生産台数急増について

　天津の自転車生産台数の時系列的変化でもっとも謎なのは，1999年から2000年にかけての生産台数の爆発的急増であり，本章で参照している先行研究ではこれに疑問を呈していない。

　天津自転車工業会から提供された数字は，1999年から『天津統計年鑑』のそれを大きく上回りはじめ，乖離が広がっていく（図4-1）。統計年鑑の数値は，国家統計局の統計基準の変更に伴い，98年以降，いわゆる「限度額以上」（国有企業＋年間売上げ500万元以上の非国有企業）しかカバーされなくなったことも関係しているのかもしれないが[24]，それでは天津の自転車生産のかなりの部分が年間売上げ500万元未満の非国有企業群によるものということになる。

　ちなみに，『2004 CHINA BICYCLE YEARBOOK』（Cycle Press 刊）に記載されている天津の完成車メーカー群のうち，2002年の（電動自転車を除く）生産実績がわかっているもの20社だけで900万台を超え（これらは全て年間売上げ500万元を明らかに超える），『天津統計年鑑』の同年の数値634万台をはるかに上回る。

　しかも，協会自身，統計の不完全性を認めており，協会の統計自体，完成車メーカー全てをカバーするものとなっていないので，実際の生産台数は協会発表のそれをも大きく上回る可能性が大きいのである。たとえば，2003年の生産台数は2,402万台とされているが，これは完成車メーカー477社中，187社のデータにすぎず，実際の年産量は3,000万台に及ぶと指摘されている[25]。

　協会によれば，同会の発表している年産台数の統計は，協会加盟会員企業に限らず一部の非会員企業も含んでおり，非会員の比率は約3分の1である。1999

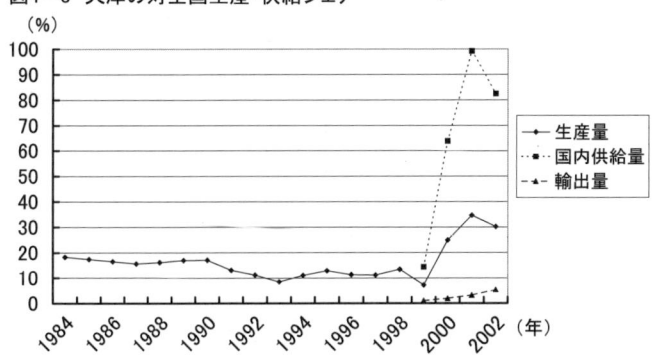

図4−8 天津の対全国生産・供給シェア

(出所) *2004 CHINA BICYCLE YEARBOOK*, Cycle Press,『天津統計年鑑』中国統計出版社, 天津市自転車工業会統計により作成.

年についての回答が得られなかったので99年から2000年にかけての激増の核心をとらえることができないが, 2000年の統計捕捉社数は179社 (完成車メーカー340社中), 2002年は同じく206社 (同406社中) となっている。99年の完成車メーカー数は91社であったから, 2000年に統計で捕捉できたメーカー数だけみても, 99年から2000年に多くの参入があったであろうことは推察できる。そして2000年以降, 統計捕捉対象のメーカーの平均生産台数が急拡大していることも理解できる。

もう1つ, 1999年から2000年にかけての生産急拡大には, 次のような背景がある。天津自転車工業会は設立された95年から, 天津の自転車関連企業を組織して上海等の展示会に参加し, 輸出の拡大と市場の開拓を図り, 業界観察を行なってきたが, 2000年春の上海の展示会では「天津専門館」を設けて, 天津自転車業界のＰＲを図ったことが, 受注につながったのだという。そしてこれが参入を誘発したと考えられる。

とはいえ, 統計は不完全であり, 天津自転車産業の急激な拡大は, 1990年代末から複数年にわたって起こっている動きとみたほうがよいだろう。

そのうえで, 天津における自転車生産の大幅な増加については, 以下のような仮説を立てておこう。

第1に1990年代後半から末に生産コスト要因を媒介に, 世界生産の中国シフ

表4-5 1997-2001年中国・台湾の対日米輸出　　　　　　　　（万台）

	台湾輸出	中国輸出	：台→日	：中→日	：台→米	：中→米
1997	896	1,439	130	135	335	578
1998	939	1,761	132	142	430	860
1999	778	2,270	164	249	325	1,141
2000	753	3,286	183	426	277	1,668
2001	480	3,494	128	554	151	1,426

（出所）　*2004 CHINA BICYCLE YEARBOOK*, Cycle Press, p.235.

トが顕著になり（図4-4, 表4-5），さらに中国国内向け生産では，やはりコスト競争力の高い天津へ生産が相対的に「シフト」[26]し始め（図4-8），これまで述べてきたような天津域内の生産組織の再編が，これに対応した。そして低コストで生産可能であるということによって（加えて後述する中小企業による集積の機能によって小ロットに対しても迅速対応が可能であることから），天津は，輸出向け生産基地としても位置付けられつつある。

　第2に，とはいえ，天津の急激な生産の増大は，天津域内の生産だけで可能になったとは考えられない[27]。上述のように，天津では，域内で一通りの生産は可能であるものの，製品のグレードに応じて，その完成車には，総体として，域外（とくに江蘇・浙江地域）の部品が相当利用されていると考えられる。また，完成車メーカーのなかには，上海のかつてのブランドメーカーのOEM生産を行なっているものもある。だとすれば，天津の自転車産業の急激な発展の謎は，天津の自転車産業それ自体の制度改革だけでなく，産地再編で先行した上海・江蘇・浙江地域における自転車産業の制度改革と非公有制企業群の動向とあわせて考察される必要が出てくるのである[28]。

8　自転車工業会の役割
―販路・情報・技術

　2000年春に開かれた上海の展示会に「天津専門館」を設置して積極的にPRに努めたことが，同年の生産急増につながったという点は，既に述べた。すなわち，天津自転車工業会のイニシアティブが，個別企業ではなしえなかった規

模で，需要を天津自転車産業のものとしたのである。このことが一層の参入と競争を促し，産業の再編と参入によってさらに大きな供給能力が形成されたとみることができる。

2001年からは自ら展示会（北方国際自転車展示会）を主催することで，いっそう天津のメーカーの参加を促進し，天津のメーカーの情報発信と情報収集を容易にした（表4-6）。その他にも，さまざまな情報収集活動，PR活動や工業団地の整備・運営への助言を行なっており，自転車協会のもつ「中間組織」としての役割は非常に大きかったといえる。

表4-6 北方国際自転車展示会開催規模

	2001年	2002年	2003年	2004年
参加企業数(社)	205	276	320	340
ブース数(個)	380	625	1,020	1,300
来場延べ人数	2万	5万	7万	16万

（出所）天津自転車工業会提供。

9 産地の展開と方向

（1）集積の展開

天津の自転車産業の集積は，まず天津において形成された技術的資源，人的資源を利用して形成されたものであった。天津で一応部品が揃い，かつ域外の部品供給も利用しながら，多品種変量生産への即応可能な企業間関係がそこに形成された。

そうした基盤が，天津で低廉な完成車生産が可能であることに注目した完成車メーカーや，天津に立地する完成車メーカーへの部品供給をよび込み，それがまた完成車・部品メーカーの天津進出をよび込むというサイクルが形成されている。中国北方ならびに北東アジア市場に注目した域外資本の進出もあり，大量の域外ワーカーを用いるにとどまらず，生産技術管理スタッフも広域から採用されており，天津への進出は，低コストで生産でき，かつ迅速な調達が可能である利便性から選択されている。そして，域外からの有力なメーカーの進

出は，調達取引を通じて，天津地域の品質水準の向上をもたらし，さらに完成車メーカーの進出を誘発すると同時に，完成車メーカーの進出が部品メーカーの進出もよぶことになる。企業間競争と域外有力メーカーの進出，取り引き関係を通じた品質水準向上が，絡み合いながら展開されることで，域内で生産される品質レベル全体の向上が展望されるようになる。

（2）産地，個別メーカーの方向

厳しい価格競争が展開されているなかで，上位企業群にはローエンド製品の絞りこみといった動きもみられる[29]。個別企業が市場における自社の位置付けを適切に行ない，天津の自転車産業全体では，さまざまな価格帯で，図4-7に示したような「品質・デザイン／価格」（お値打ち感）のある多様な生産が行なわれることで，天津の自転車産業としては，価格競争力を基本に，依然中低級ゾーン中心に内外のさまざまな需要階層への供給を行っていくことになろう。

天津自転車産業総体としては，企業間競争の基礎のうえに，北東アジア市場・国内北方市場へのアクセス，工業団地（産業園区）の整備・土地供給余力などの条件や展示会開催，常設市場開設などの方策により，有力企業を誘致することと，既存の地場メーカーのレベルアップとをどう結び付けていくのかが，現下の課題となっている（例えば王慶坨の常設市場は2005年1月開設）。また，日本のBAA認証[30]導入への対応は，天津の自転車業界全体の品質レベルアップを促すよう作用するであろう。

10 天津自転車産業にみる体制移行と産業集積

本章の最後に，若干のまとめを行なおう。天津における自転車産業の構造変化と発展は以下の諸要素から成っていると考えられる。

第1に，公有制部門の蓄積（技術的原蓄）が，制度改革（参入規制緩和と国有企業経営不振への対応）による生産組織の再編に伴って，民間に移転され，再生利用されるという内発的発展，ならびにそれを担う企業家層の存在，第2に外部

の需要を運び込んできた自転車工業会の作用（同会主導の展示会参加と同会による展示会の主催）——である。しかし，第3に，天津の完成車メーカーは，先行して産地再編が行なわれた華東地域を中心とする域外からの部品供給もあって，初めてお値打ち感のある（品質に対して相対的に価格競争力をもつ）製品の供給が可能になっている側面もあると考えられ，この意味で，天津の自転車産業集積は，それ自体で閉じた構造になっているわけではないこと，そして第4に，価格競争力と集積の利便性が内外の自転車生産を天津に引きつけており，外資や国内域外資本の天津進出が，取引関係や競争を通じて産地のレベルアップをもたらしていること——である。

　天津以外の国内からの天津への企業進出（資本移出）は，移行という視点から注目すべきであろう。市場経済の理念的モデルでは，カネ・モノ・ヒトが需給関係にもとづき空間的に自由に移動する。しかし，中国の計画経済時代には需給関係による空間的移動はいずれも厳しく制限されてきた。改革開放以後，需給関係にもとづくモノ，そしてヒトの移動が徐々に拡大してきたが，相対的に遅れてきたのは，カネの自由な空間的移動である。

　天津には，外資だけでなく，国内域外からの資本移出もあり，天津には集積が集積をよぶメカニズムができつつある。そして天津の各レベルの地方政府も域外資本の流入を歓迎している。投入財，人的資本の域外調達も一般化しており，北方地域の天津において，ヒト・モノ・カネの需給関係にもとづく空間的移動が実現している。第3章でも瀋陽への温州資本の進出をみたが，これらの資本移出は南方で先行した市場経済化の北上を示しており，計画から市場への移行の空間的進展を読み取ることができるのである。

（注）
1）自転車産業振興協会（http://www.jbpi.or.jp）参照。
2）本章は，2004年8月29日～9月3日，11月19日における天津自転車産業の調査にもとづいている。中国の自転車産業に関する研究はあまり豊富ではない。邦文では，関権氏による研究がある（「中国自転車工業のアンバランス的発展」『一橋論叢』第123号，2000年5月，pp.730-752，「中国自転車工業の発展とイノベーション」『同』第124号，

2000年11月,pp.574-590,「中国の企業内教育―自転車工業の事例―」『同』第126号,2001年11月,pp.477-494)。中文では中国自転車工業会『自転車工業発展史』(1991年)があるが著者未見。英文ではXun-Hai Zhang(1992), *Enterprise Reforms in a Centrally Planned Economy The Case of the Chinese Bicycle Industry,* New York: St.Martin's Press. Inc.がある。ただし,関権,Xun-Hai Zhang両氏の研究は,それぞれ1980年代(1990年まで)の個々の企業内部の経営的あるいは技術的問題を扱ったものである。90年代以降の劇的な再編を扱った研究としては,邦文で入手可能なものに,謝思全(2004)「制度革新と産業進歩―中国・天津における自転車産業の発展と再編を事例として―」『商工金融』12月,pp.52-62がある。

3) 天津市自転車工業会秘書処編(2003)『美麗的天津城―伝頌着自行車業的一個伝奇故事』,p.6。

4) 南開大学谷雲副教授のご教示による。「天津地名考：工業揺籃―三条石」
(http://www.sina.com.cn/c/2004-03-29/22443074231.shtml) 参照。

5) 天津市自転車工業会秘書処編(2003)前掲書,p.6-7。

6) 建国以後の技術開発については,天津市自転車工業会秘書処編(2003)前掲書,pp.44-50参照。

7) 天津市自転車工業会秘書処編(2003) 前掲書,pp.7-8。

8) 部品調達の動きはこれに先行していたものと考えられ,完成車輸出地域の変動以前に自転車の生産構造は変化を始めていたはずである。私営地場メーカーTM社での日本人副総経理からの聞き取りによれば,20年前まで日本が産地で,18～15年くらい前になると台湾の部品を買って日本で組み立てるようになり,92年の鄧小平の南巡講話を契機に台湾資本が深圳に進出して深圳の龍華鎮に自転車村ができ,続いて産地は上海周辺に移ったという。そして5年くらい前から生産拠点が天津に北上してきているという。ただし,これは既存産地の衰退を表すものでは必ずしもない。

9) とくに注釈のない記述は天津市自転車工業会秘書処編(2003)前掲書,pp.128-129による。

10) 1989年段階で商業部門による2億元以上の支払遅延が発生していたことが自家販売網の形成と関係していることが考えられる。もし,そうだとすれば,飛鴿の製品が生産すれば売れる時代は80年代までで終わっていたということになる(天津経済年鑑編輯部(1990)『天津経済年鑑』天津人民出版社,pp.248-250,同(1991)p.324)。

11) 天津市自転車工業会が公表している2003年の天津の自転車生産台数2,402万台は,完成車メーカー477社中,187社のデータにすぎず,実際の年産量は約3,000万台に及

第 4 章 「王国」の再興

ぶと指摘されている（『Cycle Press』インタープレス社，2004年3月号 p.34，5月号 p.54）。このためここでは3,000万台を477社で除している。

12)「衰落的自行車王国」全景網絡 http://www.p5w.net/docs/stimes/week/200203150716.html。

13) 天津市自転車工業会秘書処編（2003）前掲書，p.130。

14) Siquan Xie, Jiuli Huang, Desheng Wu, Zhigang Wang & Satoshi Kai, "The Governance Structure of Transactions in Enterprise Clusters: the Case of Bicycle Industry in China Rural", p.1.

15)「低質低価引発"天津現象"信誉危機迫使做強」華鼎財経網信息中心。（http://www.chinahd.com/news/china/2002-5/165238.htm）

16) Xie, Huang, Wu, Wang & Kai 前掲論文, p.1，謝思全「郷鎮企業集群的交易治理結構分析－以王慶坨自行車企業集群為例」『南開学報（哲社版）』2004年1期，p.119。

17) Xie, Huang, Wu, Wang & Kai 前掲論文, p.1.

18) 王慶坨鎮地方史志編修委員会編（1996）『王慶坨鎮志』天津古籍出版社，p.265。華鼎財経網信息中心前掲記事。

19) Xie, Huang, Wu, Wang & Kai 前掲論文, p.7. 多くの部品メーカーは組み立て工場の相対的に固定したサプライヤーになっているという。ただし，具体的に親類血縁者の間でどのように分業を決定しているのかという点については調査では聞くことができなかった。

20) Xie, Huang, Wu, Wang & Kai 前掲論文, p.2.

21) 華鼎財経網信息中心前掲記事。

22) Xie, Huang, Wu, Wang & Kai 前掲論文, p.6.

23) 同上論文, p.1.

24) 深圳国際自行車網（http://www.shenzhencycle.com）による。

25) 『Cycle Press』インタープレス社，2004年5月号，p.54。

26) 国内の他の主産地で生産の減少が統計的に確認できないため，括弧付きの「シフト」としている。

27) この点は渡辺幸男氏によっても提起されている（渡辺幸男「自転車市場と産業　中国天津と日本」商工総合研究所編『商工金融』2004年12月，p.51）。

28) 上海のブランドメーカーは需要の増大に応えるために，1980年代に積極的に周辺地域の企業群に技術供与を行ない，すでにOEM生産を展開していた。また，天津のフリーホイール工場での聞き取りによれば，90年代半ばにフリーホイール需要の大きさに目

をつけた慈渓の人々が工程間分業と家庭作業場方式で参入し，低品質だが低価格のフリーホイールを生産するようになったという。不具合が多く97，98年には売れなくなったが，蓄積した資本でNC設備を導入し，品質を向上させたという。天津のフリーホイール工場はこうした企業群の価格の影響を受けている。

29) 一部のメーカーではまた構内下請けを導入することにより，出荷までのリードタイムを縮減することを目指している(『Cycle Press』インタープレス社，2004年3月号 p.35, 5月号 p.54, p.57)。

30) 社団法人自転車協会による自転車安全規準。Bicycle Association (Japan) Approved の略称。認証を受けた自転車の製法上の欠陥で事故が起こった場合には，製造者または輸入業者の責任で補償される。詳細は http://www.baa-bicycle.com 参照。

第4章【補論】

ペダルのない自転車
―電動自転車の可能性

中央左はオートバイ，右は電動自転車（蘇州）

第4章【補論】 ペダルのない自転車

はじめに

　第4章では，天津の一般自転車の生産をめぐる状況について述べてきたが，現在，天津の街中には，「ペダルのない自転車」が多く目につく。

　「ペダルのない自転車」とは，つまり電動自転車のことである。だが，日本で走っている電動アシスト自転車とは異なり，本当にペダルがないのである。もっとも全ての電動自転車にペダルがついていないわけではないが，これまでのところ，電動自転車の95％がハンドルグリップで速度を制御するフル電動型で，市場の80％はペダルのないスクータータイプであった[1]。にもかかわらず運転免許を必要としない不思議な乗り物である。

　この「ペダルのない自転車」の生産台数が，1990年代末の14万台から2003年には400万台へと急増している（図補4－1）。以下では，ごく簡単に中国の電動自転車の概況について述べ，次いで第4章本論の対象となった天津における電動自転車の現況と課題について触れておこう。

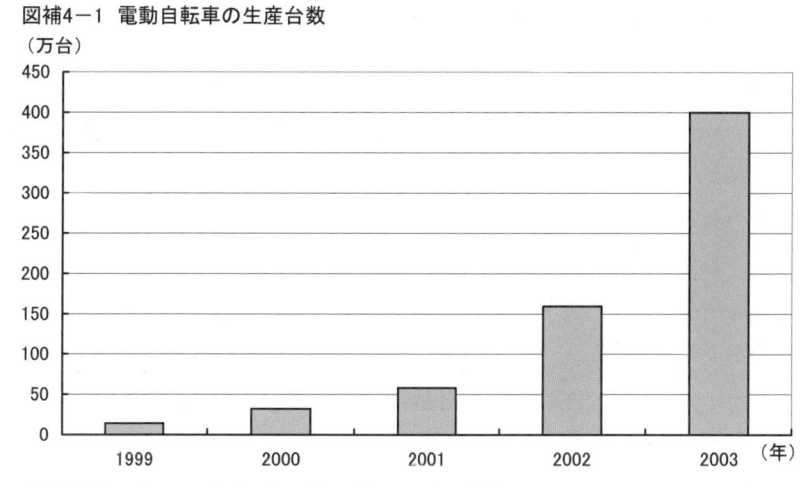

図補4－1　電動自転車の生産台数

（出所）『Cycle Press』インタープレス社，2004年2月号，p.65。

1 電動自転車の発展と位置付け

　岩村研究室サイバービジネス研究会（2004）のレポートによれば，上海の永久自転車が1980年代初頭に電動自転車を製品化したものの，電池性能など技術的問題から撤退した。そして十数年を経た1997年に上海千鶴が電池メーカーとバッテリーの開発に成功し，実用化段階に入った[2]。98年の生産台数はわずか2,000台であったが，99年に生産台数は10万台を突破した。同年10月に電動自転車に関する国家基準（最高時速20キロなど）が制定された。以後，生産は急増し，年間400万台を生産するに至っている。

　実は，1988年の「道路交通管理条例」には原動機付車両と非原動機付車両の定義があり，その第19条において，非原動機付車両とされる自転車や三輪車に動力装置を付けてはならないことが明記されていたのである[3]。この規定からすれば，電動自転車は限りなく違反に近いものであったが，この「新生事物」の位置づけがなされることなく，市場が拡大してきた。

　電動自転車発展の需要背景を，前出の岩村研究室サイバービジネス研究会は，次のようにまとめている。

　①中国ではバイクの通行が禁止ないし制限されている都市が多く（大中型都市の大部分を含む50都市），これらの都市でその代替的乗り物として需要されるようになった。環境問題から燃油助動車の代替手段としての期待もある。②生活水準の向上により2,000元前後の購入層が生まれた。計画から市場への移行に伴い，職住接近から職住分離（自分で仕事を探し，住む家を探す）に変わって通勤距離が遠くなった人々があらわれてきた。すなわち公共交通手段の供給の相対的不十分さによる。

　2001年に入ると，交通問題や廃電池処理問題から，電動自転車の禁止・規制措置を講ずる都市が出現した。おおまかにいえば，表補4－1に示される主要産地では規制が緩いか積極的にその発展が推進され，それ以外では規制が強いかあるいは禁止措置がとられるという傾向が読み取れる。

　2003年10月に，「道路交通安全法」が成立し（施行は2004年5月），その付則で

第4章【補論】 ペダルのない自転車

表補4-1　2002－2003年中国電動自転車生産状況

	2002年			2003年		備　考
	企業数(社)	年産(万台)	全国シェア(%)	企業数(社)	年産(万台)	
全国	179	159.5			250.00	電動自転車メーカー226社についての中国自転車工業会の統計によると，2003年の全国生産量は過去最高の400万台に達した。
天津	39	22.3	14	46	57.30	
上海	34	20.4	12	49	60.14	
江蘇	32	45.5	29	29	97.95	
浙江	38	47.6	30	65	127.29	
広東	5	1.9	1	11	23.10	
河北	11	1.5	1	9	2.00	
山東	9	9.9	6	12	21.93	
その他	11	10.4	7	5	11.59	

(出所)　天津自転車工業会提供。

「非原付車両」が「人力あるいは畜力で駆動し公道を走行する交通手段，および動力装置を有するものの最高時速，質量，外形寸法が国家基準に適合する障害者用動力付車椅子，電動自転車等の交通手段」と再定義され，電動自転車は晴れて「非原付車両」となったのである[4]。なお同法では，電動自転車の最高速度は時速15キロに制限され，規制の詳細は，各地方政府が決めることになった[5]。

なお，業界団体である中国自転車工業会では，2003年5月に国家の規制に先駆けて，「電動自転車のスクーター型改造を防止するための規定」を作成し，自主的管理を行なっており，また上海ではスクーター型電動自転車へのナンバープレート発給停止や，「非原付」の基準に合わない電動車両の販売を禁止している[6]。

2　天津の電動自転車産業

第4章本論では，天津の自転車産業の復興と再編について論じたので，ここで天津の電動自転車産業についても生産の動向を簡単に記しておこう。

(1) 電動自転車メーカーの分布

表補4-1に示したように天津は電動自転車産地としては，トップではないが，生産台数が近年，急増していることは事実である（図補4-2）。2000年以降，一

図補4-2　天津の電動自転車生産動向

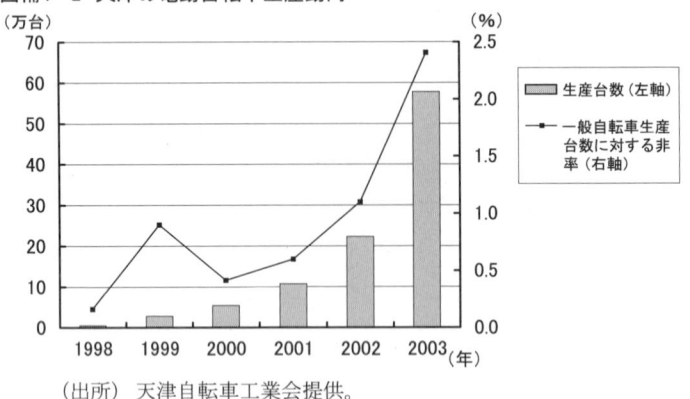

(出所)　天津自転車工業会提供。

般自転車の増加趨勢を上回って生産台数が増えていることがわかる。

　天津の電動自転車メーカー数は，完成車・パーツメーカーあわせて120社余（うち完成車メーカー約100）と指摘されるが，不完全な資料ながら参考までに天津自転車工業会発行のリストから電動自転車メーカーの分布を作成した（表補4-2）。リストにある完成車メーカー70社余のうち約7割は電動自転車専業メーカーとみられるが，残りの3割は，一般自転車も生産しているか，グループ（あるいは関連）企業が一般自転車を生産している。

　表補4-2によれば，一般自転車メーカーの集積度が高い東麗区，西青区に電動メーカーも集中しているのに対し，一般自転車メーカーの集積度では東麗

表補4-2　天津電動自転車メーカー分布

地区名	完成車	部品
和平区	1	1
河東区	2	1
河西区	1	2
南開区	8	7
紅橋区	3	1
河北区	4	6
塘沽区	0	0
東麗区	18	2
大港区	1	0
西青区	12	0
津南区	3	1
北辰区	8	2
浜海保税区	1	0
保税区	0	0
天津港保税区	1	0
開発区	0	0
武清区（除王慶坨）	0	0
武清区王慶坨	1	0
宝坻県	3	1
寧河県	1	0
静海県	5	1
薊県	0	0
合計	72	24

(注)　所在地が天津にないメーカーは除いている。
(出所)　天津自転車工業会『天津市自転車工商企業名録索引(2004)』により作成。

第4章【補論】 ペダルのない自転車

区と並ぶ北辰区にはメーカーが少なく，何よりも一般自転車の最大の集積地である武清区（ここでは王慶坨を含む）に電動自転車メーカーがほとんど立地していないことになっている。また逆に一般自転車のメーカーの分布が薄い南開区に，部品メーカーを含めれば東麗区に匹敵するメーカーの分布がある。

　これは電動自転車が，電池，充電器，電機（動力），制御機器，樹脂のボディといった，一般自転車とは異なるパーツを要することとかかわっているのだろう。たとえば現在のところ，天津の完成車メーカーの多くは，制御機器を内製しており（制御機器，充電器専業メーカーは10社余りある），こうした技術をもつか，投資が可能な企業のほうが参入にアドバンテージをもつことになる。江蘇省の有力メーカーのうち，常州洪都電動車有限公司が軍事工業系航空工業集団のグループ企業であることや，南京金城電動車有限公司が軍事工業から民需転換したオートバイメーカーのグループ企業であることが，そのことを示している。また，一般自転車との兼業組については，富士達や科林といった一般自転車の有力メーカーや国有系の飛鴿など，資金面で優位性をもつ企業群である。

　地理的分布に関していえば，南開区にはIT関連産業が比較的集中していることが，電機自転車メーカーが相対的に多いことの背景にあるとみられる。

（2）天津電動自転車産業の実態と課題

　天津の電動自転車の生産台数は急増しているものの，実は天津の部品メーカーの生産は質的にも量的にも需要を満たしていない。天津自転車工業会の分析では，制御システムを除く生産能力不足は，2006年までの生産目標（200万組）達成に大きく影響を及ぼす。たとえば電池メーカーについてみると，南方の有力企業と競争可能な生産規模をもつメーカーは台湾系の1社（亜鉛電池）のみであり（天津での生産量の過半を占める），地元メーカーの製品には性能の安定性を欠くものもあるという。リチウムイオン電池については，国有企業と中央国家レベルの研究所との合弁企業（藍天双環公司）が開発したが，量産に至っていない。現状では，天津市場における天津所在電池メーカーのシェアは50％未満とみられ，樹脂ボディについては金型の開発コストが江蘇・浙江より高く，

生産も空白状態である。このように天津の電動自転車産業は，パーツ供給を江蘇・浙江地域に依存し，組み立てを行なっているという側面が強い[7]。

天津自転車工業会は，パーツ供給の弱点を補おうと，実態調査を行ない，地場の企業の育成に注力すると同時に非自転車メーカーのリチウムイオン電池開発への参入にも期待を寄せている。

2003年10月に成立した「道路交通安全法」ではスクータータイプは「自転車」とみなされなくなったが，自転車業種協会のリードもあって，天津はペダル付きの自転車タイプの生産を主に行なっており，他地域より自転車タイプの生産に習熟しているという。

3 展　　望

電動自転車は電池の開発をはじめ関連部門への波及効果がより大きく，またクリーン交通手段として，原動機付自転車からの転換需要も期待できる。一般自転車保有量の10％の買い替えで800億元の市場規模が生まれるという可能性も指摘されている[8]。そのためにはパーツの品質の安定と機能強化という生産技術にかかわる向上が必要とされるが，それだけでなく，いずれは何らかの形での動力車両としての制度化が不可避となろう。

（注）
1）『Cycle Press』インタープレス社，2004年2月号，p.65。なお，スクータータイプの電動自転車にもペダルを装着するための穴らしきものはある。
2）岩村研究室サイバービジネス研究会「中国における電動自転車の状況(1)」
　　（http://abc.wiaps.waseda.ac.jp/special/）2004年2月9日
3）岩村研究室サイバービジネス研究会（2004）前掲レポート。
4）「中華人民共和国道路交通安全法」
　　（http://www.chinanews.com.cn/n/2003-10-29/26/362098.html）
5）最高制限速度については，地域によってはメーカーに周知されていないと思われる。
6）『Cycle Press』インタープレス社，2004年2月号，p.65。なお，ナンバープレート

第 4 章【補論】 ペダルのない自転車

発給は一部の都市のみで行われているようで，ほとんどの場合，これは必要とされていない。

7）天津自転車工業会生産力促進中心『関於対電動自行車套件生産企業摸底調査的情況及推動套件規模発展的建議』（電動自転車サミット会議資料 4 ）。

8）北京工業大学の「北京電動自転車発展対策研究報告」におけるサンプリング調査によれば，地域の交通状況によってその意向に違いがあるものの，購買意向が「ある」とした回答が10.3〜28.3％を占めたという。保有量 4 億台の自転車の10％は 4 千万台，1 台2,000元として，800億元の市場が誕生することになるという（岩村研究室サイバービジネス研究会前掲レポート）。

第5章

産地市場の「秘密」
―紹興・合繊産業の事例

ブースの外にもサンプルが並ぶ
（紹興・軽紡城内部）

工場から出荷される合繊白生地（紹興）

第5章　産地市場の「秘密」

はじめに

　浙江省の紹興市にはアジア最大といわれる繊維市場があり，テナントビルタイプのこの繊維市場には数千の零細な卸売業者が入居し，ポリエステルなどの合繊が取引されている。これらの卸売業者は私的経営業者であるが，この市場の存在がこの地域の織布工場を支えており，同業者や関連する業種の企業群が空間的に集中する産業集積を形成している。

　この章では，この地域に繊維の巨大な産業集積が形成されたのはなぜか，そしてこの集積地が拡大再生産されてきたのはなぜかという問いを設定し，前者の問いについては政府の役割に，後者の問いについては，競争と情報の搬入に留意して答える。またこの集積のもつ課題についても述べる[1]。

1　紹興の条件と合繊織布業の生成

（1）浙江・紹興の自然条件

　浙江省は中国の東部沿海地域，地図でいえば上海のすぐ南側に位置する。四季があって気候は農業に適しているが，しかし，「七山一水二分田」(山が7割，河川が1割，水田が2割を占める) と表現されるように，山がちの地形であることに加え，人口密度が高いため，人々は古くから農業以外に従事して生活を支えなければならなかった。また，浙江省全体としては，国からの投資が少なく，国有企業のウェイトが他の地域に比べて低いことも特徴としてあげられる。

　紹興は人口430万人余り，九州南部と同じくらいの緯度に位置し，水に非常に恵まれ，気候は本来農業に大変適し，穀物や経済作物などさまざまな農作物がとれる。しかし人口密度が高く，その分古くから手工業や商業が栄え，商品経済が比較的発展してきた。とくに繊維産業は春秋戦国時代以来の産業であった。

199

（2）紹興における合繊織布業の形成

　中華人民共和国成立以後の状況を，『紹興市志（第2冊）』は次のように記す。「建国以来，国家が絹と綿布に対して計画統制を行ない，原料糸が大都市の企業に供給されたため，紹興は一旦繊維産業の優位性を喪失した。しかし，1970年代初めに化繊（人造繊維＋合繊）織物が流通市場に入ってきて，合繊メーカーが増え，原料供給に余裕があり，市場調節を主とした」（つまり計画統制が緩かった），「70年代半ばに，もともとシルクと綿を主要産業とした紹興県境地で，化繊（合繊）紡織業が起こった」。「紡織の伝統をもつ紹興の農民が，市場メカニズムを運用し，広範に資金を集めて化繊（合繊）紡織工場を設立して，上海，杭州等の紡織企業から設備，技術を導入し，広東，遼寧，河南，陝西などからポリエステル糸，アクリル繊維といった原料を購入して，企業の営業スタッフが全国各地に販売したことで化繊（合繊）紡織業は始まった」[2]。紹興の化繊織布業の郷鎮企業は1983年の400社余り，織機数6,300台から90年には986社，織機数4万台へと急拡大し，紹興域内の生産は全国化繊織物生産量の1／3を占めるに至った[3]。

　丸川知雄氏の研究によれば，紹興で農村工業によって合繊織布業と染色業が発展したのは，紹興県の政府が県下の郷鎮や村に対して，合繊織物業の郷鎮企業を設立するようアドバイスしたためであり，県政府がこのようなアドバイスをしたのは，①すでに国有大企業が大きな生産力をもっている綿織物や絹織物と違い，合繊は需要の大きさに対して相対的に国内供給が不足していると判断したこと，②合繊織物業は工業の経験の浅い農民にも参入しやすい産業と考えたためである[4]。

　このように，もともと絹と綿紡織主体の地域から，ポリエステルを中心とする繊維産地へと変貌し，紹興には，現在，糸の原料になるチップから，糸，織物，染色，アパレルに至るポリエステル繊維産業全体の工程が集積している。

第5章　産地市場の「秘密」

2　「軽紡城」の形成

　紹興の産業上の大きな特徴は，現地の人の言葉を借りれば「アジア最大」あるいは「世界最大」の繊維専門の卸売市場があり，この卸売市場を核に繊維産業の集積が形成されているということである。この卸売市場では毎日1万種にもおよぶ生地が出回り，1日に延べ7万人が出入りしているといい，年間取引額は日本円で推定2,300億円程ともいわれる（2000年段階）[5]。

　「軽紡城」と名づけられた，この生地の卸売市場は，浙江省の省都杭州から港町寧波につながる国道沿いに位置しており，もともと，改革開放初期の1983年ころに，自然発生的にこの場所に生地の取引市場が生まれたとされる。取引が発展する過程で，当初，浙江省内の卸売商人がやってきていたが，やがて広東や新疆，四川，安徽，湖南など外地からも卸売商人が流入してくるようになった。最初に何人かで来て成功すると，次に友人，親戚，さらにその他同郷人を次々によび寄せ，やがては定住してしまう者も出てきた。たとえば温州市の楽清から来た人々は集住して「楽清村」といわれる区域を形成している。

　そして，紹興県（紹興市の下にある行政単位）の政府が，この卸売市場のポテンシャルに注目して，650万元を調達して市場の整備を行ない，1988年10月，軽紡城の前身の紹興軽紡市場を開業した。当初はブース数540であったが，当初から銀行，郵便局，託送部門，駐車場，宿舎・飲食施設などを備えていた[6]。

　さらに1993年に紹興県などが中心になって，卸売市場の運営・管理を行なう株式会社を設立して，97年には上海の証券市場に株式を上場した。市場の運営というのは，1つが20平方メートルくらいの小さいブースが何千もある低層ビルのテナント管理をするというものである。うち，市場の運営会社が保有しているブースは6,000で，平均3人から4人くらいで経営しているかなり零細な卸売商が4,000（複数ブースを利用している業者がある）ほど，ここで営業している。もともと運営会社の持ち分でないブースもあるため，実際にはこの倍くらいの卸売商が活動していることになる。ブースを使う権利は高値で転売されているという。

3 | 地域産業にとっての「軽紡城」の機能

この「軽紡城」という卸売市場に入居している個々の卸売業者はたかだか3～4人で営む零細経営である。しかし，零細業者が多数集まって近接し競争していることに，紹興の合繊産業にとっての大きな意味が存在している。

（1）紹興合繊産業の連関

図5－1は，紹興における合繊産業の連関を示している。原糸から生地問屋までは全て紹興に立地している。

順序は前後するが，まず注目したいのは，織布メーカーと軽紡城および2次問屋・アパレルメーカーとの関係である。生地の卸売市場の整備は，地場の織布メーカーの設立を一層誘発した。紹興にある織物工場の圧倒的大多数は，製品をこの「軽紡城」に入っている卸売商に出荷しており，著者が訪問したいくつかのポリエステル織物工場もほとんどが，軽紡城の卸売商から仕事を受注

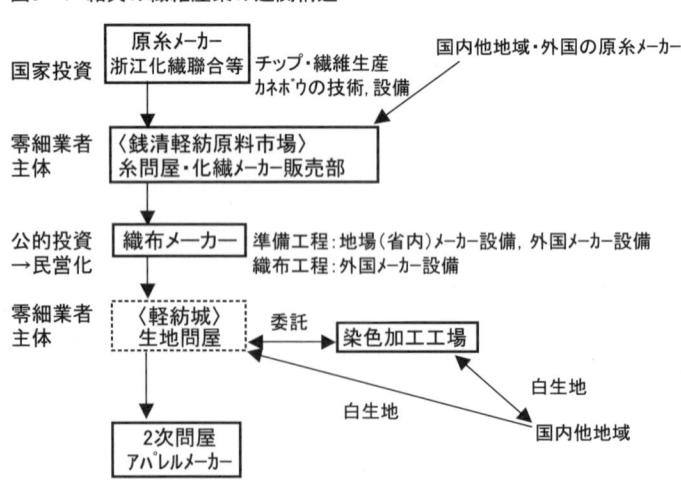

図5－1 紹興の繊維産業の連関構造

| 国家投資 | 原糸メーカー
浙江化繊聯合等 | チップ・繊維生産
カネボウの技術，設備 | 国内他地域・外国の原糸メーカー |

| 零細業者
主体 | 〈銭清軽紡原料市場〉
糸問屋・化繊メーカー販売部 |

| 公的投資
→民営化 | 織布メーカー | 準備工程：地場（省内）メーカー設備，外国メーカー設備
織布工程：外国メーカー設備 |

| 零細業者
主体 | 〈軽紡城〉
生地問屋 | 委託 | 染色加工工場 |

2次問屋
アパレルメーカー

白生地
白生地
国内他地域

（出所）丸川知雄（2001）前掲書，p.40を参考に聞き取り結果をふまえて作成。

して，8時間3交替24時間操業で布を織り，軽紡城に出荷していた。ポリエステル織物工場は軽紡城からの受注に依存してフル回転で白生地布を織っているのである。

　この点は，同じ繊維産地でも江蘇省の呉江市盛澤鎮とは若干様相が異なる。盛澤鎮にも東方シルク市場という1.5平方kmの範囲に4,000社ほどが入居する卸売市場が形成されているが，この市場では白生地布が多く扱われている。詳細は不明なものの，この市場には相当の割合で織布メーカー自らが出店した営業店舗があり，卸売商がこの市場にやってきて発注するという構造になっている[7]。

　紹興では，アパレルメーカーは，すでにプリントや染色された布を「軽紡城」から仕入れる。アパレル製品は，季節や流行りによって短期間で需要が大きく変動するから，布の質，色柄はアパレル産業にとって決定的に重要である。この衣料品が売れるか売れないかを決定付ける染色過程は，基本的に，白布を卸売商が買い付けた後，アパレルメーカーに売り渡される前に行なわれている。卸売商は，アパレルメーカーからサンプルを示されて，染色工場に染めに出して納めることもあるが，基本的にはどんな色柄が売れそうか自ら判断して，大きなリスクを背負って染めるのである。軽紡城に入っている卸売商のうち，比較的経営規模の大きなものの中には，デザイナーを雇い自ら製品を企画・開発して，織布メーカーや染色工場に発注したり，アパレルメーカーにアドバイスをしたりするところもある。

（2）軽紡城の役割

　ここで軽紡城は，アパレルメーカーが織布メーカーから直接仕入れるのと，決定的に異なる役割を果たしている。軽紡城は，アパレルメーカーの生地の売れ筋情報収集コストを下げ—したがって製品の販売リスクを低減し，織布メーカーの生産・販売リスクを低減しているのである。軽紡城がそのようなアパレルメーカーと織布メーカーのリスクを低減できるのは，軽紡城に入居する零細問屋間の競争が売れ筋の情報の伝播をもたらしているからである。この売れ筋

情報は実はきわめてプリミティブな方法で伝播している。

たとえば，軽紡城に入っている卸売商のある色柄の布，あるいはある風合いの布が売れたとする。この情報はたちまち伝わり，瞬く間に模倣されて，同じような生地が軽紡城内に並ぶことになるのである。極端な例では，ある卸売商が，隣のブースにいい柄の布が置いてあるのを覗き見て，すぐ真似てしまうということもある。こうすることで，軽紡城には売れ線の布がいつでも大量に並ぶことになる。これでは最初に製品を開発した者の利益が守られないことになるが，追随者からデザイン料や開発費を取り立てるためのコストが，取り立てによって得られる利益を上回ると判断され，そして最初に開発した者の売上げが伸び続けている限りでは，模倣を放っておいたほうが得策ということになる。しかも，なお，軽紡城の取引総額はアジア通貨危機と中国経済の不況の影響が現れた1997年以降も年8％くらいのペースで拡大している[8]。

また，ブースの転貸があるということは，軽紡城内部の構成員は可変的で，軽紡城が，競争の結果いかんによって，既存の卸売業者が撤退し外部から新規参入が起こるというオープンな構造になっていることを意味する。転貸の費用は高水準とされるが，基本的には新規参入は，高水準のレントを払ってなお，入居前より収益が見込める場合にのみ新規に入居してくることになる。

ここで重要なことは，誰が売れ筋の需要情報を軽紡城に搬入してくるかという点である。この主体は，おそらくは，自ら企画・開発能力（これとて模倣に近いものであろうから，広範な情報収集能力ともいえるかもしれない）をもつ比較的経営規模の大きなものであろう。この軽紡城は，おおまかにいって，需要の搬入能力をもつ有力卸売業者群と，広範な模倣追随層に分かれていることが想定される。そして，模倣される有力卸売業者層が，なぜ軽紡城から離脱しないのかという点については，これら有力層がある時は軽紡城内への需要搬入者であるが，ある時にはそれら自身が模倣追随者になりうるためであるという仮説が立てられる。

第5章　産地市場の「秘密」

4 ┃ 地元政府投資による織布メーカー・染色加工工場の形成

（1）織布メーカー・染色加工工場・原料市場の形成と外部効果

　織布メーカー発展については，若干述べたが，織布業の歴史はプリント・染色業の歴史も伴っている。『紹興市志（第2冊）』は，紹興のプリント業は春秋戦国時代にすでに存在し，清朝乾隆年間（1736-95年）には染色業がすでに相当発達していたと記述する[9]。そして中華人民共和国成立後，紹興の染色業は一旦衰えるが，1980年代以降，域内に多くの染色加工工場が，主に郷鎮企業として設立されることになる[10]。

　再び前掲の図5-1に返って，織布メーカー群の位置を確認してみよう。

　織布メーカーは原糸を仕入れ，準備工程を経てから織布工程に入るが，原糸の価格はきわめて市場化されている。価格情報はインターネットで知ることができ，化繊・合繊専門誌も刊行されている。織布メーカーは，原糸メーカーと直接取引をしたり，1990年に設立された軽紡原料市場（紹興の銭清という場所にある）から原糸を仕入れたりしている。この軽紡原料市場は，糸メーカーの販売部や零細な私営取次商から構成されている[11]。日本でも業界では知られた原料市場である。

　われわれが訪問する機会をもった織布メーカーはわずか5社であるが（表5-1），これらの従業員数は平均630人程度（最少360人，最多1,000人）で年間売上げが得られた3社（従業員1,000人，820人，460人）の平均年間売上げは2億元弱で，いずれも新基準では中小企業であり，軽紡城の卸売商からの受注生産主体

表5-1　訪問先織布メーカーの概況

企業名	設立年，当初の所有形態	経営者前職種	主要所有者	従業員数	年間売上げ	備考
YQ紡織有限公司	1994年，街道	末端行政・経営	経営者個人	1,000人	2億元	1994年起工，95年操業開始
SG紡織有限公司*	1984年，鎮営	企業内各部門	経営者個人	600→460人	2億元	1999年民営化
紹興県HG綢廠	1970年代，大集体	商売	経営者個人	1,200→500人		1999年倒産，私営TL実業がリース
SS紡織有限公司	1994年，鎮営	商売	経営者個人	428→360人		1999年私営TL実業により買収
SZ集団有限公司	1994年，私営	集団企業・営業	経営者夫婦	820人	1.8億元	

＊日中合弁企業を含む。

であった（うち2社は100％軽紡城からの受注。別の1社は2000年に軽紡城への出荷比率を急激に下げている）[12]。

　織布メーカーは，必要な原料を市場価格で必要な量を調達できる条件をもち，主に軽紡城の卸売商からの受注生産であるため，軽紡城の需要搬入機能が失われない限り，ただ生産に集中することが可能になる。紹興は，原糸市場から織布工程，染色工程，生地の卸売機能が域内に揃い，卸売部門にもちこまれた需要に対し，原料調達，織布，染色までが迅速に対応することを可能にしている。加えて，卸売部門が多数の零細業者からなる競争的構造を有しているだけでなく，原糸供給部門，織布，染色工程もまた多数の中小事業者やメーカーから成って競争的であり，取引関係には一定の反復性があるにせよ，それぞれの部門間取引関係が弾力的であることが，紹興地域としての合繊産業の競争力を形成しているのである。

　織布や染色工程の即応能力がなければ，軽紡城の需要搬入の機能は減じられ，模倣による売れ筋の供給も成り立たなくなるから，この卸売から織布，染色までが揃うことにより，外部性が働いていると考えることができよう。

　なお，1980年代末から97年にかけて，軽紡城エリアでの取引額が900倍にも拡大しており，この全てが域内生産ではないにせよ，織布部門にとっては，当初は参入しさえすれば，儲かりやすい部門であったといえる。

（2）産業形成における政府の役割

　しかし，参入には設備投資を要する。これが可能であったのは，郷鎮・村といった農村政府であった。郷鎮・村は，第2章で述べたように，財源獲得のため，事業を起すインセンティブを有していた（また，経済活動の成果が幹部の考課要素にもなった）。そこで，1990年代前半から半ばにかけて，有望産業である合繊の織布部門への新規参入と設備更新のラッシュが起こった。ただし，著者が訪問する機会をもった5社のうちの2社は1980年代以前の設立，3社は1994年に設立されているが，うち1社は公有制企業からスピンアウトした経営者による私営企業であり，1社は土地を鎮が提供しているものの，その他の資本は

現経営者の父親が自己調達したものであったという。しかし，金融機関からの資金調達面では，農村政府のバックアップが重要な意味をもったことは間違いない。

　1995，96年頃，企業の所有者としての農村政府（郷鎮）が，互いに設備投資を競い，企業に投資ノルマや補助金を与えてまで設備拡張に走った結果，紹興の梭なし織機の台数は97年までに5～6倍に拡大したという。

　しかし，急激な生産能力の拡大が市場の制約にぶつかり，1997年のアジア通貨危機の影響も加わって，織布産業は大きな打撃を受けた。無理な生産能力拡大を行なった企業群は経営不振に陥り，倒産する企業が多く出たという。98年以降，農村政府は投資奨励を行なわなくなっただけでなく，財政負担を避けるため，99年には農村政府が所有する公有制企業群を譲渡・売却した。

　市場環境の変化は大きかったにせよ，これら公有制企業それ自体の経営問題も大きかった。訪問企業の1つは，末端政府の出資で設立されたのだが，経営不振で1999年末にもはや生産が続けられない状況に陥り，2000年1月に私営企業に買収された。この企業の前の経営者は，政府から派遣された人物で，コスト管理意識が低く，また前半の工程の生産能力が，後半の工程の能力とアンバランスで遊んでしまっていたにもかかわらず，改善策をとっていなかった。買収後，この企業では，私営企業から送りこまれた経営陣によって，人員削減が行われ，生産工程のバランスの調整が図られている。公有制企業ではもともと過剰雇用であったようで，訪問した企業のうち，公有制から民営化された企業群では全てで雇用削減が実施され，一部では地元労働者の域外出稼ぎ労働者への入れ替えが行なわれた。

　多くの場合，経営不振が原因で民営化されたと述べたが，経営状況のよい企業も同時に民営化されている。この企業は農村の末端行政府から従前の経営者に譲渡された。実際には，この企業は現経営者の父親が農村政府のサポートを受けて設立したもので，1999年に農村政府が出資相当部分を現経営者に譲渡して，私営企業となったものである。

　政府はなぜ全ての企業の直営をやめ，所有からも引いたのであろうか。織物

産業のような競争的分野では非公有制企業のほうがより効率的に経営し，競争に対応できることは明らかであり，1990年代に公的所有の政治的意味も大きく低下した。そして90年代半ば以降，非公有制企業の設立が奨励されるとともに資金調達の障壁も若干以前より低減され（経営状況の良いもののみ），政府が支配的所有を続けることは，その良好な経営を実現している経営者のインセンティブを低下させるばかりでなく，彼らの流出すら招きかねないため，実質的には不可能であった。政府としては，企業そのものの所有権を手放して負債のリスクを避け，土地リース料で財政収入を確保する選択をしたのである。

結局，政府による公有制企業設立・生産能力の形成は，政治的意味合いよりも，産業の形成における政府の役割という経済学的意味合いとして理解される。第2章で述べたように，民間の資本蓄積が不十分で，しかも財産権というものも確立されておらず，信用制度も十分整備されていない段階では，比較的参入が容易な織布部門といえども，民間資本がこれを形成するのには困難があった。民間部門の資本蓄積や法的な整備が不十分な段階で産業を形成するには，政府が民間に代わって，まとまった投資を行なうことが求められた。加えて複数の農村政府が互いに競い合って設備拡張に努めたことが，産業の急速な形成に貢献したのである。しかし，競争的領域では，生産力が形成された後には，そのストックは，私的所有と経営に委ねられるべきであることが，ここから示唆されている。

紹興が，軽紡城を中核に，合繊の産業集積を形成していること，そして織布産業の形成に地方政府が大きな役割を果たしたことを述べたが，これら2点に関連して，三たび，図5－1に戻ってみたい。域内産業連関の最上流には原料チップメーカーとして，「浙江化繊聯合集団」が画かれている。

この企業は紹興に立地し，1983年に浙江省と紹興市の出資によって設立された。設備と技術は日本のカネボウが提供しており，94年にはさらに中央政府と浙江省と紹興市の追加投資が入って生産能力を拡張している。設立時の投資総額は6,100万元，そして94年の追加投資は3億6,000万元にもなる。当時すでに非公有制企業が出現していたとはいえ，この金額は非公有制企業が容易に負担

できる金額ではない。

　当時は中国では繊維製品に対する需要が爆発的に拡張していた時期であったが，糸の原料がなければ糸もできないし，布も織れない。浙江化繊が政府の投資によって設立されたのは，それが社会主義だからということよりも，民間ではできない投資を政府が代わって行なったという意味が強いのである。

5 ｜ 紹興合繊産業形成・発展の構成要素ならびに産地の今後

以上みてきたように，紹興のポリエステル長繊維の産業発展は，
① 繊維産地としての紹興の歴史（絹・綿の織布，染めの在来産業の存在）
② 需要の急拡大に対して計画統制の弱かったこの織布に対する農村・農民の参入
③ 原糸需要に対応する浙江化繊聯合集団の国家投資による設立
④ 自然発生的に形成された流通市場のポテンシャルに注目した紹興県政府による軽紡城設立（原糸市場も設置されたこと）
⑤ 織布部門への農村政府の出資，生産力形成競争
⑥ 競争を媒介とした，軽紡城の需要搬入，情報伝播機能と域内織布，染色工程の迅速かつ弾力的対応能力がもたらす外部経済

といった諸要素——競争の作用と政府の役割との結合——から実現したものと考えることができよう。

　ところで，軽紡城は上述のように売れ筋情報をたちどころに普及させる役割をもっている。しかし，そのためには誰かが情報を軽紡城に搬入しなければならない。需要がこれまでのように全体に拡大基調にあるときには，需要搬入—売れ筋の模倣—売れ筋の常時供給……という連鎖が維持され，生地の集散地の役割を果たす。量を確保しつつ，とりわけ激しい需要の変化に迅速に対応することが可能な現在の産地市場の機能が，そう簡単に失われるとは考えにくい。とはいえ，1990年代末以降の厳しい価格競争は，先行者の利益を薄くし，こうしたことが，織布部門の上位メーカーの行動にも変化を引き起こしている。

政府の対応としては，1997年の不況を境に，織布メーカーに製品の輸出を誘導するようになっており，他方，企業レベルでは，品質向上と開発能力の強化に力を入れている。

　公有制郷鎮企業から私営企業になったある織布メーカーは，優れた若手経営者を擁し，1995年に福井県の繊維商社に合弁のパートナーとして見出され，織機と技術の提供を受けて実力を蓄えてきた。同社は供給過剰で価格引き下げ競争が激しくなると，軽紡城への出荷によって自社製品が容易に模倣され，より急速に生産者余剰が消滅するため，軽紡城の原始的な仕組みに不満をもった。そこで，ちょうど繊維の供給過剰を受けて，政府がそれまで一部の企業にしか許してこなかった輸出権を多くの企業に供与するようになった機をとらえて，99年に輸出権を取得し，自ら輸出をてがけるようになった。同社は99年まで軽紡城の卸売商からの受注生産を主としていたが，2000年の訪問時点では，軽紡城への出荷額比率は20％まで下がり，40％は国内直接取引，40％は欧州，南米，中東，香港，台湾，韓国向けに自営輸出を行なっていた。若干29歳の経営者が「軽紡城の業者に売るか，輸出するかは，どちらに出せば儲かるかによって決める」と述べているように，一部の上位メーカーは，染色，販売のリスクをとって，軽紡城を販路の選択肢の1つとして位置付けるようになってきている。

　軽紡城の卸売業者の経営形態も，現品を並べるプリミティブで模倣が容易なものから，オフィス内にサンプルのみを置き，無償で情報が流出することを避ける形態に変化するとの予想も，織布メーカーの経営者の中にはある。軽紡城の経営管理会社としては，情報提供機能とインフラ整備を通じて，卸売取引の場としての便益をより提供できるものとする試みを行なっている。

　軽紡城を中核として形成された紹興の地域産業集積は，軽紡城がスキップされれば容易に衰退するというものではないだろう。それはひとたび大規模に形成された産地・取引の場としての機能を，別途形成するには，膨大なコストがかかるからである。むしろ軽紡城を媒介に形成された生産力，弾力的即応力は，織布上位メーカーが外資と結び付いたり，内外ユーザーと直接取引したりすることを可能にした基盤となっており，「脱軽紡城」の動きもまた地域産業集積

発展の一方向であるということである。

（注）

1）紹興の繊維産業集積については丸川知雄氏による先行研究がある（丸川知雄（2001）「中国の産業集積」関満博編『アジアの産業集積』JETROアジア経済研究所，pp.29-61）。本章のもとになる2000年の調査には，著者は丸川氏と共に参加しており，本章の記述は，基本的に聞き取りのノートにもとづいているが，丸川氏の研究からの引用については，注記を付している。
2）紹興市地方志編纂委員会編（1996）『紹興市志（第2冊）』浙江人民出版社，p.720。
3）同上書（1996），p.918。
4）丸川知雄（2001）前掲論文，p.36。
5）中国軽紡城集団股份有限公司における聞き取りによる（2000年8月28日）。
6）紹興市地方志編纂委員会編（1996）前掲書，p.1054。
7）自然発生的に生まれた市場のポテンシャルに注目した呉江市政府が主導し，当地に立地していた企業や学校などの出資により1986年に建設された。織布メーカーの出荷先は卸売商とアパレルメーカーである。注文により染色して納品する場合もある。著者が盛澤鎮のある織布工場を視察した際には経営者は市場の営業店舗にいるとのことで不在であった。なお紹興においても呉江においてもともにポリエステル布を生産しているが，前者は短繊維主体で後者は長繊維主体であるといい，卸売商は両産地および市場を使い分けているという（2005年3月1日，盛澤鎮人民政府における聞き取り）。
8）われわれの聞き取りによれば，軽紡集団所有部分6,000ブースの取引総額（市場取引額）は1997年143.5億元，98年150.69億元，99年166億元であった。軽紡城集団のブースの卸売量は全軽紡城の50％くらいとのことなので，市場全体ではこの倍の規模となる。なお，市場が整備された88年から89年にかけてのこの市場での取引総額は3,162万元であった（紹興市地方志編纂委員会編（1996），p.1054）。
9）紹興市地方志編纂委員会編（1996）前掲書，pp.723-724。
10）丸川知雄氏の調査によれば，1983年段階で染色加工工場が紹興市には少なくとも134存在したという（『3E研究院事業報告書（別冊）中国中小企業発展政策研究―企業訪問インタビューノート―』日本貿易振興機構海外調査部，2004年，p.6）。紹興市地方志編纂委員会編（1996）p.910には1990年段階で村レベル以上のプリント染色工場が市全体で242，従業員3万3,689人（1社平均139人）と記載されている。

11）丸川知雄（2001）前掲論文，p.38参照。
12）訪問企業の1つでは，白生地が雨ざらしになって野積みにされていた。経営者は「染めれば問題ない」とのことであったが，2003年9月，福井県で訪問した繊維メーカーでは，そのようなことは「絶対にダメ」とのことであった。また取引形態は，現金決済か，口座振替が確認できて初めて製品を引き渡すというものが多い。なお，白生地の在庫を一部屋外に置いていた点は，呉江市盛澤鎮の有力織布メーカー（ISO9001取得済み）も同じであった。

第6章

産業集積の「興亡」
―瑞安・靴下加工とウールセーター産業の事例

この山を越えた先に靴下工場はあった（温州瑞安）

親会社のフレキシブルな生産を支える下請工場（下請農家内部＝温州瑞安）

第6章　産業集積の「興亡」

はじめに

　中国における企業間競争は，差別化競争よりも，模倣にもとづく価格競争が主であるとみられる。集積の形成と量的拡大のメカニズムも，基本的に模倣と追随がその「精髄」であったことは3章〜5章に述べたとおりである。先行成功者の模倣とそれへの追随による地域産業の成長は，需要量が供給量と同等かそれ以上である段階では機能する。

　しかし，低品質で生産が簡易であって参入が容易な場合には，相次ぐ参入による供給量の増大で価格競争が激化し，従前の生産者余剰は急速に消費者余剰へと移転していく。そこでは「作っても作っても儲からない」消耗戦が展開される。とくに当該地域に産地としての他との差別性や固有の要因が見出せず，域外においても当該産業への参入が容易な場合には，価格競争は一層激化する。

　このような過当競争に直面したとき，ある地域に形成された集積はどのように変化するのであろうか。

　本章では，温州市に属する瑞安市（県レベルの市）における靴下加工の企業間関係の変化と，同じく瑞安市におけるウールセーター加工産業の集積の「衰退」の事例についてみよう。前者について概要を述べると，国内市場をめぐる過当競争が激しさを増すなかで，零細加工企業群が，需要搬入能力をもつ企業の外注先に組み込まれていき，地域における靴下産業の企業間関係が変化したということである。後者については，単に需要情報をもたらした先行者の模倣，それへの追随によってある地域に集積が形成されるものの，他地域企業群の参入と産地間競争の激化の下で退出が相次ぎ，産地の縮小が起こった事例である。他方，この事例では少数の企業群が競争に生き残って規模拡大を実現しており，むしろ，この産地の縮小は，外部性よりも競争一般の論理から説明されうる。

　これら2つの事例のいずれも，地域産業の変遷の諸要因を抽出するのに興味深いものである。

1 瑞安における靴下加工業の集積形成

以下ではまず靴下加工業の事例からみてみよう。

（1）産地形成と概況

瑞安市は温州市南部に位置し，同市の靴下産地は，温州の中心部から山を越えて，車で2時間程度かかる場所にある。

温州の靴下加工の歴史は清朝光緒年間まで遡り，民国期から新中国計画経済期には主に都市部で生産が行なわれていた[1]。1970年代後半に，碧山鎮，上望鎮，林垟鎮で靴下加工が始まり，その後，桐浦，莘塍，汀田，飛雲などいくつかの郷鎮に靴下加工は広がった。これら瑞安の靴下加工業は，企業群700社余り，総従業者数2万人，生産額8億元程度の規模に達した（2000年代初めの数字）[2]。このうち靴下加工はとくに碧山，上望，桐浦に集中しており，うち碧山鎮は1980年代半ばに靴下加工の主要基地に発展し，その製品は全国市場に販売され[3]，さらに，輸出産地としても発展した。最盛期（2000年前後みられる）には同鎮の靴下加工の規模は3.9億元，うち輸出額は2.7億元に達した[4]。加工企業群としては，3階建て棟割農家の1階を改造した零細作業場が主力を成しているとみられる。同鎮内を移動中，いくつかの集落で靴下加工に従事している様子が観察された。

（2）主要企業群

零細加工企業群の製品は，主に同じ浙江省内の義烏市にある日用雑貨の巨大集散地を中心に出荷されていたようだが，瑞安の域内には，相対的に規模の大きな企業が3社（陶山のGY針織有限公司，上望のJH針織有限公司，桐浦のXY針織有限公司）存立し，域内の零細加工企業群を外注先として利用している。

このうち最大手は陶山鎮に立地するGY針織有限公司（以下，「GY社」）で，2003年の靴下生産量は全国最多の3億足に達した。同社は地元陶山のほか周辺郷鎮の碧山，桐浦，潮基まで広がる外注企業群を擁し，とくに域内でも最大の産地碧山鎮の加工企業群を多く利用している[5]。

GY 社が立地する陶山鎮は，ニット，鍛圧・鍛造を中心に工業生産が鎮の生産額の3分の2を占める工業鎮であり，鍛圧・鍛造工場が多いのは，計画経済期の工具工場から技能者が拡散したことによる。

　ニット産業に属するGY社は，1981年に鎮（当時は公社）の集団所有制企業として成立され，シルク製品を生産してきた。86年に「株式合作制」に転換し―実際には現董事長（当時工場長）による買収―，さらに91年10月に地元出身のオランダ華僑の出資も得て合弁企業となった。当初は登録資本20万ドル，98年に増資して152万ドルとなった。出資比率は中方60％，外方40％である。同社では，この合弁を機に，生産品目をシルク製品から靴下へと転換した。生産品目として靴下を選択したのは，周辺地域で靴下生産が活発であったため，市場機会があるとみたことによる。

　従業員数は，2000年の350人から2001年800人，2003年には1,300人余り（同社のHP上では1,500人）へ，生産額は，合弁設立当初の100万元から，96年3,000万元，89年3,400万元へと拡大し，そして99年から2001年にかけては7,600万元，1.55億元，2.6億元へと急増している（2001年は見込み値）。同社では2001年にISO9000シリーズの認証を得ており，同年，瑞安市の工業園区に建設中であった新工場に移転した。

（3）国内市場競争の激化と一部加工企業の下請化

　GY 社も他の加工業者と同様，当初は国内市場を対象とし，主に省内にある義烏の市場に出荷していた。1990年代初頭の好況期には靴下加工の純益が1足あたり最低でも0.2元はあったというが，加工業者の参入の増大と供給増加により，価格競争が激化し，加工の利益は大幅に減少した。GY 社の外注業者管理担当者によれば，2001年には1足あたりの純益は0.03―0.04元にまで低落したという。

　もともと，GY 社の販売力および仕上げ能力・管理水準が他の加工企業群より優れていたことから，市場競争が激化するにつれ，GY 社の下請けに入る者が出てきた。外注企業群は当初（1993年ころ）の数社から徐々に拡大し，2000

年約120社，2001年約180社，そしてその後200社余りまで拡大している（他方，GY社の発展が外注予備群を誘発した面もあったと思われる）。上述のように，外注先はほとんど碧山鎮にあり，聞き取り時点では，同鎮の靴下加工企業群の6割が同社の下請けに入っているとのことであった。

（4）成長拡大の要因①－国外市場の開拓

　GY社の製品（綿および，綿ポリエステル混紡）はグレードからすれば，中低級品であるが，急成長の要因は，第1に輸出ルート開拓により，外延的に市場を拡大できたことにある。1998年に7.3万ドルだった輸出出荷額が，99年38万ドル，2000年1,361万ドル，2001年2,500万ドルと急増しており，同社の急拡大は，輸出額の急増とパラレルの関係にあることがわかる。

　董事長のS.Y氏は国際市場開拓のために1996年にハンガリーの市場調査を行ない，同年，ハンガリーに販売のための現地法人を設立，ハンガリーをはじめ周辺の国に輸出した。98年～99年にはポーランド，チェコ，イタリアにも販売のための現地法人をつくった。輸出はすべてこれら現地法人を通じて行ない，卸売業者へ自社販売している。同社によれば，靴下では，ハンガリー市場の60％，ポーランド・チェコ・イタリア市場の25－30％のシェアを占めているという[6]。

　自社で輸出から現地卸への販売までを押さえることで，タイムリーに国際市場の状況を把握することを可能にしており，このようにすることによって，資金の回収もはやくでき，焦げ付きを防げるのだという。同社の製品は主に露天の市場などで販売されるレベルであり，卸売取引は主に現金決済で行なわれている可能性が高い。また，同社では現地法人に業務要員を本社から派遣しているが，欧州の流通はその一部が華人（温州人）によって担われており，温州ネットワークの存在が同社の需要搬入を部分的に支えるものとなっていると考えられる。

　同社では駐在員からファックスや電話などで毎日のように入ってくる情報にもとづいて，売れ行きのよい製品を生産して市場に対応しているという。また，瑞安の本社もハンガリー分公司もインターネットで製品を紹介しており，HP

経由での受注も行なっている。董事長のS.Y氏自ら輸出部門を管轄し，頻繁に海外出張して海外市場情報の収集を行なっており，フランス・ドイツ市場への進出可能性を調査するなど市場拡大に余念がない（フランスには温州人経営の流通店舗が多いという）。

さらに生産品目も靴下から，スパッツ，ブラジャー，パンツなどに拡大し，製品の多様化を図っている。これらの輸出先は東西欧，中東，オーストラリア，南北アメリカなど24の国・地域にわたる。

（5）成長拡大の要因②—外注の利用

以上みてきたように，同社の急成長の要因の1つは輸出ルートの開拓（すなわち需要搬入能力があったこと）にあった。加えて生産から現地卸売までを一貫して自社で管理することにより，需要情報の迅速なフィードバックや資金回転率の向上を実現していた。では，その需要の急拡大に対応する生産システムはいかなるものであろうか。

同社の生産の急拡大を可能にしたのは，上記の外注の利用である。同社ではイタリア製編み機を保有し，外注品よりもグレードの高い製品（複雑な編みを要するスポーツソックスなど）の内製を行なう一方で，生産量の80％を外注加工企業群に依存している。外注の利用によって①固定投資（編み機，土地建物），②流動資金，③雇用コストが節約されるうえに，生産変動のリスクを外注に転嫁できるのである。GY社は原料の糸を下請け外注企業に供給し，加工製品を回収した後，同社での整理・包装過程で全量検品している。加工賃は2ヵ月に1回の後払いであり，GY社は下請けが加工した製品の合格品のみを引き取る。同社の見積もりでは，流動資金の30％が下請け外注の利用により節約されているという。

検品のほか，品質確保のために，GY社では外注先に他社との取引を禁じ，その代わりに年間10ヵ月分の発注を保証している。

このように，GY社は糸の供給と検品，そして自社生産への外注先の拘束により一定の品質を確保しつつ，外注の利用により設備投資負担と需要変動のリ

スクを回避し，迅速で弾力的な生産体制を確立した。そして，こうした生産体制を，国外市場の輸出先の卸売段階までの流通を自ら管理すること，積極的市場情報の収集と結合させることで，中低級品の靴下の量産と市場変化への迅速対応とを両立させてきた。

（6）外注企業群

すでに述べたようにGY社の外注企業群は200社余りを数える。外注企業群が2000年の120社から200社余りに増加するなかで，外注企業群が自ら購入し保有する編み機も2,500台から5,000台以上に増えており，若干ながら外注企業群の平均経営規模も拡大している。

著者が訪問した限りでは農家を改造した作業場形態のものであるが，若年女子を中心に労働者を雇用しており，「資本」としての性質を備えている。これら外注加工企業群が同社の立地する陶山鎮ではなく数キロ離れた碧山鎮にあるのは，上述のように加工業者が碧山鎮に集中的に存立していたためである。外注企業群が雇用するのは主に地元の若年女子ワーカーとのことだが，外地人もいる。彼女たちは仕事があれば雇用され，閑散期には帰される。われわれが訪問したGY社の外注先3社のうち2社は，国産中古の編機をそれぞれ38台と54台保有し（1台1,000元），女子ワーカーが1人で9台を，1日12時間2交替で担当していた。女子ワーカー（編機9台担当）の賃金は月1,500－1,600元で，また1社は補修に特化しており，外注先は必ずしも編みばかりではないようであった。

GY社の説明（2000年8月）では，外注先へは100万足単位で発注しており，外注先は，18台の編み機を使うとすると，年間で加工費20万元，純収入は5,6万元になるとのことであった。

輸入高級編み機を導入する加工企業が1割を占めるに至っているが，これは外注企業群にとって受注競争が激しくなっていることを示唆するものである。陶山鎮のある加工企業が16台の小型コンピュータ制御の編み機を導入し，GY社の外注先として，年間7－8万元の純益をあげている例が報道されている[7]。

（7）産地としての碧山鎮の問題と限界性—諸暨市大唐エリアとの産地間競争

　2004年に入り，碧山鎮の靴下加工は激変に晒されているという。GY社との関連および同社への影響は不明だが，同鎮では2003年段階で1万5,000台稼動していた編み機が，2004年には1万台しか稼動しておらず，2004年1－10月の生産額，輸出額はそれぞれ対前年比で－6％，－14％と落込みを見せている[8]。

　これは浙江省諸暨市の靴下産地の躍進に押されての後退であるとされる。靴下産地である諸暨大唐鎮エリアは，寧波-紹興，金華-温州，杭州-嘉興-湖州の3大経済圏の接合部にあたり，鉄道（杭州－金華）沿いの至便な交通条件をもっていた。こうした事情から，1970年代末から大唐鎮は靴下製品の集散地となり，靴下製造の家庭工業の発展が促されてきた。朱華晟氏の調査[9]によれば，諸暨市大唐鎮とその周辺郷鎮を含むエリア（12郷鎮，120カ村，1万戸余り）には，靴下の加工に専業化した企業が1万以上（家庭工場を含む）存在し，保有編み機6.5万台で年間48億足が生産される。諸暨の靴下生産量は全国の3分の2，世界市場の3分の1を占める規模に達している（2003年）。

　諸暨大唐鎮エリアの企業数は瑞安市の靴下加工企業数の15倍にのぼり，集積の規模が瑞安の主要産地碧山とは根本的に異なるが，違いは，靴下加工そのものがより細分化された工程間分業で行なわれているだけでなく，原料メーカー，原料流通市場，設備メーカーおよび流通業者が集積の構成要素を形成し，集積がより大きなプラスの外部経済効果をもっている点である。靴下産地としての大唐エリアに関する情報が広がり，域外からの企業の移転，国内の衰退した紡織工業地域の技術者・営業スタッフの流入が相次ぎ，集積内では製品のレベルアップが図られている。同エリアは，靴下生産量で国内市場の40％を占め，海外には日本，韓国，中東，ロシアなど40余カ国・地区に輸出している。

　諸暨の靴下産業は1998年には前出のGY社の商標を偽った製品を輸出しようとするなど問題も引き起こしていたが，99年に大唐鎮は，「第1回靴下博覧会」を開催し，同エリアは「中国靴下の郷」の地位を確立した。靴下博覧会がより多くの輸出の受注をもたらし，主要集散地の機能こそ省内の義烏市に代替する

ことができていないものの，大唐の靴下産業の国際市場向け生産へのシフトを促すこととなった。内外市場向けともOEM生産が一定比率を占めるとみられる。

　諸曁の大唐エリアは，瑞安の碧山に比して地理的優位性をもち，靴下加工メーカーの大量の形成が関連産業を誘発した。また大唐では，集団所有制企業の設備修理職人が，旧式編機を改造した低廉な手動編機を開発したことが，零細家内工業の簇生を導いた。域外から技術者・技能者が流入しやすく，産学連携のアクセスも容易であったことも密接にかかわっていると考えられる。大唐に比して，碧山は地理的に交通不便な場所にあり，加工企業の相対的少なさから，域内に関連産業が誘発されにくかったと考えられる。碧山では加工企業群は，上海製の中古設備を導入して始まり，原料の糸を諸曁などから買っているのである。

　さらに大唐の地元政府が原料市場を設立したり，「博覧会」を開催し，産地イメージを打ち立て，需要搬入のサポート機能を果たしたり，さらに技術とデザインの研究所を設立したりして競争の激化に対応したのに対し，碧山には業界団体もなく，碧山あるいは瑞安としての加工企業群に対するサポートや産地イメージの対外発信は行なわれてこなかった。碧山は悪性価格競争から抜け出すための担い手を欠き，担い手企業群もちょっとした成功に甘んじる農家的発想から抜け出せていないと指摘される[10]。

2　瑞安の産業集積の変遷
―場橋のウールセーター産業

　『瑞安日報』の記事は，上記のような「碧山の靴下加工業の衰退に場橋のウールセーターの影を見るようだ」と述べている[11]。では「場橋のウールセーター」の事例とはどのようなものなのであろうか。

　中国の産業集積についての研究には，少なくとも著者の知りうる限りでは，集積の変化—とくに衰退期に入ったとされる実例の紹介は多くない。「衰退」の事例を扱った数少ない研究として，史晋川氏らの研究[12]があるが，そこで

第 6 章　産業集積の「興亡」

は瑞安市篁社鎮篁社村の素麺の事例ならびに同じく瑞安市の場橋鎮（当時＝現在は塘下鎮の一部）のウールセーター産業の事例が紹介されている。著者らはその「衰退」の実態を確かめるべく，2003年9月に場橋を訪れた[13]。

（1）産業の形成と発展

　場橋のウールセーター産業の発展と変化のプロセスは下記のとおりである。
　改革開放前，同地には瑞安県の公有制ウールセーター工場が1社あった。もともと県レベルの公有制ウールセーター工場の従業員には場橋の住民が多く，公有制工場の技術者を招いて技術を学んだり，その公有制工場の従業員が独立したり，また勤務の傍ら，自宅で営んだりして，数多くの家内工業の参入が起こった。
　競争相手が公有制企業のみであった時に，温州の地理的（人多地少）社会的条件（ビジネスの伝統）を背景に，簡単な設備で投資も少なくてすみ，生産周期も短いため，地元農民がこぞって参入し，アクリルセーター，バルキーセーターなど低級品の生産に従事するようになった。参入必要資本は1万元程度であり，当時としては決して少額とはいえない規模であると思われるが，瑞安の塘下エリアは商業の伝統をもち中国でももっとも豊かな地域であったという。このため，1万元は容易に調達しうる金額であったようである。
　一方，ウールセーター生産の高まりは設備産業の形成を促した。設備は1台1,000元であったというが，瑞安人は，台州路橋にある織機メーカーからサンプルを購入し，それをコピー・簡易化することにより低価格を実現した[14]。農家の家内工業が利用しうる機能の設備が，低価格で供給されたことも，ウールセーター生産拡大を促進した。
　その後場橋のセーター生産者は資金を蓄積して日本の手動ジャガード紋織機やコンピュータ制御紋織機などわりと先進的な設備を導入し，中低級品（兎毛セーター，混紡セーター）を生産するようになった。そして1990年代からは設備更新と技術改造，国外の高級コンピュータ制御の筒型編み機等の設備の導入を経て，高級純毛セーター，コードシャツ等の生産を開始した。

ピーク時（1996年）には鎮内4,000戸余り，3,000社余りがウールセーター生産に従事し，外来労働力も1.1万人を数えた，年間生産額は8億元に達し，全鎮工業総生産額の76％を占め，2ヵ所の専業市場（場橋鎮浦橋村第一羊毛市場，王林村の場橋鎮ウールセーター市場）も形成された[15]。

（2）「衰　退」
しかし，1990年代後半（97年ころから）になるとウールセーター業界は買い手市場に転換し，競争が激化した。99年段階では，場橋全体のウールセーターメーカーの中で，年産1,000万元以上は1社しかなく，500万元以上は12社，100万元以上が60社余りで，残りの大多数は家内工業レベルにとどまった。多くのウールセーターメーカーは，場橋に2つ成立していたウールセーター市場の売れ筋の模倣と低価格競争という悪性競争を展開した。そして他の地域との競争に直面（桐郷濮院，黄岩など）し，1999年には，ウールセーターの生産額は4億元足らずまで落ち込み，最盛期には3,000社あった加工企業群は500社足らずまで減少した。1万人以上を数えた外来労働力も2,000人足らずまで減少した[16]。

そして場橋に設置された2つの市場（王林村，浦橋）も相次いで閉鎖され，賃貸工場スペースと化している。セーターから退出した村のなかには，自動車・オートバイの部品生産に転換し始めたところもあった。2003年9月時点で経常的に生産を行なっているのは5社で，いずれも公有制郷鎮企業を装った実質民間企業（「赤い帽子」を被った企業）である。このことは，「勝ち組」は比較的老舗の企業群であることを示唆する。あとは他社からの受注により臨時に生産を行なう家内工業がわずかに存在するのみである。

（3）競争の作用と資本の集積，部門間資本移動
場橋のウールセーター産業は，低廉かつ簡易化された設備の生産部門を誘発し，2つの常設製品市場まで有して外延的拡大を遂げた。しかし，地域での生産が拡大するなかで，原料の羊毛は域外調達となり，この地域でウールセーターを生産する必然性は消滅し，また地域内外の競争に直面した企業群は概観上の

第6章　産業集積の「興亡」

模倣をベースとする価格競争に走った。現存するメーカーＪ針織有限公司（1985年創業，従業員約250人前後，うち地元60％，年間売上げ1,700-1,800万元）[17]の経営者の証言によれば，自社が競争に生き残ったポイントは，規模拡大と品質の維持であったという。すなわち，場橋の地域産業としてのウールセーターの後退の原因は，価格競争が製品の品質の劣化を招いたことであったと考えられる。

　この地域に作用したのは，産業集積の論理というよりは，競争一般のメカニズムであったといってよく，産業集積の衰退という表現は，必ずしも適切ではないと考えられる。

　ウールセーター生産は，なお場橋の工業生産額の20％を占める主要産業の1つであり，輸出額においても生産額以上に大きな比率を占めるとされている。かつて3,000社（うち集団所有制郷鎮企業40社）で8億元を生産したのが，5社で1.3億元に変化し，たしかにメーカー数や生産額でみれば大幅に縮小していることは間違いない。しかし，場橋に300社あまりの企業があるなかで，5社が域内工業生産額の20％を占めているのである。このようにみると，需要情報をもとに多くのメーカーの参入があったウールセーター生産において，激しい競争のなかで，零細弱小メーカーが淘汰される一方で，資本の集積を行なった企業群が少数生き残ったというべきであろう。

　生き残った企業群は品質（デザインを含む）向上を志向し，また，コンピュータ制御設備導入，国内市場向け生産，輸出主体など多様な姿をとって規模拡大を実現してきた。たとえば，上述のＪ針織有限公司の経営者は，公有制メーカーからのスピンアウト組であるが，同社は低価格の悪性競争に与せず，品質志向を貫き，同時に規模拡大によって大量受注・短納期を可能にした[18]。同社は1989年から輸出を開始し，99年から全量を貿易商社経由で輸出している（輸出先市場ではスーパーでの低価格品という位置付けであり，一定の品質を確保したうえでの低価格が，同社の競争力であるといえる）。

　過当競争のなかで靴下加工のＹＧ社が仕上げ能力・管理能力で他の加工業者を上回って，これらを傘下に収めていったように，結局，ウールセーターに関しても，価格競争のなかも，品質を意識する資質をもった経営者だけが生き残っ

たといえるのである。J針織有限公司の経営者によれば，製品のポイントは耐久性とデザインであり，品質を安定させるために，現場での生産管理を徹底し，現場のワーカーが作業プロセスを遵守するようにしているという（ただし，生産現場は糸が散乱し，製品も乱雑に積み重ねられていた）。賃金は出来高払いだが，工程ごとに検品を行ない，不良品にはやり直しで対応することで，出来高払いのもつ一面的量的追求のインセンティブをコントロールしている。

一方，競争に敗退して市場から撤退した企業群のうち，あるものは外地に移転し，またあるものは新しいビジネスチャンスにチャレンジしている。たとえば場橋を包摂する塘下鎮は自動車・オートバイ部品加工の集積地であるが，場橋の旧ウールセーター資本（家内工業群が多く含まれよう）の一部は自動車・オートバイ部品加工などに参入しているという。この結果，場橋の工業生産額の30％は自動車・オートバイ部品産業が占めるようになっている。

このように，場橋の突出した主要産業であったウールセーター生産部門では，競争の末に規模の大きい（資本の集積を実現した）有力メーカーのみが生き残って，それぞれに事業を展開しており，他方，撤退した企業群の一部は他部門へ参入するという競争一般のメカニズムが域内で作用している。結果，地域としてみれば，多様な産業の構造をもつに至った。

場橋では，ウールセーターについて品質の劣化を伴う悪性価格競争が展開されても，地元政府は何ら手を打たず，その競争に任せるままであった。2000年にようやく場橋として業界団体を設立したものの，その役割は，原料や製品の価格情報を交換する程度であるという。これは，品質向上に組織的に対応し，中低級品自転車の生産で圧倒的シェアを獲得した天津王慶坨鎮の事例（第4章参照）とは対照的である。

3 ｜ 産地としての変化と個別企業の戦略

本章でみた碧山鎮の靴下加工の最近の状況と場橋のウールセーターの事例は，一見したところ，産業集積の「衰退」と映るが，地域産業や個別企業の展開に

第6章　産業集積の「興亡」

対する評価はまた異なるものであるという点について指摘したい。

　紹介した2産地の産業—碧山の靴下加工，場橋のウールセーターは，いずれも需要拡大に対して地域住民の大量の参入が発生して急速に成長した。これは同業者が一定の地理的範囲に多数集中立地するという意味では，産業集積というるものではある。しかし，いずれも参入が容易なレベルであり，より有利な条件をもつ他地域との産地間競争において劣位に立たされた。

　さらに碧山や場橋の地元政府は，地域としての需要搬入や知名度向上，品質の維持に対する取り組みを欠き，個別企業の競争対応に任されることとなった。過当競争のなかで域内生産の品質の劣位を招くような事態を放置した場橋のウールセーターの事例は，自転車産業に関する天津王慶坨鎮の対応のような，一種の「市場の失敗」に対する政府の役割のありようを考えさせるものである。

　ただし，場橋のウールセーターは地域産業としては衰退したといえるかもしれないが，それは地域経済そのものの衰退を表すものではないし，個別企業レベルでの衰退を示すものでもない。場橋の工業生産額はウールセーターの最盛期に比して低下しているとみられるが，産業構造としては，ウールセーター依存から，自動車・バイク部品（生産額構成比30％），ウールセーター（同20％），金属製品・電気部品（同15％），衛生器具（同15％），機械部品（同15％）というように，多様な構造に変化しており，このような多様性をもつことは地域経済としての安定性を増すことになるし，このような変化が可能であったことは地域経済の弾力性を示しているともいえる。

　そして競争のなかで個別資本の集積が進展し，競争に勝ち残った個別の企業レベルではむしろ発展しているとさえいえるのである。よって，産地の盛衰と産業集積の機能ならびに競争一般のメカニズムとは区別して考察することが必要とされる。ただし，場橋で生き残ったセーターメーカーにせよ，靴下加工のGY社にせよ，一定の品質を維持していることは確かであるものの，高機能製品や高級品へのレベルアップを図って独自市場を形成しようとしているわけではなく，中低級品市場の外延的拡大戦略をとっている。碧山鎮の靴下加工産業の不況がGY社の業績とどのようにリンクしているのかが不明であるが，GY

社の場合には，自社の流通ルートを押さえ，流通の効率化を図り，情報の迅速なフィードバックと，外注利用による弾力的な供給システムを確立することにより，億足レベルの量産と弾力的対応を両立させてきたのである。

(注)

1) 温州市志編纂委員会編 (1998)『温州市志』(中)，中華書局，p.1201。
2) 「瑞安市扶持発展制袜行業若干意見」中国浙江網上技術市場
   http://www.51jishu.com/techmarket/gb/Marketinfo/detailInfoPolicyLaw.jsp
3) 温州市志編纂委員会編 (1998) 前掲書, p.1201。
4) 「失落的瑞安碧山袜業」瑞安科技信息網
   (http://www.rainfo.net.cn/web/showinfo.asp?id=3717&tableid=ARTICLE)
5) 以下靴下加工に関して，とくに注記のない記述は，GY社 (2000年9月6日, 2001年7月17日)，陶山鎮人民政府 (2001年7月17日) および下請加工農家 (2001年7月17日) における聞き取りによる。
6) 報道によれば同社の欧州市場でのシェアは約30％，イタリア60％，ポーランド75％，ハンガリー50％，チェコ55％である("中国袜王"帯動五千農民増収」衢州信息港
   http://www.qz123.com/newsxp/content/wbxx/zh/2004323103253.htm 2004年3月23日)。
7) 衢州信息港前掲記事
8) 瑞安科技信息網前掲記事
9) 諸暨の靴下産業の集積については，朱華晟 (2003)『浙江産業群－産業網絡，成長軌跡與発展動力』浙江大学出版社参照。以下本節の大唐に関する記述は朱氏の研究ならびに瑞安科技信息網前掲記事による。
10) 瑞安科技信息網前掲記事
11) 同上記事
12) 史晋川・金祥栄・趙偉・羅衛東編『制度変遷與経済発展：温州模式研究』浙江大学出版社，2002年。このほかにはたとえば天津市武清区王慶坨鎮の子供服の例がある。
13) 以下とくに注記のない記述は，瑞安市塘下鎮場橋弁事処およびJ針織有限公司における聞き取り (2003年9月4日) による。
14) 簡易化開発の意義については，渡辺幸男 (2002)「中国浙江省温州市産業発展試論その2―温州市産業機械メーカーの形式と意味」『三田学会雑誌』慶應義塾経済学会

第95巻第3号，pp.133-152および朱華晟（2003）前掲書，pp.136-137等を参照。
15) 史晋川・金祥栄・趙偉・羅衛東編前掲書，pp.122-123。
16) 同上書，p.123。
17) 塲橋全体のウールセーター生産額と同社の従業員数からすると，この生産額はやや過少である。
18) 同社は糸の染めから製品まで一貫生産を行なっているが，塲橋のメーカー群は零細企業も含めて，少なくとも編みの工程については一貫生産を行ない，域内分業が形成されていなかったと考えられる。

第7章

借金の保証人をつくる

―信用保証制度の現状

「中小企業の里」温州での中小企業信用保証制度の設立は必ずしも早くなかった(温州市中小企業信用担保有限公司のオフィス)

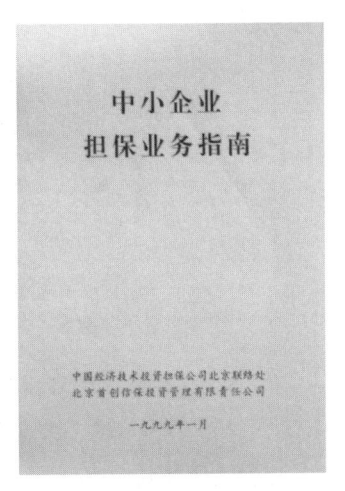

北京の信用保証会社が作成した「信用保証指南」

第7章　借金の保証人をつくる

はじめに

　日本の金融機関の対中小企業貸出比率は1998年から99年の間に70％前後から50％を切る水準まで急落し[1]，中小企業の存立と経営に深刻な影響を及ぼした。他方，中国のほうはといえば，国有商業銀行およびその他商業銀行や信用合作社（現・都市商業銀行）による対中小企業融資比率は，98年第1四半期時点で44％（郷鎮企業を加えると50％超）であった[2]。もちろん大企業との産業構成の差異を考慮する必要はあるものの，この数字は雇用はもとより工業生産の伸びの貢献（第1章参照）に比して低い。98年の人民銀行の要請を受けて，国有商業銀行は対中小企業融資を強化し，2000年末における国有商業銀行の融資残高に占める対中小企業融資残高比率は98年の38％から59％に高まったとされる[3]。それでも中小企業側には銀行融資は得にくいものとの認識がある。

　中小企業への資金供給の成果としては，1980年代半ばから90年代初頭にかけて，農村部では信用合作社を中心とする融資が公有制郷鎮企業の発展に多大な貢献をした事実が存在する[4]。だが，90年代半ば以降，非公有制中小企業の発展を国家的観点から促進する必要が生まれながら，間接金融システムの対応は遅れた。国有商業銀行の融資は国有企業に傾斜し，非公有制中小企業に対する融資のノウハウが確立されていなかった。非公有制に対する政治・イデオロギー的差別が，資金供給ルートの整備を阻んできたとも考えられる。95年に施行された担保法により，担保融資の法的基礎はできたものの，中小企業群は資金調達に見合う担保物件（主に不動産）が不足していた。

　このように資金調達上不利な状況に置かれながらも，中国の中小企業は，東部沿海地域（とくに非公有制企業の多い東南沿海部）を中心に著しい成長を続け，地域経済発展の支柱となってきた。そして規模別概念にもとづく「中小企業」の発展促進が国策と位置付けられる1990年代末から，中小企業に対する資金調達面でのサポートを強化する試みが行なわれている。

　中国の中小企業に対する資金サポートの方法は，日本とは異なり，中小企業向け専門金融機関の設立よりも，信用補完制度の設立・拡充を優先して行なう

というものである。本章では，中国で展開されている信用保証制度の状況について，北京，天津，瀋陽，温州の事例を紹介しつつ，信用保証の「中国的展開」の目的と意味するところについて考える[5]。

1 なぜ中小企業信用保証制度が必要なのか？

　一般論からいえば，中小企業向け融資は1件当たりの融資額が大企業向け融資に比して相対的に小さく，融資額あたりの審査コストが高くつくため，融資効率は低い。また，中小企業は大企業に比して担保物件が少ない場合が多く，経営が相対的に不安定であることから，銀行にとっては融資リスクもまた高くなる。したがって1つの金融機関が，融資対象を大企業から中小企業まであらゆる規模の企業群とした場合，大企業の資金需要の充足を優先させるほうが，コスト効率面で，その金融機関にとって望ましいことになる。つまり，中小企業は，資金調達において大企業と対等な条件をもたないのである。

　表7−1は，北京，天津，河北，浙江の352社の資金調達構造を示したもので[6]，これらは新基準ではほとんどが中小企業に含まれることになるとみられるため，大企業と中小企業という比較にはならないが，それでも企業規模が小さいほど，金融機関からの借り入れが難しくなる点は，中国においても同様であることが，確認できる。なお，ここでは信用社（現在の都市商業銀行も含まれよう）が中小規模金融機関としての役割をいくらかは果たしていることもうかがわれる。

　中国では1980年代半ばに，自己資本が設定されないまま，企業の経営資金が

表7−1　北京，天津，河北，浙江の352社の資金調達構造　　　　　　　　（単位%）

資金の源泉 従業員規模	所有者	留保利潤	非正式株式	銀行融資	信用融資	商業融資	非正式融資	株式上場	債券発行
〜50人	42.3	13.9	6.2	5.4	8.3	15.4	8.5	0.0	0.0
50〜100人	32.2	11.8	4.4	20.6	7.0	18.5	4.8	0.7	0.0
100〜500人	27.7	10.3	0.8	22.6	6.6	27.8	2.7	0.9	0.6
500人以上	19.3	15.2	0.4	47.1	2.0	13.7	0.0	1.4	1.1

（出所）陳乃醒主編（2003）『中国中小企業発展與預測—中小企業投融資策略・理念・方向・措置（2003−2004）』中国財政経済出版社，p.86。

財政給付から融資に切り替えられたことが，その後の国有企業の不良債権問題の起点となったが，それは90年代に入るまで顕在化せず，個別銀行は融資枠の範囲で資金供給を行なってきた。90年代以降の金融改革でようやく融資枠規制が外され，自己責任による信用管理が行なわれるようになったものの，公的金融機関，とりわけ融資残高の過半を占める国有商業銀行が，自らリスクをとって融資をすることに習熟する前に，景気刺激策の原資としての国債発行引き受けという安全な運用先を見出し，国有金融機関は貸出に慎重になった。

近年，急成長を遂げ規模拡大に成功している一部非公有制企業群の資金調達は容易になっている。だが，政府のバックがなく，しかも十分な担保物件をもたない非公有制中小企業に対する融資には金融機関は非常に慎重であった。さらに多くの中小企業は創業からの社齢が若く，加えて財務情報が未整備（帳簿にのらない現金取引も零細企業群には広範に存在）[7]という融資リスクがあり，少なくとも2004年までは，金利規制がタイトであったため，公的金融機関側にとっては，中小企業に融資する環境になかったことも事実である。

2 信用保証の基本スキーム

次に中国における信用保証の基本的枠組みを簡単に説明しよう。

信用保証とは，簡単にいえば，金融機関から融資を受けようとする事業者の債務保証を，信用保証機構が金融機関に対して行なうことである。信用保証を供与する主体は供与先の返済の焦げ付きに備えて，一定の弁済用資金を基金として用意している。中国の信用保証機構の基金源としては，地方財政の拠出，関係部門の国有資産売却益（土地使用権売却を含む），会費，内外の出捐などを想定している[8]。

十分な不動産抵当あるいは第三者保証がない場合は，金融機関から融資を受けることが難しいため，有望なプロジェクトがありながら担保条件に欠ける企業が，信用保証機構に融資を受けるための信用保証を申し込むことが想定されている（図7-1）。企業は財務諸表などを提出して信用保証機構内部の審査を受

図7-1 信用保証制度の基本スキーム

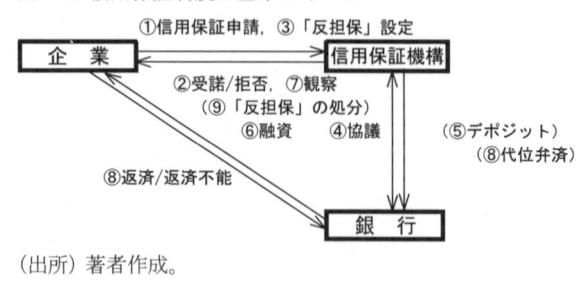

```
                    ①信用保証申請，③「反担保」設定
         ┌─────────────────────────────────────→┐
         │ 企 業              信用保証機構 │
         │       ②受諾/拒否，⑦観察                │
         │         ⑨「反担保」の処分                │
         │       ⑥融資    ④協議    （⑤デポジット）  │
         │                          （⑧代位弁済）  │
         │  ⑧返済/返済不能                         │
         └──────────→ 銀 行 ←──────────┘
```

(出所)著者作成。

け,信用保証機構が信用保証を受諾する場合には,企業の不動産,動産,保証金,流動在庫,有価証券などを「反担保」(逆担保)として設定する。企業が金融機関に返済できなくなった場合,信用保証機構がこれを代位弁済し,「反担保」の処分で回収を図る。信用保証機構は信用保証にあたって,融資金融機関側とも代位弁済の条件などについて協議する。信用保証機構には信用保証を受諾した融資残高を信用保証基金総額の5-10倍以内に収める原則がある。

信用保証機構は,保証業務に際して,申請企業から融資保証額の一定率(金融機関の金利の半分以下)の保証料をとる。また信用保証を供与した企業に対し,返済まで経営状況の観察を続ける。中小企業信用保証基金に関する国の通達(540号文件)では,再保証制度の設立を求めているが,現状では一部を除いて再保証制度はまだほとんどない模様で[9],その意味で,中小企業に対する信用保証はハイリスクな業務である。しかし,近年,参入が緩和され,民間資本による多くの参入がある。

3 中国における中小企業信用保証制度の歩み[10]

(1) 第1段階(1992~96年)

中国の信用保証制度は,まず1992年に重慶(私営中小企業互助担保基金会),上海(工商聯企業互助担保基金会)で始まり,94年に広東,四川など(地方性商業担保公司)に拡大,上海では地方政府と金融機関が直接コミットする形での信用

保証が始まった（交通銀行楊浦支店と区政府，企業との合作担保基金）。

しかし，非公有制企業への融資のもっとも大きな問題は，融資のリスクをとるための物的担保の法律がないことであった。1995年にようやく担保法が成立し，信用保証は新たな段階に入った。

（2）第2段階（1997～98年）

1997年，江蘇省鎮江市が国連開発計画のプロジェクトの試行対象に指定され，翌98年に信用保証公司が設立，99年に運営を開始した[11]。同じ頃，山東省済南市，安徽省銅陵等でも実験が行なわれた。また98年以降，浙江，福建，雲南，貴州省等の市県レベルで私営企業向け中小企業信用保証基金が，また陝西，広東，湖北，北京等で科学技術，建築業など専業性信用保証機構が設立され，上海，北京等で財政と商業信用保証企業との合作による信用保証制度が設立された。北京の事例については後述する。

この第2段階には金融改革の背景がある。WTO加盟に関連して，国有商業銀行が自己資本力強化を求められ，また，1998年1月1日より，国有商業銀行に対して人民銀行による融資枠規制が撤廃され，商銀は自立した経営を行なうこととなった。このことが銀行の融資姿勢を慎重にし，「貸し渋り」を発生させた。この頃，中央政府は内需拡大を目指す「積極財政」政策のために国債を増発したが，金融機関側にとって，国債はリスクの低い魅力的な運用先であり，リスクの高い中小企業に対する融資のインセンティブを低下させることにもつながった。小企業への貸付利率の上限は，98年に出された中国人民銀行の規定により基準金利の10％増から20％増（下方は10％まで）に引き上げられ，融資を促進する資金供給側の制度の若干の整備が行なわれた。しかし，元来，中小企業は不動産抵当に乏しく，とくに非国有企業は所轄官庁の背景が弱いため，金融機関から融資を受けることが難しかったところに「貸し渋り」が加わった。そこで冒頭に記したように，国有商業銀行の対中小企業融資を伸ばす措置がとられたのである。

（3）第3段階（1999～2001年）

1999年から信用保証制度の設立が全国で本格化する。同年6月「中小企業信用保証システム試験ポイントを設立することに関する指導意見」（〔1999〕540号文件）の公布以後，地方政府による信用保証機構の設立が拡大した。さらに，2000年8月，「中小企業の発展を奨励しサポートすることに関する若干の政策意見」（〔2000〕59号文件）が出されて，信用保証制度設立が促進され，2000年末には，中小企業向け信用保証機構が全国30の省・市で合計203成立し，基金総額は60億元，信用保証付きの融資実現額は400－500億元となった[12]。99年9月には中小企業向け貸出金利の変動幅が法定金利の上方30％（下方10％）に緩和された。

（4）第4段階（2002年～）

2002年6月，「中小企業促進法」が成立し（2003年1月1日施行），2003年度から中小企業支援が予算化された。また，同法では地方政府による財政投入も規定された（第10条）。

2002年末現在，信用保証機構は全国で848社（政府系614社，72.4％），従業員総数5,723人，登録資本金183.72億元で，担保に用いることのできる基金総額は242.33億元である。資金源は政府出資が主で，政府出資100％が289社（34.1％），出資参与が325社（38.3％），政府が出資していないのは234社（27.6％）であった。同年には累計2万8,717社に計5万1,983件の信用保証が供与され，保証金額は598.2億元に達した（1社平均208万元，1件平均115万元）[13]。年末段階で信用保証供与中の企業は2万1,640社，保証金額は304.83億元であった[14]。

人民銀行統計司の調査によれば，2002年の信用保証の弁済件数は777で，全保証件数の1.5％，弁済額は3.42億元（累計信用保証額の0.6％），収入総額は6.54億元，うち信用保証業務収入は4.3億元で利潤は2億元であった。目下のところ，信用保証を受けている中小企業は全中小企業総数の13％，担保基金の実質拡大率は2.5倍にすぎない。　信用保証を得た企業数が中小企業総数の13％といっても，これはいわゆる「規模以上」の企業に対する比率であって，全中小零細企

業でみれば，信用保証を利用できる企業は実際にはほんの一握りに過ぎない。

2003年6月段階では，中小企業信用保証機構は1,000社近く，原資は287億元，保証を受けた累計企業数5万社，累計の信用保証額は1,200億元（1社平均240万元）であった。信用保証で融資が実現したことにより，売上げが1,100億元以上，雇用が58万人，税引前利潤が100億元余り増加したという[15]。

4 中小企業信用保証制度の事例

本節では，聞き取りの機会をもった北京，天津，瀋陽，温州の中小企業信用保証制度の概況について紹介する。

（1）北　　京[16]

1-1 はじまり

1998年7月に「北京市中小企業担保資金」が成立。当初の基金額は1億元であった。初期の基金の90％は市および区・県財政が，10％を中国経済技術投資担保有限公司（中投保公司）と北京首都創業集団（首創集団）が拠出している。

このほか輸出業・観光業向け信用保証基金（市財政が拠出，中投保公司北京分公司・首創により運営），中関村のハイテク企業向け信用保証基金（中関村高科技企業信用担保公司）がある[17]。2003年7月現在では，上記信用保証機構を含めて，保証機構は43成立している。

1-2 実　　績

1999－2000年の信用保証件数は210件，累計5.8億元で，保証残高は2.8億元であった。2003年7月までの累計では，3,041社に対して137.52億元の融資保証を行なっている[18]。

1-3 基金規模と保証基金拡大率

2000年に市財政局から5,000万元が追加投入され，「北京市中小企業担保資金」の基金規模は1.5億元になっている。2003年7月現在の保証機構43社の基金総額は40.19億元であった[19]。

信用保証残高が基金総額の10倍を超えないという規定があり，また規定によ

り個別案件ごとに融資金融機関に対し10％のデポジットを差し入れることになっている。

1-4 対　　象
保証対象は流動資金（基本的に1年以内）とし，個別案件としては企業資産の50％を超える保証はせず，保証最高額は1,000万元である（数十万元から100万元程度が多いという）。

1-5 保証料率
首創集団における聞き取りによれば1年以内の融資についての保証料率は1-1.4％で，申請企業は加えて審査費用を支払う。ただし，北京市経済委員会中小企業処によれば，保証料率は2.5-3.5％である。申請から審査結果の通知まで約1ヵ月（20工作日）かかる。

1-6 代位弁済
過去の代位弁済件数は1件（2001年3月現在）。代位弁済比率は金融機関側との交渉により保証融資額の40％-80％である。

1-7 基金運営
基金の運営（審査・基金の運用）は，信用保証業務の経営権をもつ中投保公司の北京分公司と投資業務に従事する首創集団の子会社・北京首創信保投資有限責任公司（信保公司）が行なっている。実体としては両者は一体化しており，スタッフも同一である。信保公司が基金の日常管理機構に指定されていて，信保公司は基金を国債購入やA株発行市場での購入で運用している。株式流通市場での売買，企業に対する直接投資による運用は禁じられている。基金の運営状況については，基金の拠出者による監督管理委員会が監督している。

500万元までの保証については，信保公司（北京首創信保投資有限責任公司）で決済できるが，500万元を超える保証については，中投保の審査・決済を必要とする。また豊台区，大興県および二軽総公司には信用保証基金の分機構があり，100万元以下の案件については独自の審査で，信用保証供与を決定できる。ただし，保証書類は中投保名義で発行する。

北京では経済委員会，人民銀行営業管理部（旧北京分行），財政，工商，科学

第7章 借金の保証人をつくる

技術，商業の各部門からなる「北京市中小企業信用担保監督管理連係会議」が成立している。副市長が委員長を務め，上記6部門の主要責任者が成員になっている。弁公室は中小企業処にある。北京市では中小企業信用保証事業，信用保証体系の発展，信用保証機構の運営のルール化と健全な発展の促進を目的に「北京市中小企業信用担保監督管理弁法」の制定作業を進めている。北京市では信用保証体系を完全にするために上記「監督弁法」の制定のほか，信用保証機構の運営のさらなるルール化，一部の区県における中小企業信用保証機構の設立を進め，適当な時期に信用保証の再保証機構ならびに信用保証協会を設立することを計画していた（2001年3月現在）。

1-8 首創集団の狙い

上述のように，北京の中小企業信用保証基金の運営は首創集団の子会社である信保公司に委ねられている。首創集団は金融（投資，財務コンサルタント，資産管理など）からインフラ建設，ハイテク，その他第3次産業に従事する，登録資本33億元を擁する北京市レベルの大型国有独資公司である。同社は中投保公司と提携して1997年に信用保証業務に進出している。

信用保証料収入は拠出額比率に応じて分配するが，首創のシェアはわずかであり大した収益にはならない（この分の所得税は5年間還付されるという）。また，基金の利息収入と運用収益は，コストを差し引いて基金に繰り入れられるので，これも首創にとってうまみはない。

それでも首創が基金の運営を引き受けているのは，信用保証業務を通じて企業情報を蓄積し，同社が展開する他の業務の新たな顧客を開拓しようとしているからである。たとえば信用保証審査や保証期間中の企業観察で有望な企業を発見した場合，自社の将来の投資対象としたり，投資コンサルティング業務の顧客としたりすることを目論んでいる。このための情報収集が政府資金の運用の中でできるのであるから，実はむしろ低リスク・低コストで企業情報の蓄積が行なえることになる。

（2）天　　津[20]

2-1 はじまり

　1999年9月に，市経済貿易委員会が事業法人「中小企業信用担保センター」を設立した。専従スタッフは6人で審査も内部で行なう。設立当初の基金規模は4,000万元で2001年3月段階では9,600万元である。基金は，市財政による拠出（2,000万元）のほか，経済貿易委員会の自主財源と同委員会の持ち株・企業の売却によって調達した。

2-2 実　　績

　その後民間資本の参入もあって，2002年に14の信用保証機構が成立，2004年8月段階では70社の信用保証公司が登録されている。うち実際に運営されているのは22社，準備中11社，残り37社は種々の原因により登録しただけでまだ設立されていないという。政府直営の信用保証機構は経済貿易委員会のそれ1社のみで，政府機関が出資したものは他にもある。新設の信用保証機構には3年間，営業税を免除し，所得税は規定通り徴収するが地方の取り分を還付するという措置がとられている[21]。

　1999年から2001年3月までの保証件数は累計で約300，融資保証額5億元で，2001年3月段階の保証残高は3億元であった。

　さらに，2003年までの信用保証累計件数は1,686件，うち経済貿易委員会の担保センターによる信用保証の実績は1999年から2003年の累計で1,429件，2004年1-6月までは170件であった。

2-3 基金規模と保証基金拡大率

　2004年の基金合計は41.8億元で2003年より24.6億元増えた。民間資本が資本金合計のうち56％を占め，2003年比で7％ポイントの上昇。信用保証の累計金額は118.2億元で前年比70億元の増加であった。市財政局の拠出は2.25億元で全体の5.8％，その他の公的資金が11.63億元で30.4％，民間資金が24.36億元で60％を占める（ただし，与えられた金額の合計は41.8億元にならない）。市財政は2004年から2008年まで毎年2,000万元ずつを信用保証基金の規模拡大と中小企業社会サービス体系の建設に充てていくという。基金の信用保証拡大率は5倍

第7章　借金の保証人をつくる

である。

2-4　対象，会員制の有無

信用保証の対象は天津市に登録する工業企業で，信用保証額の上限は200万元で，現在のところ，流動資金の融資に保証を限定している。

経済貿易委員会の信用担保センターでは会員制をとっているが，会員以外への信用保証にも応じる。会費は企業の登録資本金によって決まっており，登録資本300万元以上5万元，300万元未満3万元である。会費支払いは1回限りで，会員数は2001年時点では100社弱である。非会員の場合，保証料率が変わってくる（6ヵ月以上の場合，会員1％，非会員1.5％）。

2-5　保証料率

貸出金利の50％以下で，企業のリスク状況，融資の期間により変動する。当初は1－1.5％であったが，1％から2.5％の間に拡大した。

2-6　代位弁済

代位弁済率は信用保証機構側の100％負担で，銀行はリスクをとらない。国有企業には基本的に流動資金しか保証を与えない。とくに経営状況がよければ固定資産投資の信用保証も受ける。信用保証規模は1件につき大体200万元以内である[22]。

代位弁済は経済貿易委員会の担保センターではまだないが，代位弁済に至りそうな（事実上至っている）ものはあり，「何とか処理している」という。民営の担保機構でも代位弁済はまだない。信用担保センターができた1999年には国有企業の3年改革の最中で，本来融資できない国有にも融資してそれに信用保証をつけた。これが焦げ付き代位弁済になりかけたが，一部は解決し，残りは法的手続きの最中であった。

2-7　協力銀行

基金預け入れならびに信用保証受け入れ金融機関は当初工商銀行天津支店と天津市商業銀行であったが，現在は4大国有商業銀行と市商業銀行である。

2-8　中小企業処の当初の狙い

天津の場合，中小企業信用保証センターの基金は市財政による拠出だけでな

く，経済貿易委員会が自らの資産を処分して工面した資金があてられた。このセンターの業務には，審査業務以外の部分で中小企業処が積極的にコミットした。

中小企業処は，中央レベルの中小企業司と同様，市場経済の下での社会的分業の発展を妨げる所有制別・管轄別の縦割り管理を企業規模別管理に改編する目的で設立されたものである。しかし，現状では，約2万社とされる天津の中小企業は，信用保証制度設立当時，経済貿易委員会をはじめ6つの管轄に分かれており，業種別管理や各種文書の通達系統として，この管轄系統が継続すると認識された。そこで中小企業処は，信用保証制度の対象を経済貿易委員会傘下の工業企業から全市の中小企業に徐々に拡大していき，信用保証の供与を，中小企業向け各種政策遂行の1つの手段に使おうと考えたのであった[23]。

しかし，こうした狙いが必ずしも達成されるとは限らない。次に述べる瀋陽の事例では国有中小企業管轄部門（経済貿易委員会）と非国有企業管轄部門（現在の中小企業局）とで別々に信用保証機構が設立されたし，温州の場合も，経済貿易委員会の下に一本化できずに2つの信用保証機構がほぼ同時に立ちあがることになった。さらに天津の信用保証の不良債権が国有向け案件から発生しているように，地方国有企業を管轄する部門が傘下企業を救わざるをえない状況も存在している。

（3）瀋　　陽[24]

3-1 はじまり

瀋陽には「瀋陽市中小企業信用担保センター」（以下，「担保センター」）ならびに「瀋陽民営投資担保有限公司」（以下，「民営担保」）を含め，2005年3月段階で4社の信用保証機構がある。

担保センターは，中国とイギリスとの間の「国有企業の改組と企業発展プロジェクト」の一環としてイギリスの政府資金（43万ポンド）を導入して設立されたものである。有限責任社の形態をとりつつも，営利を目的とせず，金融・投資業務には従事しないこととされている，われわれには分かりにくい形態で

ある。保証基金総額は1億元を予定しているが，初期資金は3,000万元で，基金はイギリスの資金のほか，市政府財政，会員企業の出資によっている。2000年11月時点では，銀行からの出資を予定しながらも，まだ実現していないとのことであった。また，会員による出資も，会員数がまだ少ないこともあって250万元（1社あたり5万元，現在会員数50社）にとどまっていた。

民営担保は2001年に瀋陽市民営企業発展サービスセンターをはじめとする7つの企業・事業単位が計1,500万元を出資して設立した有限責任会社で，現在は中小企業局の「下属公司」となっている。これは，1999年に成立し2000年から始動した「民営企業貸款担保基金」の連続線上に位置するものと思われる。

3-2 実　　績

瀋陽の担保センターの信用保証基金制度もまた基金が少ないため融資の規模が小さく，融資期間も短いという問題を抱える。用途も主に流動資金に傾斜しており，技術改造や固定資産投資の資金供給は難しいという。現状では信用保証による融資は大きいものでせいぜい1件100万元程度と少額にとどまっているようである。

ちなみに，現存4社の信用保証機構の基金総額は9,000万元で，2004年までの累計の実績は，600社に対して900件，保証総額4億元である。

3-3 対象，会員制の有無

担保センターの保証は会員を対象とし（2000年11月時点），会員になるための条件は，①経営者の信用が高い，②発展の見通しがある，③優れた製品がある，という3点である。担保センターは会員企業の申請を受けて信用調査を行ない（当初は同センターの資金を預かる華夏銀行と共同で調査），同センターが債務保証に同意すれば，申請企業は銀行から融資が得られる。

3-4 協力銀行

担保センターの保証引き受け銀行は，当初ほとんど華夏銀行であったようだが，現在，各保証機関の保証引き受け先は瀋陽市商業銀行，招商銀行，広東発展銀行，中国建設銀行その他にも拡大している。

3-5 技術創新基金

　技術革新のための資金的サポートは，1999年に中央政府が設立した技術創新基金（「科学技術型」企業で従業員500人以内を対象）を利用する形で行なわれており，99年からの4年で，瀋陽市の104社が7,533万元を利用してきた（利子補給1,670万元，補助金5,863万元）。また，「科学技術型」企業には，他に遼寧省政府の授権で設立された「遼寧科技企業創業服務有限責任公司」（1998年設立，資本金5,000万元）から信用保証を受けることが可能だが，こちらも短期の流動資金の信用保証に限定されているようである。

（4）温　　州[25]

4-1 はじまり

　2001年1月，私営企業の10社の出資による銀信企業貸款担保有限公司（以下，「銀信」）が，2001年8月には市政府の出資300万元と私営企業6社の出資による温州市中小企業信用担保有限公司（同「中企信用」）が相次いで設立された。

4-2 現状・実績

　設立当初，銀信の登録資本金は2,000万元，中企信用は1,000万元であった。

　2001年段階での信用保証付融資総額は1.2億元，1件あたりの規模は中企信用のほうで最大200万元，信用保証提供実績は70件あまり，銀信のほうは230件あまり，最大で500万元であった。信用保証対象の融資期間は普通6ヵ月，長いもので1年で，ほとんどの保証はまだ1順目である。保証企業は基本的に規模の小さい企業であるが，2002年は8月までにすでに中企信用で100件以上の信用保証を供与した。信用保証の申請を受けて拒絶した件数が数十件ある。銀信で2002年8月現在進行中の保証案件は50万元以下が多く十数件，100万から500万元が3件で，1,500万元以上のものも1件（200～300万ドルの国際業務案件）ある。

　銀信の保証実績は2003年6月現在で430件，累計では2.9億元。主な業種は製造業と印刷業で，期限は6ヵ月が70％，残りは1年で，3ヵ月の短期融資に対する信用保証は扱っていない。

第7章　借金の保証人をつくる

　中企信用のほうは，2003年8月現在，累計で400件（同一対象に対する繰り返しの保証は存在するが，ごく一部），2億元（累計）の保証を行なった。保証申込みは600件～700件あり，大口の保証申込みについては1件1,000万元のものがあった。保証を承諾した案件の業種は，製造業では服装，靴，眼鏡，他は貿易関係で，保証期間は3ヵ月～1年，もっとも多いのは6ヵ月である。

4-3　基金規模と保証基金拡大率

　2002年段階では，2社の基金規模は計3,000万元，拡大率は5倍（計1.5億元までの保証残高が可能。しかし市区だけでも15億元の信用保証需要があるとされる）で，①短期融資②流動資金融資③小額融資を条件とする。

　2003年8月段階では，2社の基金規模は計4,000万元（銀信3,000万元，中企信用1,000万元）となり，2003年9月に中企信用は5,000万元に増資の予定であった。

　また2003年には農業企業に対する信用保証機構（基金規模1,000万元），市政府のリードによる「中小企業投資信用担保公司」が新たに発足し，信用保証融資上限が5億元に拡大した。

4-4　対象，会員制の有無

　主に都市部（3区7県中の3区）の工業企業で会員制度はとっていない。

　銀信は工業企業中心の保証でほとんど運転資金を対象とし，設備資金もあるが10％以下である。銀信の場合，蒼南県の顧客が50％を超え，中企信用とは地域によってすみ分けられているという見方もできる。

4-5　保証料率

　保証額の0.2％（企業によってはそれ以下。銀行から利益の還元があり，保証料率にかかわらず一律0.12％）である。

4-6　代位弁済

　2002年8月段階ではまだなかったが，2003年6月現在では2社計2件，100万元（銀信のみ）の代位弁済を行なっている。

4-7　反担保

　保証額の50～100％で，担保物件（抵当，質入）の評価は原則70％である。

4-8 協力銀行

銀信は広東発展銀行と浦東発展銀行、中企信用は市商業銀行となっている。

4-9 基金の運用

温州は全国の試験地域として規制が先行して緩和されており、2003年より信用保証機構による投資が可能になったという。基金運用の割合は投資の割合に関して、上限は特に決められていないが、投資運用の割合は最大でも50％程度であるという。温州の信用保証機構は、信用保証業務を北京の首創のように投資コンサルタント業務へつなげようという意図はなく、不動産開発やインフラ建設への投資による運用を志向している。

5 温州における民間金融の「発展」と推移

「中小企業の里」ともいえる温州で信用保証機構が設立されたのは、上記の事例4都市のなかでもっとも遅い2001年であった。温州中小企業発展促進会の調査によれば、銀行借り入れが「非常に難しい、難しい、わりと難しい」と回答した企業が60％、残りの40％は「銀行借り入れは可能」と回答したものの、実際可能だったのは30％程度にとどまったという。このような現状にもかかわらず、中小企業の急速な発展を可能にしてきたのは、他に資金調達の手段があったからである。

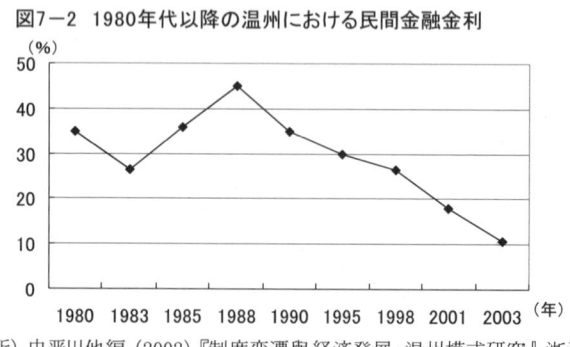

図7-2 1980年代以降の温州における民間金融金利

(出所) 史晋川他編 (2002)『制度変遷與経済発展：温州模式研究』浙江大学出版社, p.197。

第7章　借金の保証人をつくる

　第3章で述べたように，温州では集団経済が経営主体としては機能せず，零細工商業が発展してきた。公的金融機関が私的な零細工商業の資金需要に応えることはできなかったが，零細工商業とはいえ，財やサービスの供給は貨幣を媒介に行なわれるから，公的金融機関のルートから外れた零細工商業の活発化は，公的金融機関とは異なる資金ルート＝民間金融の形成に他ならなかった。

　1970年代末の時点では，民間金融は個人間や互助組織による貸借が主であったといわれる[26]。それが80年代に入ると，民間金融は温州で普遍的な現象となり，月利は1～4.5％と，需給やリスクを反映する変動を見せるようになり，資金需要の規模拡大に伴い，仲介を生業とする「銀背」（資金の供給者と需要者とを引き合わせる仲介業者）や「会」とよばれる一種の「講」のような組織[27]が成立した。

　続いて一種のノンバンクである「銭荘」（自身の信用で資金を借り入れ，それを，借り入れ金利を上回る金利で貸し出す）が出現した。また，「掛戸公司」は1980年代半ばに，名義貸しだけでなく，「管理費」「手数料」の収入により，金融業務も行なった。さらに90年代前半には高利で資金を集め，低リスクのプロジェクトに運用する「農村合作基金会」が設立された[28]。これは農村集団経済の一環として行なわれたが，必ずしも中央銀行レベルの認可を得たものではなく，非公有制経済への資金供給源として民間金融の一種と位置付けられる。

　2002年に張震宇氏らが行なった調査によると，1980年代半ば以降，最盛期には温州の貨幣流通量の30～40％が民間金融経由であった。民間金融の形式としては，銀背や銭荘などは政府の取り締まりにより，表立っては少なくなり，一部で手形流通が起こっているという[29]。現在の民間金融の主要ルートは90％以上が企業間や友人間の貸借である[30]。

　2001年の温州の中小企業の資金源のうち，「自己資金」は60％，「銀行融資」は24％，「その他負債」（民間金融と企業間信用）が16％であった。2001年末の全市の中小企業の銀行借入は400億元で，これに対し，民間金融が170億元であった。その他，経営者が創業時に個人名義で民間金融から調達した資金が125億元あり，その他消費的支出や互助的貸借を含めると，民間金融の規模は300～350

億元に達するとみられる。1980年代半ばには中小企業の資金調達源の30％が民間金融であり，資金調達源の比率は大きく低下しているものの，資金規模は3倍以上に拡大している[31]。

温州の民間金融の特徴は，資金の用途が冠婚葬祭などの消費的な支出より，生産経営に用いられたという点である。モノやサービスの取引には必ずカネの動きが伴うが，温州の非公有制企業の劇的発展も当然これと異なるものではなく，正規金融を自己資金に加え非正規金融が代替したということである。図7－2に示すように民間金融の金利は，時期によっては日本の消費者金融を上回るような水準にあったが，それを支払ってなお余りある事業収益が得られていたことをも意味する。

他方，モノの市況の急変も民間金融に大きな衝撃をもたらしていた。温州では，とくに専業市場の盛衰が民間金融の規模を規定し，たとえば，瞿渓の牛皮市場や場橋のウールセーター市場の急激な縮小により当地の民間金融の規模も急激に縮小したという[32]。

また，民間金融が公的金融ともっとも異なる点は，以下の点である[33]。

第1に金利が需給とリスクを反映して機敏に変動することである。資金需給や借り手のリスクの状況によって個別に利率が異なる。

第2に手続きの簡便さである。87％の企業が無担保で借り入れており，個人の借り入れでも63％は姓名と金額を書き込んだ紙切れ1枚で済み，使途や金利は口頭でやりとりされるのみである。個人の借り入れのうち22％は全く何の手続きもないという。

これらのことを可能にしているのは，資金の貸し手と借り手とが（もしくは仲介者が貸し手と借り手を）互いによく知っていて，取引コストが低いためである[34]。近年よく提起される概念でいえば「社会資本」が形成されているということになろう。しかしながら，他方で個人向け貸出の20％近くが不良債権化しているといい，リスクは必ずしも低くはなく，貸借関係が連鎖している場合には，一部の貸借関係で万一不良債権化すると，地域経済社会に大きな問題を引き起こすことになる[35]。

なお，民間金融は，正規金融で人為的に金利が抑制され，しばしば実質マイナス金利となった状況の下での資産価値の保全と増殖のルートになっていたが，民間金融の金利は1980年代末からは低下傾向にある。民間金融の金利は，資金の需給関係や，正規金融の引き締めおよび緩和の状況によって決まる[36]。民間金融の金利が低下傾向にあるのは，温州経済の資金蓄積が進んだこと（資金供給原資の増加）と正規金融の金利弾力化によるものであり，さらに非公有制の発展に対する政治的イデオロギー的環境が大幅に改善され，私人や私企業が資金を蓄積していることや，私的経済活動が公にできるようになったためであると考えられる。

　温州の農村信用合作社で実験的改革が行なわれ，金利が大幅に弾力化されて以来，信用社への預金が増加しており，温州の農村信用合作社の預金残高は1990年末の10.5億元から2002年末には171.7億元へ，同じく融資残高は6.8億元から132.8億元へと大きく増加している。これにより，近年，「体外循環」していた資金は一部「体内」に吸収されつつあったようである[37]。

　2004年に過熱抑制の名目で行なわれた金融引き締めは，そうした趨勢を反転させ，非公有制中小企業群による非正規金融の利用を促進したと指摘された[38]。それゆえ同年秋の金利引き上げ・金利上限撤廃のねらいは実質的に非正規金融ルートのマネーフローを正規金融ルートに戻そうという点にあったとも思われる。

6 │ 中国の信用保証制度の展開が示すこと

　中国で展開されている信用保証制度には，「市場化」「法人化」という特徴があり，また，非公有制経済の発展により資金蓄積が進んだ地域では，正規金融による資金供給を，非公有制中小企業に広げるという役割に加え，さらに資金供給ルートを正規金融に吸収するという役割も与えられていると考えられる。

（1）「市場化」「法人化」

　中小企業信用保証制度は，中小企業振興による雇用の増大と財政収入の拡大

をめざすものである。信用保証制度の構築は「市場化」「法人化」を特徴としている。このことは，信用保証制度が，「信用保証センター」などの名称で事業法人とされていることや，運営への企業の参画に加え，私的な資本による参入を促進していることからうかがえるが，これは政府の財政的な事情に加え，以下のような反省にもとづいていると考えられる。

　計画経済期には，個別企業がそれぞれ主管部門に生産経営計画・人事面で隷属し，企業の運営は採算にかかわりなく財政支出によって賄われてきた。そして計画経済期の縦割り関係は，市場経済への移行期にもなお根強く残り，地方政府（とりわけ主管部門）は，しばしば所轄下にある企業のプロジェクト推進のために返済能力を精査することなく，金融機関から融資を引き出してきた。これが膨大な不良債権を発生させてきたこと，そしてプロジェクトが失敗しては財政収入を増やすことができないことから，市場経済の下で雇用増大と財政収入拡大を実現するには，直接救済の手を差し伸べるよりも，返済能力を見極め，生存・発展の可能性のある企業に資金を供給する仕組みが不可欠だということに気付いたのである。そこで，信用保証制度も，行政による安易な救済的介入を排することを目指している。ただし，地方政府の出資による信用保証センターには，上記のように，一部で国有企業救済の役割を拒みきれていない案件も実際には存在している。

（2）過度ともいえる健全経営

　信用保証制度の現行の問題は，金融システムのみにあるわけではなく，非公有制中小企業の財務の不透明さにも原因がある。経営管理水準を高めるための企業診断制度をはじめ，各種サポートシステムの構築など企業側の条件整備も必要とされている。

　一方，資金供給側も，国有商業銀行や地元企業への融資の一端を担う地方商業銀行をはじめ，不良債権処理に苦しんだ銀行側がタイトな融資姿勢をもたざるを得なかったことは事実であるが，たとえば一部の銀行が，焦げ付いた融資の弁済責任を融資担当者が終生負う「終身責任制」なる制度を導入し，リスク

を融資担当者に負わせるなど，過度の「健全経営」志向を有していることも，中小企業の資金調達に不利に作用している[39]。

また，信用保証機構側も，保証料率が低率でほぼ決まっていることから，安全な企業に保証の供与を限定せざるをえない状況にある。再保証制度が整備されていない状況の下で，1事業所あたりのスタッフの数が少なく（たとえば温州市中小企業信用担保有限公司のスタッフは8人，銀信企業貸款担保有限公司は7人），審査案件の拡大が困難であるという問題があるにしても[40]，「市場化」「法人化」の方針の結果，代位弁済件数はきわめて少なく，現行の信用保証制度が，需要に見合う資金供給を実現しているとはいいがたい。

さらに，多数の主体が信用保証業に参入することになっているが，それは信用保証の総規模を拡大するうえでは有効と思われるものの，基金規模の小さい信用保証機構が増加しても，設備投資向け融資拡大にはつながりにくい。

（3）信用保証制度を展開することの意義と中小企業金融の方向

信用保証制度を通じた正規金融機関による中小企業向け融資拡大には，2つの異なる目的があるように思われる。

1つは，文字通り，国有商業銀行やその他商業銀行，金融機関の資金供給ルートを非公有制中小企業にも広げていくことである。いまひとつは，非公有制経済の発展で資金の潤沢な地域を中心に存在する非正規金融＝民間金融を正規金融のルートにのせていくことである。たとえば温州の民間金融は，資金蓄積および，モノとカネとの活発な交換の存在をあらわすものであり，むしろ正規金融制度がそれらを適切に結合させることができなかったことに原因があり，民間金融を取り締まるだけでは，根本的解決にはならない。温州では近年，「委託融資」とよばれる銀行による融資仲介が行なわれているという。これは余剰資金をもつ者と資金需要者との間を銀行が取りもち，銀行が仲介手数料を取るという制度で，銀行がいわばブローカー役となって，民間金融の資金フローを表に出そうという試みである。

温州に限らず拡大を続ける中国経済において，企業の成長の速度は急で（逆

に落込みも激しいが），資金返済能力は，当初の担保価値だけでははかりきれないものがある。それだけに，可能性のある企業の成長を促進していくためにも，再保証制度の確立によりリスク分散を図ると同時に，不動産等の担保価値以外に，できるだけ融資リスク自体を下げる手段が必要である。それは資金の借り手側が情報をより多く開示することともいえる。信用情報をデータベース化する動きもあるが，温州の信用保証制度が「温州中小企業発展促進会」のネットワークを活かしているように，既存の社会的関係の利用もある程度促進されるべきであろう。

　ただし，現状の「市場化」「法人化」した信用補完制度のみでは中小企業向け資金供給に限界があるものと考えられる。また，単に金利の自由化に依存するだけでは，逆選択の発生する恐れもあり，危険である。そこで地域に形成された「社会資本」を正規金融に活かした民間地域金融機関の設立も必要とされよう。

（注）
1）財政法人中小企業総合研究機構（http://www.jsbri.or.jp/new-hp/statistics/data/kinyu1-3.xls）による。
2）陳乃醒主編（2000）前掲書，p.160。
3）陳乃醒主編（2003）『中国中小企業発展與預測－中小企業投資策略・理念・方向・措置（2003-2004）』中国財政経済出版社，p.115。
4）全載旭，駒形哲哉（1993）「経済改革を支える中国の郷鎮企業」『東亜』No.309，pp.64-91参照。
5）2004年5月27日に深圳株式市場に中小企業ボードが設立された。6月25日，8銘柄でスタートし，7月15日時点の状況では，27社が中小企業ボードでの株式公開の目論見書を発表，うち発行株式数は6.55億株，調達資金は65.08億元，1社当たり平均2,426万株，2.41億元であった。地域構成は浙江省9，広東省4，江蘇省4，安徽省2，などとなっており，やはり中小企業が発展している地域での上場が多い。2004年末までに38社が上場を果たした。だが，現段階では，私募債的調達は別にして，株式上場による直接金融が中小企業全体の資金調達に果たす役割はなおきわめて小さく，資金調達問題の主軸は間接金融部門にあるといってよい（中国情報局「中国情勢24」

第 7 章　借金の保証人をつくる

http://news.searchina.ne.jp，2004年7月19日，「2004年中小企業十大新聞」『中国中小企業』第2期，2005年，p.5)。

6) 陳乃醒主編(2003)前掲書，p.86。
7) この点は会計士の財務調査にとっても非常に大きな問題であるという(2001年3月8日，北京 YJ 会計師事務処 W 氏への聞き取りによる)。
8) 「国家経済貿易委員会印発〈関於建立中小企業信用担保体系試点的指導意見〉的通知」(衛東主編(2000)『中小企業社会服務体系建設探索与実践』中国経済出版社，pp.62-70)
9) 安徽，上海などで再保証体系が部分的にできているという(王鉄軍(2004)『中国中小企業融資28種模式』中国金融出版社，p.153)。
10) 段階区分は，陳乃醒主編(2001)『中国中小企業発展與預測(2000)』民主與法制出版社，pp.339-342による。
11) 鎮江の中小企業信用保証制度については，李昕(2005)「中国の中小企業信用保証制度の試行実態と課題―江蘇省鎮江市の事例を中心として」『アジア研究』第51巻第1号，pp.18-39参照。
12) 中小企業信息網「工作動態」による。
13) 「中国中小企業信用担保体系欠陥解析」SINOTRUST 新華信
(http://www.sbd.com.cn)，「中国中小企業信用保証担保体系的経済学考察」信用中国－信用学院(http://www.ccn.gov.cn)。
14) 王鉄軍(2004)前掲書，pp.68-69。
15) 同上書，p.30。
16) とくに注記のない記述は，北京市経済委員会中小企業処，北京首創信保投資管理有限責任公司における聞き取りによる(2001年3月5日，同3月7日)。
17) 中投保公司北京分公司・信保公司はさらに教育関連産業に対する信用保証基金を設立している。北京市経済委員会中小企業処によれば，中小企業信用保証資金が設立される数年前から区政府が財源を商業銀行に置き，独自に信用保証を行なってきたという。
18) 中国中小企業発展年鑑編輯委員会編(2004)『中国中小企業発展年鑑』中国経済出版社，p.146。
19) 同上書，pp.145-146。
20) とくに注記のない記述は，天津市経済貿易委員会中小企業処スタッフに対する聞き取りによる(2001年3月2日，2004年8月30日)。
21) 天津市人民政府主辦『天津年鑑』2003年版，天津年鑑社，p.365。

22) 信用保証の供与には，申込み企業の返済能力，債権債務，資産構造，売上げの動向，現在の製品・市場，資金使用状況といった点からリスクを測る。信用保証の際，「反担保」をとる。これには換金性のよい資産で，汎用設備や原材料などを含む。第三者保証でもよい。

23) 信用保証の供与の際に，市の環境政策や産業振興政策に合致するかどうかを条件に含めることがその一例である。

24) とくに注記のない記述は，瀋陽市中小企業処（2000年11月22日），瀋陽市中小企業局（2005年3月15日）における聞き取りによる。

25) とくに注記のない記述は，中小企業発展促進会，銀信企業貸款担保有限公司，温州市中小企業信用担保有限公司の関係者に対する聞き取りによる（2001年7月20日，2002年8月30日，2003年9月3日）。

26) 1970年代末の民間金融の金利水準については，資料により大きく差異があり，史晋川他編（2002）前掲書，p.197では年利42％，張震宇（2004）『温州模式下的金融発展研究』中国金融出版社，p.4では12％以下となっている。なお，後者はp.27では前者の数値を引用している。

27) 詳細は陳玉雄（2004）「中国の民間金融－温州を中心とする東南沿海部における民間金融の実態と地域経済－」『三田学会雑誌』第96巻第4号，pp.149-170参照。また，1980年代半ばの温州における一種の「講」の発生と破綻を紹介した研究として邦文では，辻康吾（1989）「温州抬会事件顛末」宇野重昭編『岩波講座現代中国第3巻静かな社会変動』岩波書店，pp.31-54がある。

28) 張震宇（2004）前掲書，pp.3-5。

29) 同上書，p.12。

30) 同上書，p.13。

31) 同上書，p.12。

32) 同上書，p.6。

33) 同上書，pp.14-15。

34) たとえば「銀背」などの仲介者ないし仲介機構の場合，貸借者の所在範囲は3郷鎮程度であるという（同上書，p.14）。

35) たとえば辻康吾（1989）前掲論文参照。

36) 張震宇（2004）前掲書，p.30。

37) 同上書，p.15。

38) 賀一祺（2004）「温州民資尋找釈放空間」『中国中小企業』第106期，pp.67-68。

39) 清華大学3E研究院の温州における調査による（2001年10月12日，慶應義塾大学での報告）。
40) 金融機関と企業とが結託して信用保証機構から資金を騙し取ることも可能であるという問題点も指摘されている（2001年3月14日，中国民生銀行の研究員からの聞き取りによる）。

終章

移行期・中国の中小企業論

―その射程

私営中小企業によってユーザーフレンドリーな生産が行なわれる
　（卓上旋盤の生産現場＝温州瑞安）

国有企業製の金属加工機械が活用されている（同左）

終章　移行期・中国の中小企業論

はじめに

　本書では，中国の中小企業の大まかな範囲を示し，個別中小企業の生産経営活動の反復が他の企業や関連部門，あるいは当該地域とどのようにかかわり，それがどのように変化したのかという点を中心に，事例を通じて素描してきたつもりである。そして中小企業それ自体の経営の細部に深く立ち入ることを課題とするよりは，むしろ上記の視点から，中国における計画経済から市場経済への移行の論理を抽出することを志向した。

　とはいえ，中国経済は時系列的には激しい変化を，そして地域間では多様さを特徴とする。そうした現状から，中小企業を通じてなにがしかの共通論理を抽出することなど不可能なのかもしれない。しかし，逆にいえば，「変化の過程」や「多様性」こそが，移行期にある中国における中小企業論の１つの射程範囲になるとも考えられる。以下では本書の検討を通じた中間総括を行ない，むすびにかえたいと思う。

　考察の基本前提は，①移行初期の諸改革が膨大な内需を人為的に創出し，中国が中低級品に対する巨大な国内市場—しかも輸入では価格的にも見合わない水準のそれ—を有していたこと，②国民経済の成長（再生産）メカニズムのなかに，競争がビルトインされたことである。国内企業が①の市場へ供給可能であったことは，同レベルの製品の国際市場でも圧倒的競争力をもつことを意味する。

　競争は個別企業間，行政府間という２つのレベルで展開され，競争の激化が，移行の初期段階で多大な機能を果たした公有制企業の非公有制への転換の圧力となり，地域の発展メカニズムを変えていった。そして地域間の競争は，初期においては競争主体として一体化していた地元行政府と企業とを分離させ，行政府は行政府間の，企業は企業間の競争へと向かわせることになった。基本的には，競争の中での生存をかけた個別企業の生産経営の反復行動が，国民経済の再生産や地域経済の構造を規定するようになる。そこでは工程間や地域間の広範な分業の形成を伴うのである。

ただし，非公有制企業の発展は，産業連関や，生産・管理技術（人的資源や技術が体化された設備を含む）の獲得面で，全面的ではないにせよ，計画経済期の蓄積や公有制企業とのつながりも多くもつのである。さらに，非公有制企業の発展の度合いは地域（ここでは郷鎮レベルより広範な市レベル）の資本蓄積水準をも規定し，行政府から自立した企業群の資本移動が，多様な移行水準にあるその他の地域の移行を促進していくのである。

1 なお濃い非公有制企業論の色彩

　移行過程にある中国では，非公有制経済の発展が依然重要課題である。このことは，2005年2月に国務院から「個体私営等非公有制経済の発展を奨励・サポートし誘導することに関する若干の意見」が公布されていることからも明らかである。そして，非公有制経済発展の制度的基礎となる（合法的）私有財産権の保護が2004年の全国人民代表大会で憲法に書き込まれたことが，同年の「中小企業十大ニュース」の首位にあげられていることは，中小企業と非公有制企業とが大きく重なっていることを端的にあらわしている[1]。現在の参入に関する規制も，中小企業の参入というよりむしろ，非公有制の参入が規制されているものであり[2]，「中小企業」をめぐる議論は，なお所有制の議論と大きく重なり合っている。それゆえ中国の中小企業論の実態は，公有制企業の非公有制への転換と，非公有制企業の新規創業ないし既存非公有制企業の発展促進を包摂した「非公有制企業論」の色彩の濃いものである。

　かつては，イデオロギー面で主張される公有制の優位性は，全面的ではないにしても実体経済における公有制の優位性の存在にある程度裏付けられていた。民間の資本蓄積が乏しい段階で希少な資本を集中して産業を形成する主体となったのは，中央から地方末端に至る政府であり，それは公有制企業の設立として進められた。また，優れた人的資源がイデオロギー的規制のゆえに公有制部門に取り込まれたりした。公有制経済は一定地域内における雇用と分配の結果平等をある程度保証して，社会安定にも寄与した。他方，未利用の利得機会

終章　移行期・中国の中小企業論

を自らのものとすることを目指す企業家の役割の発揚は，資本所有の人格化と密接なかかわりをもつが，計画経済期はもとより市場化の初期段階では，それは抑圧された。たとえば第3章でみた温州などがその典型例である。

　ところが，公有制企業群が産業形成・供給面で一定の役割を果たし，それに加え，非公有制企業群がイデオロギー的制約を巧みにかいくぐりながら——それは時に地方政府と一体となって進められ——供給を増やし流通網を創出していく役割を果たすことによって，中国では市場経済が形成されてくると，実体経済における公有制それ自体の意義は低下した。

　そもそも公有制の意義の低下は，中国の党中央・政府が経済成長に共産党政権の存続をかけて，経済成長の手段を計画経済から事実上の市場経済に切り替えたことにより，意図するしないにかかわらず，自らの手で促してしまったことである。中国の市場経済化の過程は，雇用創出の必要性や市場経済の担い手の解放という面で，イデオロギー的規制の緩和の過程でもあった。市場経済化の進展は，産業形成面で公有制の果たした意義を低下させ，資本の所有ないしその増殖に切実な関心をもち，未利用の利得機会を自らのものとして激しい競争に生き残ろうとする非公有制企業群の重要性を高めることになった。

　地域的にみれば，公有制企業群が主体であった地域では，それらの所有権（財産権）の改革＝非公有化が進められ，また，公有制経済の基盤が弱く，非公有制を公有制として装ってきた地域では，そうした制約からより自由になった。かくしてイデオロギー面での公有制の重要性と実体経済との乖離が拡大するに至った。

2 ｜非公有制企業論から市場競争主体としての中小企業論へ

　もちろん非公有制経済の発展は，単に制度を変えるだけでは十分ではなく，市場経済を形成し，競争を展開する具体的な主体の蓄積が必要である。具体的な主体とは企業家（ないし起業家）層であり，計画経済期における工場長や政府の管理下にあって政府の意向にしたがう国有企業経営者とは異なる機能をも

つ。企業家は，ビジネスチャンスを自らのものにすることを目的に，リスクをとって目前の市場ニーズにもとづいて生産要素の合理的編成を行なうのである。公有制企業であっても，上記のような能力をもつ経営者（経営陣）を擁し，それらに十全な意思決定権を与え，企業の経営に特化させ，失敗に対する責任を負わせることができれば，それは事実上の「非公有化」ということができる（第4章 新生「飛鴿」の事例参照）。

中国において市場経済化が進み，競争が激しくなることは，個々の企業家が好む好まざるにかかわらず，生産要素の編成をより合理化し，社会的分業を深めていく圧力になった。移行期にはその時の制度に半歩先んじて制度のさらなる変化を誘発したり，あるいは改革された制度環境を利用したりしながら，ビジネスチャンスを発見し，リスクをとって，チャンスに適切に対応する人物（企業家）が，市場経済化や社会的分業の深化を推進してきた。

上記のような圧力は，計画経済から市場経済への移行の際の，もっとも基本的な駆動力であり，それは地域経済にも変化をもたらすことになった。

中小企業のなかでも，とりわけ計画経済時代から集団経済が機能した農村部で設立された公有制企業は，戸籍制度による移住制限の下で，地域の雇用・所得・福祉水準の向上を経営原理として，地域経済の「共同富裕」に貢献した。域内では労働力，資金の配分が計画化されていたが，地域間の発展テンポの差異が，地域間労働移動を必然化し，戸籍住民が外地労働者の労働の成果を取得し，戸籍住民でそれを分かち合うことが一般化した。

それにとどまらず，競争の激化につれ，企業としての生存には，域内福祉負担や域内戸籍住民優先雇用などの既存の枠組みが障害になってきたし，資本の所有と経営者の経営権とをより近づけることも必要になってきた（第2章補論2参照）。他方，公有制企業群の競争への対応（合理化）や競争での敗退，イデオロギー的制約の緩和は，よりいっそう非公有制企業群を生み出していった。

企業間競争の激化のゆえに，全ての企業は利潤を獲得し，生産経営を反復する，いわば「資本」として，行動せざるをえなくなってきた。そうしなければ，競争から敗退してしまうのである。この圧力により，生産活動と生活とが一体

終章　移行期・中国の中小企業論

化したコミュニティ的な地域的枠組みは溶解する方向にある。もちろん，全ての地域で突然それが溶解するわけではなく，コミュニティ的枠組みをもつ地域の公有制企業群の溶解は，その担い手である経営者がコミュニティ的枠組み維持への社会的要請（財源の上納や域内住民優先雇用など）と市場競争のなかでの企業の存続への対応との間で悩みながら，徐々に進展していく場合もある。それが，福祉の負担に関する国民経済的改革が途上にあるなかで，移行の安定性を担保することにもなってきた。

コミュニティ的枠組みの溶解は，公有制企業群の競争への対応や競争での敗退，イデオロギー的制約の緩和を背景に，域内住民の起業によっても推進されてきた。人民公社以来，戸籍制度で域内住民の生活と生産活動とは一体になってきたが，起業して非公有制企業（多くは零細個人経営だが）の経営者となった住民は少なくとも公有制企業に雇用された住民よりも，地域政府への経済的依存度は低く，こうした自ら起業する住民の増加は，域内の所得・雇用・福祉水準を高めるための「計画原理」の及ばない範囲を拡大する。

活発な起業は，「計画原理」が機能せず，住民が自力で活路を開かざるをえなかった地域において，強力に推進された。イデオロギー的制約の緩和に伴い，「資本」として行動する経営体を創出していっただけでなく，経営体自身がイデオロギー的制約突破の推進力となった。計画原理が機能した地域にせよ，あるいはまたそうでなかった地域にせよ，おそらく活発な起業は，商品経済の歴史的蓄積が前提の１つにあるといってよいだろう。

3 ｜ 移行期における非公有制中小企業発展の特質

起業の活発化（とくに中小工業企業の設立）は，地域産業のありようにも大きな変化をもたらす。一部の地域では，ビジネスチャンスに関する情報の伝播を媒介に，特定産業に個別資本が参入し，一定の地域内で「産業集積」が形成される。それは，人民公社時代や改革開放以後も集団所有制郷鎮企業が一定の発展を遂げた地域で観察された域内計画原理とは全く異質の，域内企業群相互の，

淘汰をも伴う激しい競争を特徴としている。中小企業群による産業集積も，自らの経営活動の再生産のみに注力する非公有制企業群の，自立的意思決定によって形成されている。そうした非公有制企業群の参入と退出は，地域の産業構造の弾力的調整を可能にしている。

　また，計画経済期には中央ならびに地方政府による投資が産業形成の主要な源泉であったが，移行の初期段階には投資と財源取得の自主権を与えられた各レベルの地方政府間の産業形成と地域振興競争が，市場経済の形成を促進した。そこでは政府と企業とは一体化（企業が政府に従属）しており，企業間競争＝地方政府間競争であったといってもよい。しかし，非公有制企業群の簇生は，競争主体を分割した。個別企業は存続をかけて相互に競争し合い，生産経営の反復と拡大をめぐって最適の立地を選択し，他方，地方政府は企業群に当該地域への立地を選択してもらうための競争を展開するようになった。投資誘致（および関連産業の創出）やハード・ソフト両面のインフラ整備がその具体的手段である。産業集積に関する地方政府の強い関心と施策は，集積の外部性が企業を当該地域へよび込む誘因となるためでもある。

　中小企業群の資本規模は小さく，部材の生産や製造の工程を全て内部に抱え込むことは本来的に不可能である。市場での競争と変動に対応するため，コストとリスクを最小限に抑えるよう，積極的に外部調達を利用し，企業間関係が形成されている。もちろん個々の企業は，製品の質的要求を考量しながら外部調達を利用し，意図的に内製する部分も存在するのだが，専業化・社会的分業の深化の度合いは，中国における計画から市場への移行の程度をみる尺度になりうる。

　さらに，非公有制中小企業群の形成と成長は，計画経済期の成果ないし公有制企業に蓄積された技術・技能基盤の利用ならびにその再編利用過程でもある。業種によっても差異があるものの，経営者自身が公有制企業からのスピンアウトであったり，競争に対応するために，公有制企業で技能・技術を蓄積した技能者・技術者（さらに管理者）を域内外から広範に招聘したりしていた。

　市場レベルにあった精度の金属加工機械の国産化が計画経済時代に実現し，

終章　移行期・中国の中小企業論

それが輸入設備より廉価で入手できたこと[3]，そして国有企業の金属加工機械を用いながら，種々の設備が上記の技能者らによってさらにユーザーフレンドリーに簡易化されることで，低廉で市場ニーズに適合したレベル（中低級品）の財の量産供給が実現した。本書では，これらのうち，計画経済ないし公有制企業において物的・人的に技術・技能基盤が蓄積されたことを評価し，これを「技術的原始的蓄積」とよんだ（第3章参照）。

なお，本書で紹介した事例の範囲内では，競争の激化に伴い，上位企業群は国産設備を必要に応じてより精度の高い輸入設備や外資製設備に置き換えており，また内製の度合いが高まっているが[4]，そこでも輸入設備や外資製設備で精度・品質を確保する部分と，国産設備および人手でコストを下げる部分とを適切に組み合わせて，コストを抑制している。中低級品製造企業群では，国産品を中心として外注の可能性を勘案しつつ分業が行われ，分業にもとづく量産を実現している。いずれの場合にも外注できるもの，内製せざるをえないもの，輸入せざるをえないもの等を明確に分けて対応している。しかも，個々の企業のコストとリスクの勘案にもとづく専業化・社会的分業，企業間取引関係は，集積を形成する特定産地やその周辺に限定されず，より広範に形成されている（第3～6章参照）。

中国では，投資や貿易の面での外資系企業の貢献度が大きく，経済発展にとって外資の重要性が強調される。これは事実である。しかし，中国の市場化は他方で，上述のように，計画経済期に形成された物的・人的技術的基盤や，計画から市場への移行の初期に設立された公有制企業の供給能力を，私的資本・経営者が市場ニーズに合わせて適切に再編利用することによっても促進されてきた。現在はなお，個々の企業が，激しい競争に巻き込まれながら，そして市場条件のさまざまな変化に対応しながら，計画経済ないし公有制経済の成果を利用し尽くそうとしている段階にあるといってよいだろう。それをもっとも目に見えやすい形で推進する主体が非公有制中小企業である。

非公有制企業の発展の度合いは地域全体（ここでは郷鎮レベルより広範なレベル）の資本蓄積水準も規定し，また成長企業のなかには市場と生産要素の調達の必

要から資本移出を行なっているが,政府から自立した企業群の資本移出が,多様な移行水準にあるその他の地域の移行を促進する役割も果たしている。視点を変えれば,非公有制中小企業群の成長と発展の顕著な地域もあれば,非公有制企業群の利用可能な技術的原蓄を形成した地域も存在するという多様な構造が,中国の移行を促進しているということもでき,国内に広大かつ多層にわたるレベルの市場が形成されていことが,計画から市場への移行進展の需要サイドの条件を構成している(第3章,第4章参照)。

ところで,市場経済発展推進の2大テコは,「競争」と「信用」(金融)である。この2つのうち,著者が観察する機会をもった地域では,前者の機能が全面的にあらわれる一方,後者については正規金融が必ずしも十分その機能を発揮せず,事実上の現金決済や部分的な企業間信用が,個々の企業の再生産と取引の反復を継続させる主要手段の一角を占めてきた。上記2大テコの1つ「信用」の拡充が,中小企業の発展を促進するものとして,政策的に展開されているが,信用保証という「補完制度」のみの拡充には,一定の限界があると思われる。

自己資金を主とする事業展開が一般的であることや,支払い遅延が中国においては企業規模の大小に限らない問題であること,さらに下請け発注の際の過酷な取引条件がなお許容される状況にあること,さらには中小企業であろうとも,計画経済や公有制経済の成果を必要に応じて利用しうる再編段階にあることから,中小企業政策において「弱者としての中小企業」という視点は資金供給の面を除けばなお乏しい。「独占禁止法」が中国にはまだない現状がこれを示している。生産要素の調達や参入面での非公有制の不利性は論じられているが,規模の視点から中小企業を弱者とみる視点はなお薄く,現行の中小企業促進法は,日本の1999年改正中小企業基本法に近い精神をもつ[5]。

公有制中小企業の改革作業がなお継続していること,かつ公有制優越観に立つイデオロギーがなお完全に転換されていないことにより,当面,非公有制中小企業をめぐる議論に,市場競争主体の「規模別問題」だけではなく,「非公有制企業」の視点が加わらざるをえない。この2つの重なりこそが移行期にあ

終章　移行期・中国の中小企業論

る中国の中小企業論の特質である。しかし，非公有制の成長企業群のなかから中小規模を卒業する企業も生まれ，分業の深化は企業間取引の力関係の差異をもたらしており，今後，中小企業の質的定義が議論されるようになるだろう。そのためにも所有制中心の議論と市場競争の規模別主体をめぐる議論とは明確に区分していく必要がある。

　なお，当面の著者の課題は，本書で試みた接近法を，さらに文献と現地での知見で深めることにある。計画原理とは異なる競争原理を基本におく経済システムの下で，計画当局に代わる新たな担い手（起業家・企業家）がビジネスチャンスを発見し，リスクを負って，必要な資源を調達し，必要な企業間関係をとり結んで生産を行ない，そしてそれらの資源の量，組み合わせそして企業間関係を適切に変更して，変化に対応する―。このような，市場経済の担い手としての中小企業の展開が，地域をどのように変え，そして中小企業の展開が地域間においてどのように異なり，地域間の差異が中国経済の移行にとってどのような意味をもつのかについて，現地での知見を今後さらに増やしながら，検討を続けていきたい。この作業の積み重ねの先に，計画経済・公有制経済の成果を利用しつくした後の展望が見出されるものと考えている。

　ただし，本書の関心は「移行期」を中小企業の視点から描くことにあった。そして当面とくに課題とすべき点は，以下の4点である。いずれも本書のなかで初歩的に展開を試みている。

　第1に，計画経済のもった意義，とくに技術的原蓄について本書では強調したものの，その実証が不十分であるため，この点の妥当性と適用可能な範囲の限定を行なうこと。第2に，同一産業の集積の間の構造の差異について，その要因とそれが地域産業発展にもたらした影響を検討すること。第3に，地域間の広域分業関係について，その流通の形成を含めて具体的に明らかにすること。そして第4に，資本移出が移出先にどのようなインパクトをもっているのかという点について，とくに移出先の地域産業の連関構造や地域社会の変容とかかわらせて考察することである。

（注）

1）「2004年中小企業十大新聞」『中国中小企業』第2期，2005年，p.5。
2）国家発展和改革中小企業司編（2005）『鼓励支持和引導非公有制経済発展相関政策法規』機械工業出版社，参照。
3）これには1980年代半ばの生産財部門での市場導入が大きな意味をもったと考えられる。
4）これらの企業群には，後者と同様徹底した量産を実現しているもの（たとえば温州の紳士用革靴）もあるし，大手企業が狙わない一種のニッチ市場を確保しにいく企業もある。ただし現段階で共通しているのは，基本的には競争力は低価格にあり，国内市場での競争が激しく，輸出市場開拓を目指す場合も，価格重視の度合いが高い市場（たとえば中東やロシア，東南アジアなど）に，いわば水平的に拡張していることである。
5）中小企業のもつ経営資源問題や適応問題，収奪問題については，黒瀬直宏（2001）「戦後日本の中小企業問題の推移」渡辺幸男・小川正博・黒瀬直宏・向山雅夫『21世紀中小企業論』有斐閣アルマ，pp.83-111参照。

【資　料】

1　中小企業促進法

目　次
- 第1章　総　則
- 第2章　資金サポート
- 第3章　創業支援
- 第4章　技術革新
- 第5章　市場開拓
- 第6章　社会サービス
- 第7章　附　則

2　主な中小企業政策

1 | 中小企業促進法

(2002年6月29日第9期全国人民代表大会常務委員会第28回会議で採択,2003年1月1日より施行)

第1章 総　則

第1条　中小企業の経営環境を改善し,中小企業の健全な発展を促進し,都市と農村の雇用を拡大し,中小企業に国民経済と社会発展における重要な役割を発揮させるため,本法を制定する。

第2条　本法でいう中小企業とは,中華人民共和国内に法に則って設立された,社会ニーズを満たし,雇用を増やすのに有利で,国家の産業政策に合致し,生産経営規模が中小型に属する各種所有制と各種形式の企業を指す。

　　　中小企業の分類基準は,国務院の企業工作に責任を負う部門が,企業の従業員数,売上額,資産総額等の指標にもとづき,業種の特徴と結びつけて制定し,国務院の認可を得るものとする。

第3条　国家は,中小企業に対して,積極的に支援を行ない,指導を強化し,サービスを改善し,法によりルール化し,権益を保障するという方針を実行し,中小企業の創業と発展に有利な環境を創造する。

第4条　国務院は,中小企業政策の制定,全国の中小企業の発展に対する総合的計画の策定に責任を負う。

　　　国務院の企業工作に責任を負う部門は,国家の中小企業政策と計画を実施し,全国の中小企業工作に対し総合的な調整,指導及びサービスを行なう。

　　　国務院の関係部門は,国家の中小企業政策と総合計画にもとづき,それぞれの職責の範囲内において,中小企業工作に対し,指導とサービスを行なう。

　　　県レベル以上の各地方の人民政府および,そこに属し企業工作に責任を負う部門と,その他の関係部門は,それぞれの職責の範囲内において,

当該行政区域内の中小企業に対し，指導とサービスを行なう。

第5条　国務院の企業工作に責任を負う部門が，国家の産業政策にもとづき，中小企業の特徴と発展状況とを結び付け，中小企業発展産業指導目録の制定等の方法をもって，支援の重点を確定し，中小企業の発展を誘導し奨励する。

第6条　国家は，中小企業とその出資者の合法的な投資，及び投資により取得された合法的な利益を保護する。いかなる単位及び個人も，中小企業の財産とその合法的な利益を侵犯してはならない。

　　いかなる単位も，法律・法規に反して中小企業から費用徴収を行なったり罰金を徴収したりしてはならず，中小企業に金銭や物品の割り当て供出をさせてはならない。中小企業は上述の規定に違反した行為に対して，これを拒絶し，告発や告訴をする権利を有する。

第7条　行政管理部門は，中小企業の合法的権益を守り，法に基づいた公平な競争と公平な取引に参加する権利を保護しなければならず，差別をしてはならず，不平等な取引条件を課してはならない。

第8条　中小企業は，国家の労働安全，職業衛生，社会保障，資源環境の保護，品質，財政税収，金融等に関する法律・法規を遵守し，法に則って経営管理を行なわなければならず，従業員の合法的権益を侵害してはならず，社会公共の利益を損なってはならない。

第9条　中小企業は，職業道徳を遵守し，誠実と信用の原則を謹んで守り，業務水準を高め，自己発展能力を強化するよう努めなければならない。

第2章　資金サポート

第10条　中央財政予算に中小企業勘定を設け，中小企業の発展を支援する専用資金を手当てしなければならない。

　　地方人民政府は，実際の状況にもとづき，中小企業に財政的サポートを提供しなければならない。

第11条　国家が中小企業の発展を支援する専用資金は，中小企業サービスシス

テムの建設の促進，中小企業サポート工作の展開，中小企業発展基金の補充及び中小企業を発展させるその他の事項に用いる。

第12条　国家は，中小企業発展基金を設立する。中小企業発展基金は，以下に掲げる資金から構成される。

　　(1)　中央財政予算から手当てされた中小企業の発展を支援する専用資金
　　(2)　基金の利益
　　(3)　寄付
　　(4)　その他の資金

　　国家は税収政策を通じて，中小企業発展基金に対する寄付を奨励する。

第13条　国家の中小企業発展基金は，以下に掲げる中小企業支援事項に用いる。

　　(1)　創業指導とサービス
　　(2)　中小企業信用保証システム構築のサポート
　　(3)　技術革新のサポート
　　(4)　専業化発展及び大企業の外注受託・協業の奨励
　　(5)　中小企業サービス機構が行なう人材研修，情報コンサルティング等の工作のサポート
　　(6)　中小企業の国際市場開拓のサポート
　　(7)　中小企業のクリーナプロダクション（訳注：汚染を抑制する生産システム）活動のサポート
　　(8)　その他の事項

　　中小企業発展基金の設立と使用管理弁法については，国務院が別途定める。

第14条　中国人民銀行は，貸出政策の指導を強化し，中小企業の資金調達環境を改善しなければならない。

　　中国人民銀行は，中小金融機関へのサポートを強化し，商業銀行が貸出構造を調整して，中小企業に対する貸出のサポートを強化することを奨励しなければならない。

第15条　各金融機関は，中小企業に対して金融サポートを提供し，金融サービスを改善し，サービス態度を転換し，サービス意識を強化し，サービスの質を高めることに努めなければならない。

　　　各商業銀行と信用社は，貸出管理を改善し，サービス領域を拡大し，中小企業の発展に適した金融商品を開発し，貸出構造を調整して，中小企業に貸出，決済，財務コンサルティング，投資管理等の面でのサービスを提供しなければならない。

　　　国家の政策性金融機関は，その業務・経営範囲内において，さまざまな形式をとって中小企業に金融サービスを提供しなければならない。

第16条　国家は，措置を講じて中小企業の直接金融ルートを開拓し，中小企業が条件を創造して法律と行政法規が許可する各種方式を通じて直接金融を行なうよう積極的に誘導する。

第17条　国家は，税収政策を通じて，法に則って設立された各種のベンチャーキャピタルが中小企業に対する投資を増やすことを奨励する。

第18条　国家は，中小企業信用制度の建設を推進して，信用情報の収集と評価システムをうちたて，中小企業信用情報の照会，交流と共有の社会化を実現する。

第19条　県レベル以上の人民政府と関係部門は，中小企業信用保証システムの設立を推進，実施し，中小企業に対する信用保証を促進して，中小企業の資金調達に条件を創造しなければならない。

　　　中小企業信用保証管理弁法については，国務院により別途定める。

第20条　国家は，各種の信用保証機構が中小企業に信用保証を提供することを奨励する。

第21条　国家は，中小企業が法に則って，さまざまな形式の互助性の信用保証を実施することを奨励する。

第3章　創業支援

第22条　政府の関係部門は，積極的に条件を創造して，必要で適切な情報とコ

ンサルティングサービスを提供し，都市と農村の建設計画において，中小企業の発展の需要にもとづき，必要な用地と施設を合理的に手当てし，中小企業の創業をサポートしなければならない。

　失業者や障害者が中小企業を設立するものについては，所在地の政府は積極的に支援し，便宜を提供し，指導を強化しなければならない。

　政府の関係部門は，措置を講じて，ルートを開拓し，中小企業が高等・中等専門学校の卒業生を吸収することを誘導しなければならない。

第23条　国家は，関連税収政策面において，中小企業の創業と発展をサポートし，奨励する。

第24条　国家は，失業者が設立した中小企業及び当該年に失業者の吸収が国家規定割合に達した中小企業，国家のサポートと発展奨励政策に合致したハイテク型中小企業，少数民族地区と貧困地区で設立された中小企業，障害者の採用が国家の規定割合に達した中小企業に対して，一定期間所得税の減免を行ない，税収面での優遇を実施する。

第25条　地方人民政府は，実際の状況にもとづき，創業者に対して商工，財務・税収，資金調達，雇用，社会保障等の面での政策的コンサルティングと情報サービスを提供しなければならない。

第26条　企業登記機関は，法定条件と法定手続にもとづいて，中小企業の設立登記手続を行ない，工作の効率を高めて登記者の利便を図らなければならない。法律と行政法規の規定以外に企業登記の前置条件を設けてはならず，また，法律と行政法規で規定された費用徴収項目と徴収基準以外に，その他の費用を徴収してはならない。

第27条　国家は，中小企業が国家の外資利用政策にもとづいて，海外の資金，先進技術や管理方法を導入し，中外合弁企業や中外合作企業を設立することを奨励する。

第28条　国家は，個人あるいは法人が法に則って，工業財産権あるいは非特許技術等への投資をもって中小企業の設立に参画することを奨励する。

第4章 技術革新

第29条　国家は，政策を制定して，中小企業が市場の需要にもとづき，新製品を開発し，先進的な技術，プロセス技術と生産設備を導入し，製品の品質を高め，技術の進歩を図ることを奨励する。

　　　　中小企業の技術革新プロジェクト及び大企業の製品の外注受託のための技術改造プロジェクトについては，借入利息補給政策を享受することができる。

第30条　政府の関係部門は，計画，用地取得，財政等の面において政策的サポートを行ない，各種の技術サービス機構の設立，生産力促進センターと科学技術型企業インキュベーターの設立を推進し，中小企業に技術情報，技術コンサルティングと技術移転サービスを提供し，中小企業の製品研究開発と技術開発にサービスを提供して科学技術の実用化を促進し，企業の技術と製品のレベルアップを図らなければならない。

第31条　国家は，中小企業が研究機関及び高等教育機関と技術面での協力，開発，交流を行なうことを奨励し，科学技術の成果の産業化を促進し，科学技術型中小企業を積極的に発展させる。

第5章 市場開拓

第32条　国家は，大企業が中小企業と，市場の資源配分を基礎にして，安定的な原材料の供給，生産，販売，技術開発と技術改造等の面で協力関係をうちたて，中小企業の発展を牽引し促進することを奨励しサポートする。

第33条　国家は，中小企業が合併，買収等の形式で資産の再編を行ない，資源配分を最適化することを誘導，推進しルール化する。

第34条　政府調達にあたっては，中小企業からの商品やサービスの調達を優先して実施しなければならない。

第35条　政府の関係部門と機関は，中小企業に指導と援助を提供し，中小企業の製品の輸出を促進して，対外経済技術協力と交流を推進しなければな

らない。

　　国家の関連する政策性金融機関は，貿易信用，輸出信用保険等の業務の展開を通じて，中小企業が海外市場を開拓することをサポートしなければならない。

第36条　国家は，政策を制定し，条件に合致した中小企業が海外投資を行ない，国際貿易に参画し，国際市場を開拓することを奨励する。

第37条　国家は，中小企業サービス機構が中小企業製品の展覧・展示販売や情報コンサルティング活動を行なうことを奨励する。

第6章　社会サービス

第38条　国家は，社会の各方面が健全な中小企業サービスシステムをうちたて，中小企業にサービスを提供することを奨励する。

第39条　実際のニーズにもとづいて政府が設立を支援した中小企業サービス機構は，中小企業に良質のサービスを提供しなければならない。

　　中小企業サービス機構は，コンピューターネットワーク等の先進的技術手段を十分に活用して，健全で社会に開かれた情報サービスシステムを徐々にうちたてなければならない。

　　中小企業サービス機構は，各種の社会仲介機関が中小企業にサービスを提供するよう連携し誘導する。

第40条　国家は，各種の社会仲介機構が中小企業に創業指導，企業診断，情報コンサルティング，マーケティング，投融資，融資信用保証，財産権取引，技術サポート，人材導入，人員研修，対外協力，展覧・展示販売と法律コンサルティング等のサービスを提供することを奨励する。

第41条　国家は，関係機関と高等教育機関が，中小企業の経営管理および生産技術等の面の人員を養成し，中小企業の営業，管理及び技術の水準を高めることを奨励する。

第42条　業界の自律的組織は，積極的に中小企業にサービスを提供しなければならない。

第43条　中小企業が自ら管理し、自らにサービスを提供する自律的組織は、中小企業の合法的権益を保護し、中小企業の提案と要求を反映させ、中小企業が市場を開拓し、経営管理能力を高めるためにサービスを提供しなければならない。

第7章　附　　則

第44条　省、自治区、直轄市は、当該地区における中小企業の状況にもとづいて、関連する実施弁法を制定することができる。

第45条　本法は、2003年1月1日より施行する。

（著者訳）

2 主な中小企業政策[1]

　ここでの対象は，必ずしも2003年に制定された新たな企業規模区分による中小企業ではなく，税の減免や補助金が絡む財政的措置や金融面でのサポートを，狭い意味での中小企業政策としておく。このような狭いとらえ方をすると，中国の中小企業政策が，第1章で述べてきた論点を色濃く反映した移行期の特徴を示していることがわかる。すなわち，1990年代後半以降，雇用創出を重点としながら，技術水準の向上，そして市場経済の下での中小企業全般の振興という観点を加えてきているということである。

　目下，中国政府が実施している優遇政策は，大部分が小企業を専門に対象として制定されたものではないが，その対象の相当部分は小企業であるとされる。下記にみるように，その優遇とは主に1994年の税制面での優遇に始まっている。90年代末には，雇用に関する税制優遇が再び出されると同時に，科学技術振興や中小企業全体の資金調達にかかわる支援策が出されている。

（1）小規模企業の税制

1-1

　1994年の税制改革のなかで確定した企業所得税率は，33％の比例税率となったが，小企業の税率負担能力に適宜配慮するため，国は，年間利潤3万元以下の企業に対し，当面18％の税率で所得税を徴収することとし，利潤が3～10万元の企業については当面27％の税率で所得税を徴収することとした（企業所得税の若干の政策問題についての規定）。

1-2 増値税

　1998年7月1日の国務院の決定により，年間売上げ180万元以下の小規模商業企業の増値税は，6％から4％に引き下げられた（小規模商業企業の増値税政策を完全にする政策についての国務院の決定を貫徹することに関する通知）。

(2) その他所得税を主とする優遇政策

2-1 郷鎮企業

郷鎮企業の所得税は，納税すべき額から10％を減免し，社会的補助性支出費用に用いることができる（企業所得税の若干の優遇政策に関する通知）。このほか，国は郷鎮企業の輸出外貨獲得，東西合作，農村科学技術の製品化（火花計画プロジェクト）の３つの方面について資金調達面で重点的にサポートする。

2-2 都市の失業人員の就業の奨励

新たに設立した都市労働就業服務企業のうち，当該年に配置した失業人員が企業従業員総数の60％を超えるものは，主管税務機関の審査批准を経て，所得税を３年間免除し，免税期間が終了した後，当年に新たに採用した失業人員が企業の従来の従業員数の30％を占める場合には，主管税務機関の審査批准を経て，所得税を２年間半分減免できる（企業所得税の若干の優遇政策に関する通知）。

これに関連して，1999年にはさらに「国有企業の下崗労働者の基本的生活の保証と再就業工作をしっかりと行なうことに関する通知」が出され，下崗労働者のうち社区の住民サービス業に従事する者に対しては，工商登録手続きを簡素化し，３年以内の範囲で，営業税，個人所得税，行政性費用徴収を免除することができることとなった。

さらに同年，「下崗労働者が社区住民サービス業に従事する場合の関連する税収面での優遇政策の問題に関する通知」が出され，「下崗労働者が社区の住民サービス業に従事して取得した営業収入については，その個人が下崗証明記録を当地の主管税務機関に報告・記載した日から，または個体工商業者あるいは下崗労働者が全従業員数の60％以上を占める企業は，税務登録をした日から起算して，３年間営業税が免除される」こと，「下崗労働者が社区の住民サービス業に従事して取得した経営所得や労務報酬はその個人が下崗証明記録を当地の主管税務機関に報告・記載した日から，また個体工商業者あるいは下崗労働者が全従業員数の60％以上を占める企業は税務登録をした日から起算して，３年間個人所得税が免除される」こととなった。

資料：2　主な中小企業政策

2-3 貧困地域の発展のサポート

　国が確定した「老，少，辺，窮」地区に新設した企業は，主管税務機関の批准を経た後，所得税を3年間減免できる。民族自治地方の企業のうち，保護（照顧）や奨励が必要なものは，省レベルの人民政府の批准を経て，期限を定めた税の減免を実行できる（企業所得税の若干の優遇政策に関する通知，1994年）。

2-4 第3次産業政策のサポートと奨励

2-4-1．農村及び都市における農業生産に対する「産前・産中・産後」のサービス産業に対して，それが提供する技術サービスあるいは労務によって取得される所得に関する所得税を当面免除する。

2-4-2．科研単位と大専院校が各業種の技術成果の移転，技術研修，技術コンサルタント，技術サービス，技術請負におけるサービスから得た技術性サービス収入については所得税を当面免除する。

2-4-3．コンサルタント，情報業，技術サービス業に従事する新設の独立採算制企業・経営単位に対して，開業日から起算して1年目と2年目の所得税を免除する。

2-4-4．交通運輸業，郵電通信業に従事する，新規に設立した独立採算制企業・経営単位に対して，開業日から起算して1年目と2年目の所得税を免除する。

2-4-5．公共事業，商業，物資業，対外貿易業，旅行業，倉庫業，住民サービス業，飲食業，教育文化事業，衛生事業に従事する，新規に設立した独立採算制企業・経営単位に対して，主管税務機関の批准を経て，開業日から起算して1年目の所得税を減免できる（以上，企業所得税の若干の優遇政策に関する通知，1994年）。

2-4-6．新規に設立したサービス型企業（広告業，サウナ，按摩，インターネットカフェ，酸素カフェを除く）と新規に設立した商業貿易企業（卸売にかかわるものを除く）で下崗失業人員が従業員総数の30％以上を占め，3年以上の労働契約を結んでいる場合は，審査を経て，都市維持建設税，教育費付加と企業所得税を最大3年免除することができる。サービス型企業の場合には営業税も最大3年免除される。　下崗失業人員が従業員総数の30％に満たないが3

年以上の労働契約を結んでいる場合，審査を経て最大3年，実際の雇用比率の2倍の割合の所得税を減ずる（下崗失業人員の再就業に関連する税収政策の問題に関する通知，2002年）。

2-4-7. 既存のサービス型企業が下崗失業人員を従業員総数の30％以上を雇用し，3年以上の労働契約を結んでいる場合は，一定の割合で最大3年，所得税を減ずる（下崗失業人員の再就業工作をさらによくやることに関する通知，2002年）。

2-4-8. 下崗失業人員が個人経営に従事する場合，国家が制限する業種以外であれば，開業3年以内の範囲で，登録，証明書，管理費等の費用を免除する（下崗失業人員が個人営業に従事する際の優遇政策に関する通知，2002年）。

2-4-9. 学校が設立した工場

高等学校と小中学校が設立した工場については，所得税を減免できる（企業所得税の若干の優遇政策に関する通知，1994年）。

2-4-10. 福利企業

民政部門が興した福利生産企業については所得税を減免できる。「四残人員」（盲，聾，唖，肢体障害）が生産人員総数の35％以上を占める場合，所得税は当面免除される。「四残人員」が生産人員に占める割合が10％以上35％未満の場合，所得税は半額減じられる（企業所得税の若干の優遇政策に関する通知，1994年）。

（3）ハイテク企業のサポートと財政措置

3-1 税　　制

国務院が批准したハイテク産業開発区内にある企業のうち，関係部門がハイテク企業と認定したものは，所得税を15％に減ずる。また国務院が批准したハイテク産業開発区内にある新設企業については，操業開始年から所得税を2年間免除する。企業・事業単位が技術移転や，その過程で発生した技術移転と関連する技術コンサルタント，技術サービス，技術研修の所得は，年間純収入30万元以下の場合には当面所得税を免除する（企業所得税の若干の優遇政策に関する通知，1994年）。

3-2 金融

　従業員総数500人以下のハイテク企業（大卒以上の研究スタッフが30％以上を占め，ハイテク製品の研究・開発・生産・サービスに従事し，研究開発投資が年間売上げの3％以上で，研究開発の直接人員比率が10％以上を占める等の基準がある）には，プロジェクトに対し100万元（重大プロジェクトについては200万元）を上限とする補助金ないし利子補給金（利息の50〜100％相当）を供与する（科学技術型中小企業の技術創新基金に関する暫定規定，1999年）。

3-3 創業支援

　創業に際して，登録資本金の35％まで，技術等の生産要素を換算することができる（中小企業の発展を奨励し促進することに関する若干の政策意見，2000年）。

（4）中小企業金融

4-1 融資環境

　1998年，「中小企業に対する金融サービスをさらに改善することに関する意見」「小企業に対する貸出金利の浮動幅を拡大することに関する通知」を，1999年に「中小企業に対する金融サービスを強化し改善することに関する指導意見」を，2002年に「市場があり，効率が良く，信用のある中小企業に対する融資のサポートを強化することに関する指導意見」を発布している。

4-2 信用保証

　1999年，「中小企業信用保証システム試験ポイントを設立することに関する指導意見」，2001年「中小企業信用保証機構，再保証機構の営業税の免除についての通知」，「中小企業信用保証機構のリスク管理暫定弁法」を公布。さらに2004年，「中小企業信用保証機構の営業税免除を引き続きよくやる問題に関する通知」を公布した。

（5）中小企業全般

　中小企業促進法成立以前に，中小企業政策の基本となったのは，2000年8月に出された「中小企業の発展を奨励し促進することに関する若干の政策意見」

である。同意見は，構造調整，技術創新，財政税制策，資金調達ルートの拡大，信用保証システムの建設，社会化サービスシステムの健全化，公平な競争環境整備，組織領導強化など8方面25条にわたる総合的条例であった。

(注)

1）商界雑誌社主編（2001）『中小企業成長宝典』四川人民出版社, p.177, 胡陽輝（2004）「促進中小企業発展的主要政策」『中国中小企業』第106期, pp.6-7などにもとづく。

あとがき

　中国の名目 GDP は先進 7 ヵ国に食い込む規模に達し，中国の国内経済の動向が世界経済を揺さぶるほどになっている。中国の輸入が10％減れば日本の成長率が0.5ポイント低下するという，中国の影響力の大きさを示す報告もある[1]。中国経済に対する関心は高まる一方であるが，巨大な中国の全体像を把握することが困難なことはもとより，「2～3ヵ月行かないと，もう変わっている」といわれるほどの変化の速さと激しさのゆえに，中国経済を包括的に学んでその現実を摑むこともますます困難になっている。

　しかし，変化が激しいからこそ，視点を定めてきちんと対象をとらえていく作業が，とりわけ大学などの場では必要となっていることも事実である。

　その手がかりとなる，系統性や包括性を満たした現代中国経済論の優れたテキストは，これまですでに多く出版されている[2]。その一方で，今中国の抱える出来事や諸問題を速報するレポートもさまざまな媒体で多くなされている。残念ながら，著者はそのいずれを作成することも不得手である。そこで，本書では，移行期の一側面を中小企業という視点から切り取るというアプローチをとると，現代中国経済をどのように描けるかという作業を試みた。ただし，中国の中小企業に関しても，すでに現状をふまえた比較的系統的な研究書が2003年に日本でも相次いで刊行されている[3]。このため，本書では，中小企業という面に関しても，系統性，包括性を大いに犠牲にして，地域経済の変容に中小企業が与えるインパクトや産業の発展における中小企業の展開のダイナミックさを伝えることに重点を置いた。

　可能な限り自らの目と耳でとらえた材料だけでまとめるという無謀な試みであり，限られた事例しか扱っていないこともあって，問題提起や仮説の提示に終わっている部分も少なくない。市場化の進展に伴い，一般化した論理で把握できる部分が多くなっているという実感はあるものの，他方，中国を訪問して企業での聞き取りを行ない，各地の研究者と意見交換するたびに，地域間での

事情の違いを実感する。それでも程度の差はあれ，進展方向を決定する要素はほぼ共通しているとも考えている。本書では，競争の作用が地域変容をもたらし，また，非公有制へのシフトと中小企業間関係の形成を強制するという点も強調したが，地域変容の論理については，とりわけ社会学的手法に立つ研究者にとっては許容しがたい単線的論理と思われるであろう。共通論理と多様性とを表現するうえで，より広範な地域の調査を行なっていくことが必要だと考えている。また，著者の能力の乏しさから展開が不十分な箇所も多々残されている。とくに後半の章は知見不足のうえに詰めの甘さが目立ち，信用保証を記した第7章に至っては，単なるヒヤリングノートの域を出ていない。

　本来そうした「未完成品」を世に問うことは許されないのかもしれないが，仮に不十分な内容であっても，中国経済の体制移行が，中小企業のダイナミックな展開といかに深くかかわっているかを伝えたいという思いから，無謀な試みを敢えて強行した次第である。読者諸賢の厳しいご批判を仰げれば幸甚である。著者の調査活動は現在も進行中であり，本書の脱稿直前にも江蘇省の蘇州と遼寧省の瀋陽および鞍山で知見を得た。残念なことに，その成果はほとんど本書に反映させることができていない。本書の事例から示唆された論点は，蘇州，瀋陽，鞍山での知見の考察に加え，さらに今後の調査を重ねることによって深めていきたいと考えている。

　なお，本書では，前半の章を中心に，著者自身の既発表論考の一部を，改訂を加えて利用している部分がある。既発表論考と各章との関連は次のとおりである（括弧内は本書の該当章）。

- 「移行期・中国の中小企業と市場対応」『東亜』財団法人霞山会，2002年3月（第1章，第3章）
- 「中国における中小企業政策と企業改革―北京，天津の事例から」『中国研究論叢』中国研究論叢編集委員会，財団法人霞山会，第2号，2002年6月（第1章，第7章）

あとがき

- 「中国・中小企業の発展と中小企業政策の展開」『中国研究論叢』中国研究論叢編集委員会，財団法人霞山会，第4号，2004年7月（第1章）
- 「遼寧省の市場経済発展と企業改革・中小企業—瀋陽の事例から」仲田正機他編『東北アジアビジネス提携の展望』文眞堂，2004年10月（小林元裕氏との共同執筆）（第1章，第7章）
- 「中国沿海都市近郊における農村発展メカニズムの変容—天津市郊外村の事例を中心に—」『三田学会雑誌』慶應義塾経済学会，第95巻第2号，2002年7月（第2章）
- 「〈特集〉中国の移行と産業発展の諸側面 漸進的移行を支える二種類の経営体と経営者」『三色旗』慶應義塾大学通信教育部，2004年5月号（第2章補論1）
- 「温州モデル研究の視角—中国経済の体制移行に寄せて—」『三田学会雑誌』慶應義塾経済学会，第96巻第4号，2004年1月（第3章，同補論）

　本書の刊行にあたっては，中国での調査にご協力くださった現地訪問先の方々に，まず深く御礼申し上げます。また，天津を除く場所の調査は，主に日本の経済産業省と中国の国家経済貿易委員会（当時）のイニシアティブの下，清華大学と慶應義塾大学が中心となり1999年度に発足した3Ｅ研究院のプロジェクトの一環として行なわれたものです。このプロジェクトでの一連の調査に際しては，日本貿易振興機構（JETRO）の多大なお力添えをいただきました。また，専修大学大学院オープンリサーチプロジェクトにも参加機会をいただいております。さらに2度の瀋陽調査にあたっては，在瀋陽日本国総領事館の多大なご協力を賜わりました（他書に収録のため，本書に十分反映させることができず恐縮に存じます）。関係各位には，この場を借りて深謝申し上げます。

　本書の内容はなお浅く，貧しいものですが，著者はこれまで多くの方々のご指導，お力添えを賜わってきました。

　言葉が不自由で，わけのわからない外国人留学生に最初に現地調査の道を開いてくださったのは故・楊玉川先生（南開大学）でした。ご学恩に報いること

ができないまま，先生は2002年春に逝去されました。いつか日本に行きたいとおっしゃっていた先生をお招きすることが叶わず，誠に残念でなりません。ここに心よりご冥福をお祈り申し上げます。

著者に天津南開大学への留学の機会をくださった財団法人霞山会のご恩も忘れることができません。霞山会は，さらに留学からの帰国後，研究が軌道にのらず修士課程の修了すら危なく，研究者の道を一旦は諦めた時に職員として採用してくださり，しかも「せっかく修士課程にまで進んだのだから」と，課程修了まで勤務を待ってくださりました。太田久勝事務局長（当時）のおはからいに深謝申し上げます。霞山会では阿部純一部長を上司に仰ぐことがなければ，研究者を再び目指すことはできず，また，倉持由美子次長のご配慮がなければ，通常勤務と研究とを両立させることはできませんでした。故・小川平四郎常任理事と渡辺長雄常任理事（いずれも当時）には，就職早々の弱輩者を中国出張の随行に起用していただき，得難い勉強の機会を賜わりました。さらに，寛大なお心で大学へ送り出してくださり，現在もなお自由な出入りをお許しくださる近衞通隆会長，北川文章理事長，そして事務局の皆様には格別の謝意を表します。

2つ目の職場となった獨協大学では，大島通義先生，森健先生，竹田いさみ先生，香取徹先生ほか諸先生方の多大なご配慮を賜わり，著者にはもったいないほどの環境のなかで教育・研究生活を送ることができました。また，大島先生には大学院生時代から温かく見守っていただき，稚拙ながら歩みを進めることができました。

そして現職場である慶應義塾大学経済学部では，各方面で活躍される優れたスタッフの皆さんから直接，間接に日々啓発を受けています。とくに，渡辺幸男先生には，平素から勉強の機会と研究上のご教示，そして多大な刺激をいただいており感謝に堪えません。本書でとりあげている事例にも渡辺先生がメインインタビュアーを務められた調査結果が含まれていますが，先生は成果の利用を快く許してくださりました。渡辺先生の担当される大学院での「工業経済論」に参加した院生諸氏からも有益な議論の機会をいただきました。昇格審査

あとがき

などの場で厳しくも温かいコメントをくださった寺出道雄先生，唐木圀和先生にも心より御礼申し上げます。そして，慶應義塾大学と獨協大学で学生諸君から受けている知的刺激にも感謝しています。

さらに以下にお名前をあげさせていただく先生方にも，これまで貴重な研究の機会やご指導を多く賜わりました。記して御礼申し上げます（お名前を出されることを迷惑に思われる方もいらっしゃるかと存じますが，お許しをいただければ幸甚に存じます。なお，お名前は50音順，括弧内は現在のご所属。ご所属に「元」のつく方は名誉教授）。

浅野亮先生（同志社大学），飯田裕康先生（帝京大学），井尻秀憲先生（東京外国語大学），井出亜夫先生（慶應義塾大学），伊藤公一先生（千葉商科大学），今井健一先生（JETROアジア経済研究所），今井理之先生（愛知大学），今口忠政先生（慶應義塾大学），小口登良先生（専修大学），大島一二先生（東京農業大学），大橋英夫先生（専修大学），大平哲先生（慶應義塾大学），大西勝明先生（専修大学），笠原清志先生（立教大学），加藤孝先生（元新潟経営大学），加藤弘之先生（神戸大学），加茂具樹先生（慶應義塾大学），朽木昭文先生（JETROアジア経済研究所），栗林純夫先生（東京国際大学），黒瀬直宏先生（専修大学），厳善平先生（桃山学院大学），顧樹華先生（清華大学），谷雲先生（南開大学），国分良成先生（慶應義塾大学），小島朋之先生（慶應義塾大学），小林正人先生（駒澤大学），小林元裕先生（新潟国際情報大学），蔡院森先生（トランスレーション・サービス），白砂堤津耶先生（東京女子大学），謝思全先生（南開大学），周立群先生（南開大学），辛飛先生（清華大学），杉本孝先生（大阪市立大学），全載旭先生（獨協大学），蘇明山先生（清華大学），孫永広先生（清華大学），平公明先生（財団法人世界経済情報サービス），高田誠先生（明海大学），高橋宏先生（東京国際大学），高橋美樹先生（慶應義塾大学），陳玉雄先生（麗澤大学），鄭寧宇先生（温州市政治協商会議），田野先生（天津市東麗区人民府），鄧晶先生（清華大学），常盤政治先生（元慶應義塾大学），中兼和津次先生（青山学院大学），仲田正機先生（立命館大学），平野絢子先生（元慶應義塾大学），平松茂雄先生（杏林大学），馬挺先生（早稲田大学），松野周治先生（立命館大学），丸川知雄先生（東京大学），丸山伸郎先生（拓殖大学），三井逸友先生

(横浜国立大学),港徹雄先生(青山学院大学),村井友秀先生(防衛大学校),森田和正先生(豊橋創造大学),門間理良先生(文部科学省),安田淳先生(慶應義塾大学),山田辰雄先生(放送大学),梁秀山先生(南開大学),渡辺利夫先生(拓殖大学)。学部から大学院修士課程までご指導を賜わり,留学にお力添えをくださった平野絢子先生には,「未熟であることを常に自覚しなさい」というお言葉をいただきました。このお言葉をずっと守ってきたつもりでありますが,本書を執筆して,未熟さをますます自覚することになりました。

最後になりましたが,税務経理協会の佐藤文彦氏と小髙真美氏には,出版の全過程にわたり支えていただきました。心より御礼申し上げます。

2005年4月

駒形　哲哉

(注)

1) 黒田東彦「経済教室　中国のG7参加(上)経済改革と発展を促す」『日本経済新聞』2004年9月30日。「中国輸入10％減なら日本成長率0.5％減　IMFが影響予測」『日本経済新聞』2004年9月27日。

2) 上原一慶・加藤弘之(2004)『中国経済論』ミネルヴァ書房,大橋英夫(2005)『現代中国経済論』(岩波書店),中兼和津次(1999)『中国経済発展論』(有斐閣),牧野文夫・南亮進(2005)『中国経済入門〔第2版〕』(日本評論社)などがそうである。

3) 塚本隆敏(2003)『現代中国の中小企業－市場経済化と変革する経営－』(ミネルヴァ書房),西川博史・谷源洋・凌星光編(2003)『中国の中小企業改革の現状と課題』(日本図書センター)。また,中国における産業の発生と集積の視点から膨大な調査をもとに日本,台湾のいくつかの産業も含めて検討した優れた研究としては,園部哲史・大塚啓二郎(2004)前掲書などがある。

索　引

《あ行》

曖昧な所有制……………………121
アレンジ（簡易化）…………138, 142
移行………………………………264
以工建農…………………………94
以工補農………………71, 72, 94
以資帯労…………………………77
委託加工輸出型工業化………135
一大二公………………………3, 7
イデオロギー……………133, 263
岩村研究室サイバービジネス研究会……190
Williamson, O.E（ウィリアムソン）……154
ウールセーター…………………222
請負制………………25, 70, 79
運輸隊………………………82, 88
M村…………………………………61
M村実業公司……………………65
袁恩禎……………………………153
Oi, J.C（オイ）…………………122
王慶坨……………173, 175, 177
OEM生産…………………………180
お値打ち感……167, 168, 182, 183
卸売市場…………………………201
温州……………39, 107, 129, 246
温州モデル……129, 131, 135, 153
温州市中小企業信用担保有限公司……246
温州中小企業発展促進会………254
温州デー…………………………146
温州ネットワーク…………132, 218
温州マネー………………………144
温州模式研究………………154, 156

《か行》

会…………………………………249
外延的拡大………………………227
外貨額度…………………………77
外村労働力………………………81
外注……………………173, 175, 219
街道企業…………………………24
外部経済……………………8, 221
価格競争…………217, 222, 225
科技型中小企業創新基金………42
挂戸経営…………………………133
貸し渋り…………………………237
株式合作制………………………133
下放…………………………24, 25
簡易化（アレンジ）………………267
韓雲………………………………124
観察的研究………………………153
完全雇用…………………………80, 81
義烏………………………………217
機会主義…………………………176
企業家……99, 142, 182, 263, 267, 268
技術的原蓄（技術的原始的蓄積）
　………130, 138, 141, 170, 182, 267, 268
技術のタネ………………………142
規模の経済性……………………7
規模別区分…………………21, 51

293

旧ソ連…………………………26
共産党委員会政策研究室……………40
行政性蓄積……………………124
競争………10, 41, 98, 261, 264, 266
共同富裕………………………96, 264
金祥栄…………………………155
銀信企業貸款担保有限公司…………246
銀背……………………………249
金融引締め……………………83, 88
金融改革………………………237
靴下加工………………………216
靴製造設備産業………………139
計画経済………………………22
計画原理………………………265
計画配分………………………81
軽工業局………………………169
軽紡原料市場…………………205
軽紡城………………201, 202, 209
現金決済………………………177
現代企業制度…………………31
建築隊…………………………74
広州交易会……………………89
合繊織布業……………………200
郷鎮企業………………………26, 33
郷鎮企業局……………………38
郷鎮企業法……………………44
合弁企業………………………82
口糧田…………………………70
Coase, R.H（コース）……………154
国債発行引き受け……………235
国有企業改革…………………30
国有商業銀行…………………233

呉江市盛澤鎮…………………203
呉象……………………………153
五小工業…………………4, 21, 23, 24
個人経営………………………25
戸籍制度……………6, 25, 62, 92, 122
国家経済貿易委員会…………37
国家発展と改革委員会………37
子供服…………………………173
コミュニティ……111, 113, 116, 176, 265
雇用創出………………………28
雇用・所得・福祉水準の向上
雇用創出………………………263
雇用・所得・福祉水準の向上
　………………………64, 91, 96, 264
コンクリート材工場………81, 89, 98

《さ行》

財産権の明確なシステム………130, 133
産業集積………7, 210, 222, 227, 266
産業連関………………………135, 141
三条石…………………………162
残余処分権……………………122
残余請求権……………………122
下崗（シアガン）………………32
私営企業………………26, 33, 86
J鎮……………………………60
慈渓……………………………173, 176
市場経済………………………22
市場化…………………………251
市場の失敗……………………227
史晋川………129, 131, 133, 135, 156
失業……………………………32

索引

自転車工業会	183
自転車産業	161
地場資本	136
資本	6, 97, 109, 116, 220, 264
資本移出	143, 145, 183, 268
資本移動	143, 262
資本主義の揺籃	107, 129
資本蓄積	93, 262
資本の集積	225
シマノ	173
社会安定	109
社会資本	250, 254
社会主義公有制経済の補充（公有制経済の補充）	25
社会主義市場経済の重要な構成部分	35
社会的分業	22
社隊企業	24, 60
上海	236
上海千鶴	190
重慶	236
集資入股	77
終身責任制	252
集団蓄積	75, 77, 84, 95
朱華晟	221
珠江モデル	129, 135
受注加工型生産	90
受注生産	206
需要搬入	204, 209, 215, 222, 227
紹興	199
紹興市志	200
情報収集コスト	203
昌和工廠	161
所得補填	71
所有形態による区分	20
寝具工場	76, 78, 84, 90, 93, 95
新制度学派	154
人多地少	132
人民公社	23
瀋陽	38, 108, 144, 244
瀋陽市中小企業信用担保センター	244
信用補完制度	233
信用保証機構	235
信用保証制度	234
瀋陽民営投資担保有限公司	244
瑞安	215, 216
製靴産業	139
制御機器	193
生産経営過程の反復	10
生産力形成競争	209
制度改革	97
責任田	70
積極財政	237
浙江化繊聯合集団	208, 209
専業市場	143
漸進的移行	107, 112
銭荘	249
宣伝教育工作隊	76
専門取引市場（専業市場）	133
造花工場	76, 80, 84, 89, 90, 95
抓大放小	31
蘇南モデル	129, 134
村民委員会	65
村民委員会主任	64

295

《た行》

代位弁済·················240, 242, 247
対外依存度··························141
待業······························32
第三者保証·························235
対中小企業融資残高比率··············233
大唐······························221
多品種変量生産·····················181
ＷＴＯ加盟······················35, 237
単位···························109, 110
譚秋成·····························123
担保法····························237
地域総所得の最大化··················92
地方コーポラティズム···············122
Chang ＆ Wang(チャン＆ワン)·······123
中国経済技術担保有限公司···········239
中小企業···························22
中小企業局······················37, 39
中小企業司·························37
中小企業処·························37
中小企業信用担保センター···········242
中小企業専項資金····················42
中小企業促進法····················238
中小企業白書
　(中国中小企業の発展と予測)········28
鋳造工場···························88
中低級品····6, 141, 218, 227, 261, 267
中小企業促進法·····················40
趙偉·····························155
趙人偉···························153
張仁寿···························154
地理的区分·························20

《な行》

鎮江·····························237
定額上納··························95
出稼ぎ···························132
出来高賃金························90
出来高払い·······················177
展示会···························179
天津·····················43, 59, 161, 242
天津自転車工業会···············178, 179
天津自転車廠·····················162
天津市車倶工業公司···············162
天津市自転車工商業企業名録索引····172
天津専門館·······················179
天津第二自転車廠·················162
電動自転車·······················189
陶山·····························216
党支部書記························64
投資誘致·························144
動態的有益性······················8
東方シルク市場···················203
東北現象·························144
東北振興·························144
董輔礽···························153
道路交通安全法···················190
道路交通管理条例·················190
取引費用··························8

内需主導型·······················141
ネットワーク···········94, 108, 132, 254
農業機械化························60
農業服務ステーション··········65, 70
農村合作基金会···················249

索引

North,D.C(ノース) ················· 154

《は行》

Byrd.W ＆ Q.Lin(バード＆リン) ··· 121
場橋 ····································· 222
反担保(逆担保) ················236, 247
BAA ··································· 182
非原付車輛 ····························· 191
費孝通 ································· 153
非公有制企業 ········ 3, 36, 54, 129, 262
非正規金融 ················250, 251, 253
非村営経済 ···························· 84
一人っ子政策 ····················68, 84
飛鴿自転車(自行車)集団公司···163, 165,
         167, 168, 169, 170, 171, 176, 177
服装加工工業 ··················74, 78, 79
武清区 ································· 193
不足の経済 ························5, 166
不動産抵当 ···························· 235
フリーホイール ························ 173
分業(社会的分業) ·········10, 261, 264
碧山 ····························216, 218
北京 ··································· 239
北京市中小企業信用担保監督管理
    連係会議 ···························· 241
北京市中小企業担保資金 ··········· 239
北京首都創業集団 ·················· 239
ボイラー工場 ··············74, 78, 84
貿易管理制度 ·························· 83
貿易公司 ························82, 88
法人化 ································ 251
保証基金拡大率 ················239, 242

保証料率 ···············240, 242, 247
ポリエステル ·························· 200

《ま行》

前金 ··································· 177
馬津龍 ································ 155
丸川知雄 ······························ 200
民営経済発展工作委員会 ··········· 39
民営経済発展領導小組 ············· 39
民間金融 ························249, 253
棟割農家 ······························· 216
模倣 ····························204, 225

《や行》

ユーザーフレンドリー ················ 267
融資枠規制 ···························· 235
養老退職金 ···························· 83

《ら行》

李紅 ··································· 154
リチウムイオン電池 ···················· 193
離土不離郷 ···························· 93
旅行用品工場 ························· 78
臨時生産許可証 ······················ 169
零細作業場 ···························· 216
連合体 ································ 85

《わ行》

Weitzman ＆ Xu(ワイツマン＆シュイ)
         ····························121, 122

297

〈著者紹介〉

駒形　哲哉（こまがた　てつや）
慶應義塾大学経済学部助教授
1965年生まれ。慶應義塾大学大学院経済学研究科博士課程単位取得満期退学。1989年～90年，天津南開大学留学。（財）霞山会職員，研究員，獨協大学経済学部専任講師，慶應義塾大学経済学部専任講師を経て2003年より現職。専攻は中国経済論，経済体制論。
主な著作に『中国における持続的成長の可能性』（分担執筆，人と文化社，1998年），「在華日本中小企業的可持続性発展分析—以対十一家企業的調査為中心—」（南開大学日本研究院『日本研究論集』天津人民出版社，2004年9月）などがある。

著者との契約により検印省略

平成17年6月20日　初版第1刷発行

移行期　中国の中小企業論

著　者	駒　形　哲　哉	
発 行 者	大　坪　嘉　春	
製 版 所	株式会社　東　美	
印 刷 所	株式会社　東　美	
製 本 所	株式会社三森製本所	

発 行 所　東京都新宿区下落合2丁目5番13号　株式会社 **税務経理協会**
郵便番号　161-0033　振替 00190-2-187408　電話（03）3953-3301（編集部）
　　　　　FAX（03）3565-3391　　　　　　　　（03）3953-3325（営業部）
URL　http://www.zeikei.co.jp/
乱丁・落丁の場合はお取替えいたします。

© 駒形哲哉　2005　　　　　　　　　　　　　　Printed in Japan

本書の内容の一部又は全部を無断で複写複製（コピー）することは，法律で認められた場合を除き，著者及び出版社の権利侵害となりますので，コピーの必要がある場合は，予め当社あて許諾を求めて下さい。

ISBN4-419-04559-0　C1033